중국어 문법 어떻게 가르칠 것인가

중국어 문법 어떻게 가르칠 것인가

2014년 6월 24일 초판 인쇄
2014년 6월 27일 초판 발행

지은이 | 吳中伟
옮긴이 | 백수진
펴낸이 | 이찬규
교정교열 | 선우애림
펴낸곳 | 북코리아
등록번호 | 제03-01240호
주소 | 462-807 경기도 성남시 중원구 사기막골로 45길 14
       우림2차 A동 1007호
전화 | 02-704-7840
팩스 | 02-704-7848
이메일 | sunhaksa@korea.com
홈페이지 | www.북코리아.kr
ISBN | 978-89-6324-364-1 (93720)

값 17,000원

중국어 문법 어떻게 가르칠 것인가

중국어 문법

吳中伟 지음 | 백수진 옮김

북코리아

서문
: 추천의 글

范开泰

저자는 16년 전 나의 석사생이었다. 뒤이어 저자는 范晓 선생의 지도 하에 박사학위를 취득하였고, 지난 10여 년 동안 외국어로서의 중국어 교육 분야에 종사하면서 학생 지도와 연구에 매진했다. 또한 외국어로서의 중국어 분야 '전국 우수 교사'이자 외국어로서의 중국어 문법 연구 전문가이다.

이 책《怎样教语法-语法教学理论与实践》는 저자가 다년간 연구한 결과물이다. 나는 이 책의 원고를 다 읽은 다음 감탄을 금할 수 없었다. 이 책은 외국어로서의 중국어 문법 교수법에 대한 전문서적으로 이론적 탐색을 담고 있다. 외국어로서의 중국어 교육 전공 교재인 이 책은 요점이 간단명료하고, 어려운 내용을 쉽게 설명하고 있으며, 시대적 요구에 부응하고 있다. 또한 예로써 이치를 설명한 계발성이 풍부하고, 외국어로서의 중국어 문법 교육 경험이 가득 들어있어 이 분야에 종사하는 교사들에게 큰 도움이 되는 책이다.

옛말에 "현자를 추천할 때는 가까운 사람을 피하지 말라"고 했다. 나는 이 책을 읽은 후의 느낌을 독자와 함께 나누고 싶다.

- 1 -

이 책의 첫 번째 특징은 이론 탐색에서 깊이가 있다는 것이다.

외국어로서의 중국어 교육문법은 언제나 해당 학과가 중점적으로 연구하는 분야로, 연구자도 많이 배출했고 성과도 컸다.

사실 문법 구조의 묘사나 구체적인 언어의 구조 규율을 반영하는 문법 자체를 보면, 외국어로서의 중국어 교육에서 운용되는 문법 체계는 기타 영역(모국어 교육, 사전편찬, 언어규범, 언어조사)에서 운용되는 문법 체계와 다를 것이 없다. 그래서 사실상 많은 연구는 모두 문법 교육과 관련된 문제에 집중되어 있다. 예를 들어 현대중국어의 문법 특징, 외국 학생들의 학습 난점, 가르치는 중점, 문법 항목의 선택, 동일한 문법 항목에 대한 운용 격식과 운용 조건의 복잡성을 고려한 처리, 관련 문법 항목 간의 배열순서 등이 여기에 속한다.

그래서 '외국어로서의 중국어 교육문법' 연구의 대부분은 실질적으로 '외국어로서의 중국어 문법 교육' 연구이다. 이 책은 처음으로 다른 저서와 차별성을 두고 '외국어로서의 중국어 문법 교육'이라는 주제를 명확히 함으로써 이론적인 투철함을 느끼도록 만들었다. 그리고 '외국어로서의 중국어 문법 교육의 의미'에서 시작해서 외국어로서의 중국어 문법 교육 중의 '교육 중점 · 교육 원칙 · 교육 방법과 기교' 등의 문제에 이르기까지 전면적인 탐색과 토론을 전개했다. 뒷부분에서는 외국어로서의 중국어 교육계에서 최근 관심을 끌기 시작한 '3P 모형' 및 '과제중심 교육법'과 문법 교육의 관계를 분석했다. 새로운 이론을 탐색하는 용기와 연구의 깊이를 느낄 수 있었다.

이 책에서는 "중국어의 특징은 중국어 문법 항목 하나하나에서 나타나고 있으며, 1955년에 나온 《汉语教科书》에서 시작해서 외국어로서의 중국어 교육에서 문법 교육은 줄곧 '문법 항목'이라는 교육을 중심으로 진행되었다"고 보고 있다. 문법 항목이란 무엇인가? 이는 문법 교육의 중점을 말한 것으로, 가르친다는 측면에서 문법의 가장 큰 특징을 연구하는 것이다. 이 책은 외국어로서의 중국어 교육의 '문법 항목 선택·분할·배열·설명' 등에 대해서 깊고 치밀하게 분석했으며 관점마다 식견이 돋보였다. 예를 들어 중국어의 구조 특징, 학습 난점 및 교육 중점 간의 관계에 대해서는 매우 논증적이었다. '보어' 교육에서는 인식과 방법의 개선을 통해서 중국어 교육문법 체계의 혁신을 설명하고 있다. 또한 화용적 요소가 중국어 문법에 미치는 영향 역시 외국인이 중국어를 배우기 어렵게 만드는 주된 요인 중 하나라고 말하고 있다. 이 모두가 이론적 탐색으로 참신한 의미가 있다.

물론 이 책은 외국어로서의 중국어 교육 전공 학생을 위한 개론서 성격의 저서이지만, 저자는 독자들이 바로 이해할 수 있도록 쉽게 설명하면서 깊이 있는 이론도 제공하고 있다. 또한 외국어로서의 중국어 문법 교육 방면에서 최근의 새로운 성과들을 흡수하여 집대성한 저작물이라 할 수 있다.

저자는 "전통적인 종합 교수법은 실질적으로 '형식'에 초점을 맞추어 가르치는 것으로 언어환경이나 의사소통과는 유리되어 학생들의 언어 운용 능력을 향상시키기가 어렵다. 아예 문법을 가르치지 않는 Immersion 교수법은 '의미'에 초점을 맞추어 가르치는 것으로 '화석화' 현상이 생기기 쉽다"고 주창한다. 그래서 저자는 "의미를 기본 초점으로 한 활동에서 학생들이 관련 언어 형식에도 관심을 갖도록 적당히 유도해야 한다. 의미 초점에 주목하되 형식 초점에도 주목해서 제2언어 교육에서 형식과 의미의 균형을 유지해야 한다"고 제의한다. 이러한 관점은 많은 생각을 하게 한다. 저자는 또 '진술성 지식의 절차화'와 '절차성 지식의 자동화'라는 이론을 통해 문법 능력 배양의 관건은 연습에 달려 있음을 설명한다. 그리고 마지막 장에서 '3P 모형'의 심리인지해석으로 이론적 분석을 하였다. 그리고 '3P 모형'과 '과제중심 교수법'의 구별과 연계를 설명하면서 양자가 결합된 여러 방식의 특징과 장단점에 대해 깊이 있게 탐구했다. 본인은 이전에 제2언어 습득 과정에 대해 "지식이 기능으로 바뀌고 기능을 숙달시키면 습관이 되고 습관이 내재화되면 능력이 된다"는 결론을 내린 적이 있다. 지금 이 책의 논술 과정을 보면 이론적으로 훨씬 더 탁 트인 느낌을 갖게 한다.

-2-

이 책의 두 번째 특징은 일목요연하다는 것이다. 즉, 논점이 정밀하고 관점이 명확하다. 각 장의 '서론'과 '마무리'에서 요점의 정밀함이 집중적으로 드러나고 있다. 예를 들어 외국어로서의 중국어 문법 교육의 의미를 설명하는 부분에서 저자는 "제2언어 교육에서 문법 교육은 꼭 필요하다. 문법 교육의 목적은 문법 능력을 기르는 것이다. 문법을 가르치려고 한다면 강의하려고 하지 말고 연습하도록 만들어야 한다"고 말한다. 저자는 또 "언어학을 전공하지 않은 교사들은 반드시 문법학 지식을 확충하는 것을 포함하여 언어학 이론을 보충해야 한다. 그렇지만 문법을 전공한 교사들은 수업 중에 너무 지나치게 문법 이론을 강의하여 오히려 학생들의 혼란을 더욱 가중시키는 상황에 빠지지 않도록 주의해야 한다"고 말한다. 또한 중국어의 특징과 교육의 중점에 대해서 언급하면서 "튼튼한 언어학 기초가 있고, 중국어 문법에 통달한 사람이 반드시 우수한 외국어로서의 중국어 교사는 아니지만, 우수한 교사는 반드시 튼튼한 언어학 기초가 있고, 중국어 문법에 대해서 정확하고 총체적이며 철저하게 파악해야 한다"고 말한다. 이것은 매우 날카로운 지적이다.

이 책은 외국어로서의 중국어 전공 본과생을 위한 전공 교재라 할 수 있다. 표현 풍격에서 전공 논문과는 달라 대학생이 학습하기에 매우 적합하다.

한 외국어 학계의 권위 있는 인사가 이렇게 말한 적이 있다. "촘스키, 이분은 장점이 많지만 표현력이 뛰어난 것은 아니다" 나는 이 말이 형평성을 잃었다고 생각한다. 그 이유는 이것이 촘스키의 전공 논문을 두고 한 말이기 때문이다. 전공 논문은 용어의 규정이 엄격하고, 규율·규칙·논증의 엄밀함을 추구하기 때문에 전문가가 읽으면 속이 후련할 정도로 통쾌하지만 비전문가에게는 도통 알 수 없는 내용일 것이다. 전공 논문은 전공자들이 보는 것이지 일반 독자가 보는 것이 아니다. 사실 촘스키의 언어 풍격에는 또 다른 면이 있다. 나는 미국에서 촘스키의 강연을 직접 들은 적이 있는데 청중은 주로 언어학과와 철학과 대학생, 대학원생들이었고 강연은 매우 성공적이었다. 이론 표현이 간단하면서 명쾌하고, 언어가 생동적이고 유머가 넘쳐서 강연 내내 청중의 웃음소리가 흘러 넘쳤다. 촘스키는 분명 언어학의 대가일 뿐만 아니라 달변가임에 틀림없다. 80년대 초에 내가 미국에서 언어학 연수를 할 때, 陆孝栋 선생과 邓守信 선생은 모두 나에게 하버드 대학에서 출판한 교과서를 먼저 읽도록 권했다. 중국의 钱伟长 선생은 대학원생에게 학습 방법을 이야기할 때도 대학생은 교과서를 읽을 줄 알아야 하고, 석사생은 전공 논문을 읽을 줄 알아야 하며, 박사생은 본인 전공의 새로운 과제를 민첩하게 발견할 줄 알아야 한다고 강조한다. 따라서 교과서는 간결하고 명쾌하며 어려운 내용을 쉽게 설명해야 하고, 전공 논문은 직접적으로 관련 전공의 선진 이론을 다루어야 한다. 국내외 학자들은 모두 이러한 이치에 공감한다.

이 책은 간결하고 명쾌한 언어를 사용하여 일목요연하고 군더더기가 없어서, 외국어로서의 중국어 전공 교재로 사용하기에 아주 적합하다. 또 논제가 정확하고 관점이 명확하며 참신한 내용이 많아 외국어로서의 중국어 연구에 중요한 참고문헌이 된다.

이 책의 세 번째 특징은 다양한 사례를 통해 이치를 설명하여 계발성과 계몽성이 풍부하다는 점이다.

이 책에서 다루고 있는 내용은 문법 교육의 이론과 방법으로, 교육 실례를 사용하여 교육 방법의 우열과 성패를 설명하는 데 주안점을 두고 있다. 이치를 설명할 때마다 언제나 교육에서 운용한 사례를 먼저 제시하여 독자 스스로 느끼고 생각해 보도록 한 다음 저자의 분석을 제시하는, 연이어 교육의 규율 규칙을 총결하는 방식을 사용한다. 이렇게 설득력이 있고, 구체적이고 생동감 있는 실례는 책 곳곳에서 발견할 수 있다.

예를 들어 외국 학생의 '문법 교육'이 '문법학 교육'이 되어서는 안 된다는 이치를 말하기 위해 저자는 먼저 세 가지 교육 방법의 실례를 들어서 분석했다. 이 세 가지는 '학습자가 의식하지 못한 상태에서 자연스럽게 문법을 가르치는 것', '문법을 명확하게 가르치는 것', '문법학 지식을 강의하는 것'이다. 저자는 세번째 방법은 외국어로서의 중국어 문법 교육의 취지를 위반했기에 받아들일 수 없다고 지적한다. 첫 번째와 두 번째 방법의 차이는 '비명시적 교육'과 '명시적 교육'의 차이에 달려 있기 때문에 대상마다 다른 요구에 맞추어 적합한 교육 방법을 선택해야 한다. 이렇게 구체적 사례 분석에서 출발하여 조목조목 상세하게 이치를 분명히 설명하고 있다. 이 책에서는 또 문법 교육의 함의에 관해서 구체적인 실례 세 가지를 제시하고 있다.

〈실례1〉

"他把酒沒喝完"라고 말할 수 없으며 "他没把酒喝完"이라고 말해야 한다.

원인 분석: '把'자문 안에서 부정사는 반드시 '把'자 앞에 두어야 한다.

요약: 말할 때는 반드시 중국어 통사 규칙에 맞아야 한다.

〈실례2〉

"他把酒喝醉了"라고는 말할 수 없고 "他喝酒喝醉了"라고 말해야 한다.

원인 분석: '주어 + 把 + 목적어 + 동사 + 보어'의 문식 안에서 보어는 의미상 반드시 '把'의 목적어를 설명하는 것이어야 한다.

요약: 말할 때는 반드시 중국어 의미 규칙에 맞아야 한다.

〈실례3〉

'一条河在我家前面', '一坐山在我家后面', '一个学校在我家东面'이라고 말할 수 없고, '我家前面有一条河', '(我家)后面有一坐山', '(我家)东面有一个学校'라고 말해야 한다.

원인 분석: 중국어의 주어는 반드시 한정적이어야 한다.

요약: 말할 때는 중국어의 화용 규칙에 맞아야 한다.

이렇게 '삼개평면(三个平面)'의 문법 분석 이론과 방법을 구체적이 년서 세밀하게 학생들에게 소개하고 있다. 이것이 바로 吕叔湘, 朱德熙, 胡裕树, 张斌 등 학자들이 줄곧 제창한 문법 교육 방법이다.

이 책에서 저자는 의식적으로 예를 제시하여 이치를 설명하는 방식으로 독자를 이론 분석의 심오한 경지로 이끌고 있다. 이것은《庄子》의 글 중에 밖의 사물을 인용해 도를 논한 이론 문장〈寓言十九〉의 풍격을 계승한 것으로 볼 수 있다.

이 책의 네 번째 특징은 이론적 설명에서 외국어로서의 중국어 문법 교육의 경험이 포함되어 있다는 점이다.

책 속에서 교육 실례의 제시, 문법 현상에 대한 원인 탐색, 이론 규율의 총괄, 교육문법 체계에 대한 설명, 교육의 중점과 난점을 확정하는 원칙에 대한 설명, 교육 방법과 방법론의 평가 분석에 대해서 모두 간결하게 핵심만 건드리고 많은 설명을 하지는 않았다. 그러나 이러한 논술은 모두 외국어로서의 중국어 교사들의 교육 경험의 결정체이다. 개론서 성격의 이론 저술이면서도 대학교재의 성격을 띤 이 책은 독자 스스로 세밀하게 체득하고 깊이 있게 이해할 수 있도록 만들어졌다. 이것은 중국 전통의 '하나를 보고 열을 아는(舉一反三)' 계발적 교수법이다. 이 교수법의 배후는 바로 저자의 깊은 학술 토대와 교사로서의 풍부한 실제 교육 경험이다.

예를 들면, 저자는 이 책에서 다음과 같이 언급하고 있다.

"초급 단계에서는 'N1-N2-adj'의 문장을 의식적으로 두드러지게 해야 한다. …(중략)… 학습자들이 점차적으로 중국어의 '주제 + 평론' 격식을 알도록 해야 하고, 중국어는 '주제부각형 언어'라는 특징을 점차적으로 느끼도록 해야 한다. 그래서 다른 주제문을 더 깊이 있게 배우기 위한 기초를 다질 수 있도록 해야 한다."

이 말에는 풍부한 실전 경험과 이론이 내포되어 있다.

이 책은 대부분 '문제 제시-대답'의 방식으로 전개된다. 이 방식에서 언급한 문제는 모두 외국어로서의 중국어 교사가 교육 중에서 겪었던 문제이고, 특히 학생들이 문법 훈련을 할 때 항상 어려움을 느끼는 문제이다.

저자는 풍부한 교육 경험과 이론적 지식에 근거해서 조목마다 명확한 대답을 내어놓으며 이에 대해 분석하고 있다. 예를 들어, "학생들은 왜 '一个年'과 같은 오류를 범할까요?"라는 질문을 던진다. 그리고 이 질문에 저자는 일반화(과잉 유추)의 결과라고 대답한다. 그렇기 때문에 학생들에게 '年', '月', '天/日'은 용법상 차이점이 있다는 것을 일깨워줄 필요성이 있고, '年', '天/日'의 특수성 및 '半'과 함께 나타날 때의 용법을 강조해야 한다고 주장한다.

이러한 설명은 모두 귀한 교육 경험에서 나온다. 이러한 문제를 제시함으로써 많은 교사와 학생들에게 다시 한번 의미를 생각해 보도록 하고 있다. '世界汉语教育学会' 회장 陆俭明 교수 역시 일찍이 이러한 전형적 예를 포착하여 《世界汉语教学》에서 〈年, 月, 日〉이라는 제목의 글을 발표했다.

비교해 보면 이 책의 앞부분 몇몇 장과 맨 마지막 장은 이론에서 더욱 더 뛰어나다. 중간에 방법 기교와 '상관 관계' 문제에 대해 언급한 부분은 "어떻게 문법을 가르칠 것인가"라는 주제에 더욱 부합한다. 그 가운데 규율 규칙의 개괄과 이론적 보완은 훨씬 진보적이다. 그러나 이러한 내용들은 실제 교육에 더욱 부합하며, 보기에는 자질구레한 분석과 논술 같지만 모두 장기간 축척된 경험에서 나온 것이다. 따라서 외국어로서의 중국어 교사, 득히 갓 가르치기 시작한 교사들에게는 참고서이자 지침서가 될 것이다.

요약하자면 이 책은 매우 시의적절한 좋은 책으로, 그 완성됨을 보니 기쁘고, 그 쓰임을 보니 또한 기쁘고, 그 유효함을 보니 더더욱 기쁘다.

CONTENTS

CONTENTS

I

제2언어
문법 교육의
의의

본서는 이론과 실제를 결합시킨 방식으로, 제2언어 교육으로서의 중국어 문법 교육(외국어로서의 중국어 교육)의 원칙과 방법, 기교를 집중적으로 논의하려 한다. 문법 교육의 원칙과 방법, 기교를 논의하려면 문법 교육은 반드시 필요하다는 하나의 전제를 인정해야 한다. 문법 교육이 필요한 이유는 문법 학습이 필요하기 때문이다. 제1언어나 제2언어를 장악하기 위해서는 반드시 해당 언어의 문법을 배워야 하고, 이 언어의 문법을 장악해야 한다.

그러나 혹자는 다음과 같이 말할 것이다.

"중국어는 내 모국어다. 문법을 몰라도 잘만 말한다. 한족(漢族)은 모두 중국어가 능통하지만 그중에서 문법을 배운 사람이 몇이나 되며 문법을 이해하는 사람은 몇이나 되겠나? 문법을 배우지 않아도 모국어를 잘하는데, 왜 굳이 외국어 학습에서 문법을 배워야 하는가?"

이 말도 일리가 없는 건 아니다. 그러나 이러한 문제들을 논의하려면, '문법이란 무엇인가', '문법 교육이란 무엇인가'부터 먼저 다루어야 한다.

제1절
문법 지식과 문법 능력

1. 문법과 문법 능력

사람들이 평소에 사용하는 말은 무수히 많다. 그런데 이 말의 구조에는 규율이 있어서 일정한 규칙에 따라 말하게 된다. 다음 단어들은 여러 가지 배열 방식이 있을 수 있다. 그러나 다음 다섯 가지 배열 방식 중에서 한 가지만 중국어 구조 규칙에 부합한다.

他，买，毛衣，一，件，了
   ① 他买了一件毛衣
   ② 一件毛衣买了他
   ③ 毛衣一件买了他
   ④ 他一件毛衣买了
   ⑤ 了件一买他毛衣

문법은 언어 구조의 규율이다. 문법은 일부 문법학자나 어느 기관이 인위적으로 규정한 것이 아니라 언어 속에 객관적으로 존재한다. 언어마다 문법도 다르다. 한 언어로 의사소통을 하려면 그 언어의 문법을 따라야 한다. 말이 문법에 어긋난다면 듣는 사람은 이해할 수 없고, 때로는 오해를 사서 의사소통의 목적을 달성할 수 없게 된다. 아래의 대화를 살펴보자.

> A: 你飞机票买了吗?
> B: 我买……
> A: 你买了? 还是没买?
> B: 我买……我买明天。
> A: 哦, 你还没买, 明天去买。

문법 문제는 위의 예시처럼 대화의 원활한 진행에 영향을 미친다. 물론 모든 문법 문제가 의사소통에 영향을 미치는 것은 아니다. 가끔 담화가 어느 정도 문법 규범에 부합되지 않아도 의미를 이해할 수 있다. 그러나 결국은 어색하고 이상하게 들린다.

아래의 문장은 중국어 문법에 맞습니까?
① 他开办了一间公司。
② 这个电影我有看过。

여기서 말하는 중국어 문법은 현대 중국어의 표준어(普通話) 문법을 말한다. 현대 중국어의 표준어란 베이징 발음을 표준음으로 하고, 북방어를 기초 방언으로 하며 전형적인 현대 백화문(白話文) 저작을 문법의 규범으로 삼는 한족(漢族) 공통어를 말한다.

위의 두 문장은 현대 중국어의 표준어 문법에 맞지 않다. 정확한 표현은 다음과 같다.

    ① 他开办了一家/个公司。
    ② 这个电影我看过。

일부 지역, 일부 사람들은 '一间公司', '有看过'라는 표현을 쓰지만 아직까지 표준어에서는 이런 표현이 허용되지 않는다.

아래의 문장들은 문법상 오류가 없습니까?
① 他是我国最优秀的运动员之一。
② 明天开会的事他有没有告诉你?
③ 北京的公园比上海多。

일부 교사들은 위의 세 문장이 모두 틀린 것이라고 여기지만, 사실 위의 세 문장은 모두 중국어 표준 문법에 맞다고 본다. 중국인들이 실제 생활에서 그렇게 말하기 때문이다. 문장에 오류가 있다고 여기는 사람들조차도 자연스러운 상황에서 사람들과 이야기를 나눌 때는 이렇게 말할 가능성이 높다.

문법상의 옳고 그름을 판단할 때는 다음 세 가지를 주의해야 한다.

첫째, 언어의 실제 사용을 존중해야 한다. 사실에서 출발해야 하며, 어떤 규칙 또는 일부 교과서에 실린 규칙에서 출발해서는 안 된다. 예를 들어 "北京的公园比上海多"라는 문장을 어떤 사람들은 "北京的公园比上海的(公园)多"라고 말해야 옳다고 생각한다. 하지만 우리는 실생활에서 종종 "北京的公园比上海多", "他的钱比我多" 등과 같이 말한다. 교실에서 학생들에게 반드시 "北京的公园比上海的多"라고 말해야 한다고 가르쳤는데 학생들이 실생활에서 "北京的公园比上海多"라는 표현을 자주 듣는다면 우리의 문법 교육은 실용적 의미를 가졌다고 볼 수 없다.

둘째, '논리적인 분석'으로 문법 분석을 대체해서도 안 된다. "他是我国最优秀的运动员之一"는 논리적이지 않아 보인다. 이미 '최고(最)'인데 어떻게 '(최고) 중의 하나(之一)'일 수가 있는가? 하지만 실제로 이런 말을 한다. "打扫卫生", "恢复疲劳"과 같은 말은 논리적으로 모두 문제가 있지만 사용하고 있지 않은가?

셋째, 언어는 발달한다는 것을 인식해야 하며, 문법에 대한 인식 역시 시대성을 가져야 한다. 통계에 의하면 "有没有去过" 같은 표현은 이미 표준어 사용자들에게 보편화되었으며, 일부 베이징 사람들의 작품에서도 이런 형식이 많이 나타난다. 즉, 사회의 승인을 받아야 한다. 물론 표준어에서 적절한 긍정적인 대답은 "去过"지 "有去过"가 아니다.

쉽게 말해, 문법은 한 사회 집단이 보편적으로 허용하는 말하기 습관이다. 만약 누군가가 문장이 구조상 맞는지 틀린지를 그냥 정확하게 판단할 수 있고, 상대방 담화의 전체 의미를 자연스럽고도 정확하게, 그리고 신속하게 이해할 수 있고, 단어/구의 구성이 자연스럽고 유창하며 정확하고, 사회 집단이 보편적으로 허용한 문구로 적절하게 말할 수 있다고 하자. 그러면 그것은 곧 그 사람이 적절한 문법 능력을 가지고 있음을 의미한다. 문법 능력은 언어 능력의 한 부분이며, 문법 능력의 강약은 언어 수준의 높고 낮음에 영향을 미친다.

2. 비명시적 문법 지식과 명시적 문법 지식

　능력은 지식에 기초한다. 중국인들은 모두 문법 능력을 포함해 중국어 언어 능력을 가지고 있다. 그렇다면, 모든 중국인이 중국어 문법 지식을 가지고 있는가? 왜 많은 중국인들은 자신이 중국어 문법 지식을 갖추고 있다는 걸 인식하지 못하고 있는 걸까?

　우리는 옹알이를 시작하면서 문법을 배우고 우리의 대뇌 속에는 중국어 문법 지식이 있지만 이러한 지식 역시 학습을 통해 얻어진 것으로, 단지 우리가 의식하지 못할 뿐이다.

　(두 명의 아이가 대화를 하고 있다)

弟弟: 前面有一个狗。

姐姐: 是一只狗, 不是一个狗。

　이것이 바로 문법 수업이 아닌가? 누나가 남동생에게 문법을 가르치고 있다. 가르치는 문법 항목은 단위 명사의 사용법이다. 당연히 남매는 의식하지 못하는 상황에서 문법 수업을 진행하고 있다. 사실 우리의 문법 지식은 이렇듯 의식하지 못하는 사이에 축적되고, 문법 능력 또한 이러한 축석을 통해 향상된다. 이미 성인이고 중국어도 유창하게 구사한다 해두 가끔 문법 학습이 필요할 때가 있다.

　한 대학생이 다음과 같은 글을 썼다.

　……我们很喜欢上他的课, 他的课生动活泼, 对我们也很亲切。

선생님은 이 표현을 보고 학생에게 다음과 같이 말했다.

你这话不通啊，"课"怎么能"对我们很亲切"呢，是"他对我们很亲切"。

여기서 '말이 통하지 않는다'는 것은 '문법에 맞지 않다'는 것을 말한다. 교사의 말을 들은 학생은 자신의 문장에 문법적 문제가 있음을 알아차린다. 물론 여기서 교사나 학생은 이와 관련한 문법 문제를 가지고 서로 이야기할 필요가 없다. 다시 말해서 문법 지식은 사람들의 머릿속에서 객관적으로 존재하지만 사람들은 종종 그것의 존재에 대해 의식하지 못한다. 문법 지식은 비명시적(암시적, covert)일 수도 있으며 명시적(overt)일 수도 있다. 모국어 사용자의 입장에서 보면 문법 지식은 대부분 명시적이다.

3. 문법 지식과 문법학 지식

사람들이 가지고 있는 문법 지식을 체계화, 이론화한 것이 문법학이다. 문법 지식은 문법학 지식과는 다르다. 사람들은 중국어의 '上, 下, 面, 下面, 里面'과 같은 단어들이 '桌子, 椅子, 房间'과 같은 단어 뒤에 쓰여 장소를 가리킨다는 것을 알고 있다. 이것이 문법 지식이다. 하지만 '上, 下, 面, 下面, 里面'과 같은 단어들은 어떤 단어이며, '桌子, 椅子, 房间'과 같은 것은 또 어떤 단어인지, 왜 '桌子上面', '房间里'라고는 말하면서 '中国里', '上海里'라고는 말할 수 없는지, 등등 이러한 문제를 개괄하고 해석하기 위해서는 이론적 체계가 필요하다.

제2언어를 가르치는 교사는 반드시 문법 지식뿐만 아니라 문법학 지식을 갖추어야 한다. 이것은 학생들에게 문법 지식을 반드시 가르쳐야 한다는 말이 아니다. 교사 스스로 문법학 이론을 갖추어야만 언어 현상 분석에 대한 자각성과 언어 현상에 대한 깊은 통찰력, 그리고 언어 현상을 설명하기 위한 개괄·해석 능력을 갖출 수 있다. 그래야만 가르칠 때 학습 목표를 명확히 할 수 있고, 학습 효율도 높일 수 있다.

한 학생이 아래 두 문장에 쓰인 '才'의 용법과 의미에 대해 어려움을 느낍니다.

아래 두 문장은 어떤 어기로 전달되는가? 문장 속의 '才'는 대체 어떤 뜻을 나타내는가?
① 他怎么做了三天才完成?
② 他怎么才做了三天就完成了?

앞 문장은 '그'가 일을 너무 늦게 처리해 화자가 약간 불만인 것을 나타내고, 뒤 문장은 화자가 느끼기에 '그'가 뜻밖에도 일을 빨리 처리했음을 나타낸다. 똑같은 '才'를 사용하고 있지만 앞 문장은 화자가 느끼기에 '느림'을 나타내고, 뒤 문장은 화자가 느끼기에 '빠름'을 나타낸다. 뜻이 다르게 나타나는 것은 '才'의 위치와 관계가 있다.

수량사 + '才'에서 '才'는 화자가 보기에 '느리고, 늦고, 어려운 것'을 나타낸다.
'才' + 수량사에서 '才'는 '只(단지, 겨우)'의 의미를 나타낸다.

위에서 설명한 격식을 학생들에게 알려주거나 의도적으로 학생들이 위의 격식을 발견하고 요약할 수 있도록 해준다면 학습 효과를 크게 높일 수 있다. 그러려면 문법학 이론과 문법 분석의 기초가 어느 정도 필요하다.

한 중국어 교사가 다음과 같이 물었습니다.

어떤 교과서에는 '上'이 동사, 명사로 설명되어 있지만 해외에서 출판된 어떤 사전에는 형용사와 전치사로 설명되어 있어요. 이건 어떻게 된 일인가요? '上'은 품사가 뭘까요?

문법 현상은 오직 하나이지만 문법학 체계는 여러 가지가 있을 수 있다. 각각의 체계는 일관성이 있어야 하지만, 서로 다른 문법 체계를 혼합했을 때 자칫하면 논쟁의 소지가 될 수 있다.

중국어 문법학계의 주된 견해에 따르면 '上'은 명사 또는 동사가 된다. 구체적으로 말하자면 '上'은 ① 방위사다. 방위사는 명사의 하위 범주로 예를 들면 '向上', '上一层', '桌子上' 등이 있다. ② 방향동사다. 방향동사는 동사의 하위 범주로 '上楼', '上饭馆儿', '爬上树'를 예로 들 수 있다.

하지만 문법 체계가 서로 다르기 때문에 어떤 학자들은 '桌子上'의 '上'처럼 명사 뒤의 '上'을 전치사(뒤에 붙은 전치사. 후치사를 말함)로 본다. 하지만 여기에는 의문점이 있다. 전치사는 보통 앞에 붙는 것이지 뒤에 붙는 것이 아니기 때문이다. 뒤에 붙는다면 preposition이 아니라 postposition이 된다. 하지만 '桌子上'의 '上'이 나타내는 의미는 영어의 전치사가 나타내는 의미에 해당한다.

또 다른 학자는 '上策', '上午', '上两次'에서의 '上'같이 명사와 수량사 앞의 '上'을 형용사로 보기도 한다. 이 역시 영어 문법에 맞춘 것으로,

영어에서 명사를 수식하는 것은 대부분이 형용사이기 때문이다. 하지만 '上策', '上午' 등은 하나의 단어일 뿐 두 개의 단어로 볼 수 없다. 즉, '上' 자체가 단어의 한 부분이기 때문에 단어의 성격을 갖추고 있다고 보기에는 부족하다. '上兩次'의 '上'은 명사로 볼 수 있다. 중국어에서 명사는 또 다른 명사나 수량사를 수식할 수 있기 때문이다.

결론적으로 말해서 이는 문법 체계의 차이 때문에 발생한 것이다. 어떤 체계는 중국어 자체의 규칙성과 체계적 계통에 초점을 맞추었고, 어떤 체계는 영어 문법을 중국어 문법에 이식하는 데 치중했다. 이것이 체계의 차이를 만들었다. 이론 체계는 서로 다르지만 언어 현상은 단 하나다. 당연히 언어 교육에서는 학생들이 '上'의 용법을 이해하여 '桌子上'을 '上桌子'로 말하지 않도록 만들어주는 것이 중요하다. 어떤 이름표를 붙일지는 그 다음이다.

문법이론 체계에 얽매일 필요는 없지만 교사는 교재와 관련한 문법학 이론의 배경을 알고 있어야 한다. 그래야만 여러 가지 서로 다른 이론적 설명에 헷갈리지 않고 차이점을 명확히 구분해 선택할 수 있다.

생각하기

• 문법은 객관적으로 존재하는 것입니까?

• 문법은 가르치기만 하면 (학생들이 연습 없이) 운용이 가능합니까?

제2절
제2언어 문법 교육

앞에서 문법과 문법 능력, 문법 지식, 문법학 지식 등 몇 가지 개념적 차이에 대해 설명했다. 그렇면 제2언어 문법 교육의 목표와 내용, 범위는 또 무엇이고, 교사는 어떻게 해야 학습자의 문법 능력을 향상시킬 수 있는가?

1. 제2언어 문법 교육의 목표

언어 교육의 목적은 학습자의 의사소통 능력을 향상시키는 것이고 제2언어 문법 교육의 목표는 학습자의 문법 능력을 기르는 데 있다. 문법 교육은 수단이지 교육이 아니다. 문법 능력 배양은 언어의 의사소통 능력을 향상시키기 위함이다.

학습자의 문법 능력을 향상시키기 위해서는 어느 정도 문법 지식을 가르칠 필요가 있다. 앞에서도 밝혔듯이 문법 지식은 비명시적이거나 명시적인 형태로 존재한다. 이와 더불어 문법 교육 역시 비명시적 문법 교수와 명시적 문법 교수 두 가지 형태가 있다. 이 둘의 차이는 학생 스스로 현재 문법을 배우고 있다는 것을 의식하느냐 못하느냐에 달려 있다. 학생이 명확하게 자신이 문법을 배우고 있다고 의식하고 있다면 이는 명시적 교수법이고, 학생이 자신도 모르게 문법 지식을 습득하고 문법 능력이 좋아진다면 이는 비명시적 교수법이다(王培光 1996).

비명시적 교수법에서 명시적 교수법에 이르는 것은 하나의 연속체이다. 이 둘 사이에서 문법의 명시성이 향상되면 비명시성은 상대적으로 낮아진다.

명시 정도

비명시적 교수 ⟸⟹ 명시적 교수

암시 정도

문법 교수에서 명시적 교수법을 선택할 것인지 비명시적 교수법을 선택할 것인지에 대한 절대적 기준은 없다. 구체적 상황에 따라 구체적 분석을 해야 하는데, 주로 학습자의 특징에 따라 결정된다. 학습자 조건의 차이가 문법 교수의 명시성과 비명시성을 결정하는 관건이다.

학습자의 요소로는 학습자의 특성(연령, 지식배경 등), 학습자의 학습 특징(학습목표, 성격, 기한 등), 학습자의 학습 전략 등이 있다. 어린이인지 성인인지, 모국어를 배울 때 문법을 배울 것인지, 교육 기간이 짧은지 긴지, 어학연수 과정의 교육인지 학문 목적의 교육인지, 종합적인 기능 향상을 위한 교육인지 듣고 말하기 기능을 중심으로 한 교육인지, 국내에서 가르치는 것인지 아니면 대상 언어 국가에서 가르치는지 등등, 이 모두가 교육 전략에 영향을 미친다. 예를 들어 어린이에게 언어를 가르칠 때는 추상적인 문법 규칙에 대한 이야기는 많이 하지 말아야 한다. 하지만 성인이 언어를 학습할 때는 종종 교사가 규칙을 명확하게 제시해주어야 학습 효과를 높일 수 있다. 또 단기 교육에서 문법 내용은 당연히 적게 얘기하거나 언급하지 말아야 하며, 학문 목적의 교육에서는 문법 규칙을 철저하게 체계적으로 설명해야 한다.

명시적 교수법이든 비명시적 교수법이든 간에 문법 지식을 가르치는 것이 문법학 지식을 가르치는 것은 아니라는 점을 주의해야 한다.

아래는 세 명의 교사가 교실에서 '对…感兴趣' 격식을 가르치는 실례다. 그들은 각자 다른 방식으로 설명하였다.

[방식A]

교사: 你对中国民族音乐感兴趣吗?

('对…感兴趣'를 칠판에 쓴다)

학생: 我一点儿感兴趣。

교사: 哦, 你对中国民族音乐比较感兴趣, 你对中国民族音乐比较感兴趣, 对吗? (말하면서 '比较'를 칠판에 쓴다)

학생: 对, 我对……对中国民族音乐比较感兴趣。

교사: 除了民族音乐, 你还对什么感兴趣?

학생: ……

[방식B]

교사: 你对中国民族音乐感兴趣吗? ('对……感兴趣'를 칠판에 쓴다.)

학생: 我一点儿感兴趣。

教师: 不是 "一点儿", 要说 "比较"。我们可以说 "比较感兴趣", "很感兴趣" "不太感兴趣", 等等。(말하면서 칠판에 쓴다) 请你再说一遍。

학생: 我对……对中国民族音乐比较感兴趣。

교사: 很好。"对……感兴趣" 也可以说成 "对……有兴趣", 比如说 "我对中国民族音乐比较有兴趣"。(다른 학생에게) 你也对中国民族音乐有兴趣吗?

학생: ……

[방식C]

교사: 我们来看课文上的一句话: "我对中国民族音乐很感兴趣"。(이 문장을 칠판에 쓴다)

我们来分析一下, 这里呢, "对" 是一个介词, 介词加上宾语以后呢, 构成介词短语, 在这里作状语, 修饰 "感兴趣"。另外, "感兴趣" 前面还可以有程度副词。……

明白了吗? 好, 下面我们讲第二个问题……

[방식A]는 학습자가 자신도 모르는 상황 하에서 문법을 배운다. [방식B]는 문법을 명확하게 가르치는 것이다. [방식C]는 문법학 지식을 강의하는 것이다.

제2언어 교육에서 문법 교육의 목적은 문법 능력을 향상시키는 것이다. 상황에 따라 [방식A]나 [방식B]는 사용할 수 있지만 [방식C]는 절대로 사용해서는 안 된다. 따라서 중국어를 제2언어로 가르치는 문법 교육은 중국 대학의 중문과 학생들을 대상으로 개설한 "현대중국어(现代汉语)"나

“문법전제토론(语法专题)”같은 교과목과는 근본적인 차이가 있다. 양쪽의 교육목표가 서로 다르고 가르치는 내용과 방법, 과정 역시 다르다. 물론 학습자 개인에 따라서 언어 학습의 목적을 실제 운용이나 의사소통에만 두지 않고 언어학적 연구에 의미를 둔다면 예외가 될 수 있다.

2. 제2언어 문법 교육의 개념적 내용

문법은 언어 구조 규칙에 대한 개괄이며, 단어가 모여 구가 되고 구가 모여 단락/텍스트가 되는 규칙 체계다. 언어 구조 규칙과 규율 방면의 내용 표현에 속하는 것은 무엇이든지 문법 교육에 포함되어야 한다. 여기서 말하는 ‘구조’에는 넓은 의미로는 통사적 구조 외에도 의미적 구조와 화용적 구조가 포함된다.

아래 문장은 좀 문제가 있는 것 같습니다. 이것은 문법과 관련된 문제입니까? 이 문장들은 문법 교육의 범위에 들어갑니까?

① 他把酒没喝完。

② 他把酒喝醉了。

③ 一条河在我家前面，一座山在我家后面，
　　一个学校在我家东面。

위의 문장들과 관련된 규칙과 규율은 모두 문법 교육의 범위에 들어

간다. 학생들이 이러한 잘못된 문장을 표현하지 않도록 하는 것이 바로 문법 교육의 임무이다. 여기서 말하는 문법 교육은 통사론뿐만 아니라 의미론과 화용론도 포함된다. 또한 문장의 구조 규칙에만 국한되는 것이 아니라 텍스트의 규칙도 포함한다. 때론 어떤 문장이 통사적으로는 문제가 안 되지만 이것이 단어/구의 의미관계, 지칭 특징, 정보 초점 등과 결합할 경우 문장이 성립되지 않을 수도 있다.

문장 ①의 문제점은 통사적 측면에서 나타난다. '把'자문에서 부정사는 '把' 앞에 놓여야 한다. 따라서 첫 번째 문장은 "他没把酒喝完"로 표현해야 한다.

문장 ②의 문제점은 의미적 측면에서 나타난다. 형식적으로는 '把'자문의 격식인 '주어 + 把 + 목적어 + 동사 + 보어'에 완벽하게 들어맞지만 의미 조건을 위배하고 있다. 의미적으로 보어는 의미상 '把'의 목적어를 설명해야 하지만 이 문장의 보어 '醉'는 주어인 '我'를 설명하기 때문에 문장이 성립되지 못한다. 이 문장은 "他喝酒喝醉了"로 표현해야 한다.

문장 ③의 문제점은 화용적 측면에서 나타난다. 중국어의 주어는 한정적인 것이어야 하는데 '一条河', '一座山'는 비한정적인 것이기 때문에 문장이 성립될 수 없다. 게다가 이 문장에서 주제어는 '我家'이기 때문에 '我家'를 문두에 두어야 한다. 올바른 표현법은 다음과 같다.

我家前面有一条河, （我家）后面有一座山, （我家）东面有一个学校。*

---

* 　역주: 괄호 안의 '我家'는 문맥 안에서 생략함.

아래 문장 역시 문제가 있습니다. 이 문제점은 문법 교육의 범위
에 속합니까?

① 我们上个星期去杭州旅行了。我们游览西湖了。我们昨
  天晚上回来了。
② A: 这个菜怎么做?
  B: 很简单, 只有放在开水里煮一下, 才能吃。

이 문제 역시 문법 교육의 범위에 포함된다.

한 개의 문장만을 별도로 떼어 놓고 보면 이 문장이 맞을 수도 있다.
하지만 이 독립된 문장을 문맥 안에 넣어서 볼 경우 문법적으로 적합하지
않을 수도 있다. 따라서 문법 교육은 단어, 구, 문장 단위뿐만 아니라 텍스
트 단위까지 포함해야 한다. 위의 두 예는 모두 텍스트 층위에서 나타난
오류다.

예 ①은 "我们上个星期去杭州旅行了。我们游览了西湖, 昨天
晚上才回来的"로 고쳐야 한다. "我们昨天晚上回来了"는 화자가 이미
여행에서 돌아왔다는 사실을 표현한 것이다. 이 문장에서 정보의 핵심은
'昨天晚上'이기 때문에 시간을 상소하는 '(是)……的'의 격식을 써야 한
다. 그 외 문미의 '了'는 문장을 완결하는 작용을 한다. 그러나 "我们游览
西湖"는 문장의 의미가 끝나지 않았기 때문에 '了'는 목적어 앞에 두어야
한다.

예 ②는 다음과 같이 고쳐야 한다.

  ② A: 这个菜怎么做?

B: 很简单，只要放在开水里煮一下，就能吃了。

　　‘只有……才……’는 필요조건을 강조하고 ‘只要……就……’는 충분조건을 강조한다. 여기에서는 ‘只要……就……’를 사용해야 앞 문장(절)의 ‘很简单’과 의미상 서로 어우러진다.

3. 제2언어 문법 교육의 지위

　　문법 교육의 의미와 역할에 대한 논쟁이 여전히 지속되고 있지만, 절대다수의 외국어 교수법 연구자들은 모두 문법 교육을 중시하고 있다. 오랫동안 문법 교육은 줄곧 제2언어 교육에서 중심적 지위를 차지하고 있다.

　　전통적인 언어 교육에서 문법 교육은 늘 핵심적인 지위에 있었고, 문법 교육은 외국어 교육과 동일한 의미로 다루었다. 가장 오래된 교수법인 문법-번역식 교수법은 문법을 외국어 교육의 기본으로 삼고 있으며, 언어 교육은 곧 어휘 교육과 문법 교육이라고 여긴다. 문법-번역식 교수법은 연역적 방법으로 문법을 교육하고, 문법 규칙에 대해 상세히 설명할 것을 주장한다. 또한 학습자가 통사 규칙을 숙지하고 번역 연습을 통해 좀 더 실력을 다질 것을 요구한다.

　　뒤이어 나타난 직접 교수법은 문법-번역식 교수법과 완전히 대립된다. 회화 위주의 교육을 진행하고, 문장이 기본 교육 단위이다. 모방, 훈련, 기억을 통해 자연스럽게 언어 습관을 기를 것을 강조한다. 직접 교수법은 문법 분석을 강조하지 않지만, 어느 단계에 가서는 문법 규칙의 귀납적 고찰이 필요하다고 주장한다. 귀납적 과정(발견법)을 통해 문법 규칙을 가르치므로 여전히 문법에 관심을 두고 있다.

청화식 교수법은 문형 위주의 학습을 강조한다. 대량의 반복 훈련을 통해 듣고 말하는 능력을 기른다. 청화식 교수법은 문형을 통해 언어 구조를 교육하고, 언어 대비를 통해 교육 중점을 확정한다. 문법 교육 방법을 한 단계 발전시켰지만 언어환경 요소와 텍스트 층위를 고려하지 않기 때문에 문법 교육에는 한계가 있다.

인지 교수법은 '개혁'을 거친 현대의 문법-번역식 교수법이다. 언어 지식과 규칙에 대한 이해를 바탕으로 외국어를 훈련할 것을 강조하고, 유의적 학습과 연습을 강조한다. 인지 교수법은 기본적으로 문법 교육 위주의 문법-번역식 교수법의 특징을 계승하고 있지만 지나치게 통사 규칙을 강조하는 강의나 지나치게 번역에 의지하는 병폐를 피하고 있다.

의사소통 중심 교수법은 문법 구조와 문형을 위주로 하는 전통적인 교수법과는 달리, 기능적/개념적 교수 요목을 명확하게 제시한다. 그렇다고 해서 의사소통중심 교수법이 문법 구조를 전혀 고려하지 않는 것은 아니다. 구조와 기능의 두 가지 측면을 모두 다 고려하고 있다. 물론 문법 교육을 완전히 배제한 교수법도 있다. 예를 들면 자연적 교수법과 적극적(強式) 의사소통 중심 교수법이다.

1970년대 외국어 학습 규율 연구에서 학자들은 학습자의 모국어가 달라도 외국어를 학습할 때 문법 항목을 숙지하는 순서기 기본적으로 일치하고, 이 순서는 교육 순서의 영향을 받지 않는다는 것을 발견했다. 학습자가 어떤 규칙을 알고 있다고 해서 학습자가 의사소통에서 꼭 그 규칙을 운용하는 것은 아니다. 그래서 일부 학자들은 문법 교육의 가치를 의심하기 시작했다.

Krashen은 제2언어는 '습득(acquired)'되는 것이지 '학습(learned)'하는 것이 아니라고 말했다. 이는 한 언어를 습득하는 데 문법 교육이 꼭 필

요한 것은 아니라는 말이다. 그러나 이것은 극단적인 관점이다. 우선 이것
은 문법 교육의 체계성을 타파하기 때문에 학생들이 문법 지식을 숙지하
고 문법 능력을 기르는 데 불리하다. Brumfit은 "사람들은 천성적으로 질
서를 지향하는 경향이 있다"면서 "사람들은 보기에 체계적인 사물을 배우
는 데는 뛰어나나, 질서 없는 것들은 잘 배우지 못한다"고 했다. 또 문법을
전혀 가르치지 않고, 학습자 스스로 문법을 찾도록 완전히 방임하면 언어
교육은 그 의미를 잃게 된다.

캐나다에서 프랑스가 모국어인 학생들을 대상으로 시행한 영어 교육
'Immersion Project'에서는 문법을 다루지도 가르치지도 않았다. 학자들의
고찰에 따르면 다년간 학습한 후 학생들은 이해 능력이 상당했고 회화도
유창했지만, 표현 기능이 모국어 화자들에 비해 많이 뒤떨어졌고, 특히 문
법 능력에서 더욱 그러했다. 문법적 오류가 빈번했고, 화석화(fossilization)
현상*까지 나타나고 있었다(Harley & Swain 1984, Swain 1985).

1970년대 의사소통 중심 교수법의 대표인물인 Wilkins는 다음과 같이
말했다.

한 언어의 문법 체계를 습득하는 것은 아직도 언어 학습에서 있어서 매우
중요한 부분이다. 문법은 언어를 창조적으로 운용하는 수단이다. 문법 지
식이 부족하면 의사소통 능력에 지대한 영향을 미칠 것이다. 개념 중심의
교수 요목에서도 문법 중심의 교수 요목처럼 반드시 학생들이 문법 체계를
숙지할 수 있도록 해주어야 한다(Wilkins 1976).

그러나 당시는 의사소통 중심 교수법이 각광을 받던 시기이므로

---

* 역주: 틀린 언어 형태가 비교적 영구적으로 학습자의 제2언어 능력의 한 부분이 되어 지속적으로
나타나는 현상.

Wilkins의 이 말은 사람들의 주목을 받지 못했다. 그러나 최근에는 어떻게 하면 언어 교육이 의사소통의 본질을 약화시키지 않으면서 언어 형식에 관심을 기울일 것인가에 흥미의 초점이 집중되어 있다. 서양의 외국어 교육계에서 80년대에 형식을 완전히 배제한 '의미 초점'의 의사소통 중심 교수법을 경험한 후, 사람들은 오히려 '형식 초점'에 더 큰 관심을 보였다. 어떻게 하면 제2언어 교육에서 형식과 의미의 균형을 맞출 수 있을 것인지가 차후의 중점 연구 과제였다.

외국어로서의 중국어 교육계에서 문법 교육의 중요성은 언제나 강조되었다. 어떻게 하면 문법 교육을 더 효과적으로 진행할 것인가 하는 점이 늘 외국어로서의 중국어 교육계의 큰 관심거리였다. 학자들은 시종일관 기능과 구조의 결합을 강조했고, 끊임없이 문법 교육의 체계적 혁신을 탐색했으며, 더욱 효과적인 문법 교육 방법을 연구하며, 의사소통 능력 향상이라는 목표를 위해 노력했다.

4. 제2언어 문법 교육의 실시

중국의 외국인을 위한 중국어 상기 학습반은 일반적으로 기능을 나누어 교육한다. 듣기, 말하기, 읽기, 쓰기 등 여러 분야의 수업이 개설되어 있고, 학교마다 개설 과목 유형이 조금씩은 다르다. 초급 단계에는 대부분 읽고 쓰기, 듣고 말하기 수업이 있고, 일부 학교에서는 종합 수업, 회화 수업 등이 개설되어 있다. 중급 단계에는 대부분 정독, 다독, 듣기, 말하기, 쓰기 등이 개설되어 있다. 문법 교육은 주로 종합 수업, 읽고 쓰기 수업, 정독 수업에서 이루어진다.

정독 수업에서 문법을 먼저 가르친 후 본문을 가르쳐야 합니까,
아니면 본문을 먼저 가르친 후 문법을 가르쳐야 합니까?

중국어 교재에서 문법 항목에 대한 해설은 일반적으로 본문 뒤에 있다. 그러나 실제 수업에서는 두 가지 방법이 사용된다. 첫 번째는 먼저 문법을 가르친 후 본문을 가르치는 것이고, 두 번째는 먼저 본문을 가르친 후 문법을 가르치는 것이다. 첫 번째 방법으로 교육하면 먼저 어휘와 문법의 기초가 다져지므로 본문을 가르치는 데 어려움이 없게 된다. 이 방법은 연역법이다. 두 번째 방법은 학생이 먼저 본문을 학습한 후에 관련된 문법 항목에 대한 감성적 인식을 기르고, 그 다음에 다시 요점 정리, 종합 정리, 심화학습, 실력 다지기 등을 연습하는 것이다. 이 방법은 귀납법이다. 첫 번째 방식에서는 문법 교수 단원이 별도로 만들어져 있기 때문에 전체 교수 과정에서 이 단원을 부각시켜 집중적으로 가르쳐야 한다. 두 번째 방식에서는 문법 교수의 도입이 자연스럽게 이루어지기 때문에 비교적 간단하고도 자연스럽게 문법을 가르칠 수 있다.

다독 수업, 듣기 수업, 말하기 수업에서 문법 강의가 필요합니까?

문법 교육의 과제는 주로 정독 수업, 읽고 쓰기 수업, 종합 수업에서 담당해야 한다. 그러나 기타 수업에서 문법 교육을 전혀 하지 말라는 것은 아니다. 문제는 어떤 형식으로 문법을 가르칠 것인가 하는 점이다. 과목마다 문법 교수의 형식을 달리해야 한다.

일반적으로 초급 단계의 정독/읽고 쓰기/종합 수업에서 문법 교육은

비교적 체계적이고 집중적이어서 따로 문법만을 설명하는 부분도 있다. 그러나 다른 과목 수업에서는 별도의 문법 설명 부분이 없고, 문법 설명도 기본적으로 임의적이고 분산되어 있다. 주로 (1)구체적 단어/구나 격식, 해설, 연습, (2)학생들의 연습 과정에서 교사의 지도나 교정과 같은 방식으로 구현된다. 그리고 이 과목들의 교육목표에 의해서 형식 구조면의 연습이나 지도 등이 과다한 비중을 차지하게 된다.

또 내용적인 측면에서 보면 읽고 쓰기 수업과 듣고 말하기 수업은 반드시 문체를 나누어 교육해야 한다. 구어체에서 나타나는 문법 현상은 응당 듣기 수업이나 회화 수업에서 완성되어야 한다.

교육 단계에서 볼 때, 전통적인 관점은 먼저 문법 교육 위주의 단계를 먼저 거친 후 어휘 교육 위주의 단계로 넘어가는 것이다. 전 단계는 문법 문형의 틀을 제시하고 그 문법을 교육하기 위해서 단어/구의 교육을 진행하는 것이고, 후 단계는 단어/구가 중심이 되고 문법은 단어/구 교육을 위해 보조적으로 가르치는 것이다. 王钟华(1999)는 다음과 같이 지적했다.

초급 단계에서 종합 수업 교육은 보통 세 단계로 나뉜다. 발음 단계, 문형 문법 단계 그리고 단문 어휘 단계이다. 이 세 단계의 구분은 교육 과제의 중점이 어디에 있느냐에 따라 달라진다. 물론 이 세 단계가 확연히 구분될 수 있는 것은 아니다. … (중략) … 단계별 지중섬에 내한 기준은 다음과 같다. 왕초보 학습자는 중국어의 기본 문형만이라도 파악해야만 단어/구로 의사소통을 할 수 있다. 따라서 나무만 보고 숲을 보지 못하는 폐단을 피할 수 있다.

그러나 어떤 학자들은 반드시 감성에서 이성으로, 개별에서 종합으로, 하나하나의 구체적인 용법에서 추상적인 규칙으로 수업을 해야 한다고 주장한다. 초급 단계에서는 어휘 교육에 중점을 둔다. 그 다음 중급 단계에 들어가서는 학생들이 점점 감성 지식이 축적되어 어감이 생기게 되므로, 문법 지식을 가르쳐야 하는 과목을 선택과목으로 개설해서 중국어 문법에 관한 전반적인 인식을 갖도록 해야 한다. 陆俭明(2003)은 "학습의 초기 단계에서는 주로 발음 교육, 한자 교육과 어휘 교육에 치중해야지 문법 교육이 위주가 되어서는 안 된다"라고 지적했다. 杨惠元(2003)은 단어/구의 교육을 강화하고, 통사 교육은 조금만 할 것을 강조했다.

- 외국어로서의 중국어 문법 교육과 중문과에서 중국 학생들을 대상으로 개설한 '현대중국어개론'이나 '문법전제연구'와 같은 교과목은 어떤 차이가 있습니까?

- 문법 교육에 포함되는 내용으로는 어떤 것들이 있습니까?

문법 능력 향상의 핵심-'연습'

1. 진술성 지식과 절차성 지식

기능 학습에는 두 가지 지식을 포함한다. 진술성 지식과 절차성 지식으로, 이것은 다시 세 단계로 나뉜다. 즉 진술성 지식(declarative knowledge), 진술성 지식의 절차화(proceduralization of the declarative knowledge), 절차성 지식의 자동화(automatizing procedural knowledge)이다(Anderson 1983).

진술성 지식이란 어떤 사실이나 규칙에 관한 지식을 말하며, 절차성 지식이란 기존의 지식을 운용하여 실제로 어떤 일을 하는 능력을 말한다. 예를 들어, 걸어서 어떤 낯선 곳에 갈 때 먼저 지도를 보고 노선을 안 다음에 가는 것은 진술성 지식이다. 길을 가는 과정에서 진술성 지식은 언제 길을 건너고, 언제 방향을 바꾸어 갈 것인지를 결정할 수 있는 절차성 지식으로 바뀐다. 만약 매일 간다면 습관이 생겨서 갈림길에 다다르면 더 생각할 것도 없이 무의식적으로 방향을 바꾼다. 이것이 자동화이다. 몇 달을 매일 걸었다면 오히려 노선을 설명하기 어렵고, 도로명조차 잊어버리게 된다. 왜냐하면 이미 모든 과정이 자동화되어서 더 이상 진술성 지식이 필요 없기 때문이다. 여기서 핵심은 자동화가 실현되려면 행위와 결합되어야 한다는 것이다. 집에서 지도만 쳐다보아서는 실현될 수 없다.

2. 문법 지식의 자동화 실현

문법 학습과정에서 진술성 지식은 한 언어의 문법 규칙을 이해하는 것을 가리킨다. 절차성 지식은 언어를 통한 의사소통 활동에서 실제로 문법 규칙을 운용할 수 있음을 말한다. 외국어 학습 과정에서 우리는 종종 다음과 같은 경험을 하게 된다. 즉, 수업에서는 어떠한 문법 규칙을 분명히 말할 수 있고 시험을 볼 때도 올바르게 대답할 수 있지만, 실제 생활 속에서 의사소통은 잘 안 된다. 영어를 배우는 사람들은 삼인칭 단수에 '-s'를 붙여야 하는 것을 알지만 실제 영어를 말할 때는 종종 '-s'를 붙이지 않는다. 또 영어를 조금 할 줄 아는 중국인들은 모두가 he와 she를 구별할 줄 알지만 실제 대화에서는 여성을 he로 지칭하는 사람이 많다. 이것은 중국어에서 삼인칭 단수를 가리킬 때 남자와 여자를 구분하지 않고 [ta]를 사용하기 때문이다(문어에서는 구분이 있지만). 그래서 영어 회화시간에 삼인칭 단수를 언급할 때 학습자가 남성과 여성을 구분해야 한다는 점에 주의하지 않을 경우 교사는 이 점을 강조하여 가르쳐야 한다.

반대로 사람들은 모국어의 문법 규칙을 잘 모르지만 실제 말할 때는 틀리지 않는다. 사람들이 절차성 지식을 갖추고 있기 때문이다. 그러나 모국어를 틀리지 않고 사용하는 모든 사람들이 진술성 지식을 갖춘 것은 아니다(언어학 수업을 수강한 자는 예외지만).

> 영어가 모국어인 중국어 학습자는 초급 단계에서 종종 "她是漂
> 亮"이라고 말합니다. 선생님이 중국어의 형용사 앞에는 '是'를
> 넣지 않는다는 것을 여러 번 강조해도 학생들은 대부분 실수를
> 합니다. 그건 왜 그럴까요?

중국어에서 형용사가 그대로 술어가 될 수 있다는 것은 중국어 문법의 기본 규칙 중 하나이다. 이 규칙 자체는 복잡하지도 않고 이해하기도 쉽다. 어려운 것은 규칙의 내재화, 즉 자동화이다.

3. 문법 능력 향상의 핵심 - '연습'

외국어 학습에서 진술성 지식을 통한 학습이 절차성 지식을 기르는 데 도움을 주는 것은 사실이지만, 결국 학습자가 한 언어에 통달하게 되는 것은 문법 규칙들을 통째로 외워서가 아니라 반복 훈련을 통한 습관화 때문이다.

> 한 과의 본문에 다음과 같은 내용이 있습니다.
> "在我们班，汉语说得最流利的要数田中"
> 한 교사가 이 표현을 이렇게 지도했습니다.
> 이 말의 의미는 "田中汉语说得最流利"입니다.
> (칠판에 '最……的要数……'를 쓴다)

‘最’ 뒤에는 형용사가 올 수도 있고, 심리상태를 표시하는 동사가
올 수도 있습니다.

예를 들어 볼까요?

中国最热的地方要数海南岛。
我最喜欢的活动要数踢足球。
我们班年纪最小的要数谁? 是小林吗? 小林, 你多大? ……

이 교사의 지도 방식은 적합합니까?

위의 교수법은 적합하지 않기 때문에 설명 방식을 달리해야 한다. 교사가 제시한 예시와 해석이 부정확하고 어렵다는 문제점은 잠시 접어두자. 설령 격식을 분명히 설명했다 하더라도 크게 부족한 점이 있다. 왜냐하면 위의 강의 방식에서 ‘연습’ 연결 부분이 없었기 때문이다. 교사는 혼자 강의만 했을 뿐, 학생들의 연습이 없었다. 그렇게 하면 학생이 어떻게 배워서 활용할 수 있겠는가? 교사가 마지막에 문제를 제시하고 학생들이 답하도록 한 것 같지만 사실 강의는 학생들이 단지 이 격식을 이해하는 정도에서 끝난 것이나 다름없다(학생들은 단지 ‘예(‘是’), ‘아니오(‘不是’)’만 대답하면 된다). 학생들에게 이 격식을 운용하여 표현할 기회를 주지 않았다.

앞선 설명에서 연습의 연결고리가 부족하다고 느낀 교사는 다음과 같은 내용을 덧붙여 설명한다.
교사는 학생들에게 다음과 같이 말한다.

지금 여러분은 내가 하는 말을 '最A/V的N要数……' 격식으로
고치세요.
① 在中国，海南岛最热了。
② 我最喜欢踢足球。……

확실히 이러한 설명 방식은 앞서 제시한 방식에 비해서 나아졌지만,
그래도 부족하다. 연습의 방식은 다양하다. 문법 연습은 기계적 연습에
국한해서는 안 된다. 가능한 한 의미를 부여하고 언어환경과 결부시켜야
한다.

교사는 다음과 같은 방식으로 연습을 설계할 수도 있다.

同学们, 你们一定去很多地方旅行过, 请做一个比较, 分别选
出最漂亮/生活最舒适/交通最方便/物价最便宜的地方，并
说明理由。
여기서 주의할 점은 학생들이 비교의 결과를 설명할 때 반드시
"最……的地方要数……"의 격식을 사용하도록 지도해야 한다
는 것이다.

이러한 유의적 문법 연습을 통해서 학생들은 비교적 정확하게 이 격
식의 의미와 용법을 이해할 수 있다고 본다. 문법을 가르치려면 학생들이
연습하도록 만들어야 한다. 문법 교육은 '이해하도록' 가르치는 것뿐만 아
니라 '할 수 있도록' 가르쳐야 한다. 문법 교육의 목표는 언어 능력을 기르
는 것이다. 언어 능력은 교사의 설명으로 만들어지는 것이 아니라 학생들

의 연습을 통해 길러진다. 문법 교육에서 교사의 역할은 규칙만을 학생들
에 설명하는 것도 아니고 학생이 그 규칙을 기억하도록 돕는 것도 아니다.
끊임없이 발화 조건을 만들어서 가능한 한 실생활에 근접한 언어환경에서
학생들이 최대한 목표언어를 운용해보도록 만드는 것이다. 절차성 지식을
만들고 나서 빨리 절차성 지식의 자동화를 이룰 수 있도록 도와 줌으로써
학생의 문법 능력을 키울 수 있다.

- 학생들이 문법 규칙을 이해하도록 만드는 것이 교사의 임무라면, 언어의 실제 사용은 학생의 몫이라고 말하는 사람도 있습니다. 이 점에 동의합니까?

- 여러분은 실제 교육에서 어떤 방법으로 학생들을 연습시킵니까?

- 본인의 외국어 학습 경험에 비추어 볼 때 어떤 학습 방법과 교육 방법이 가장 효과가 있었는지 말해봅시다.

마무리

제2언어 교육에서 문법 교육은 매우 필요하다. 문법 교육의 목적은 문법 능력을 기르는 데 있다. 문법은 분명히 가르쳐야 한다. 그러나 강의만 해서는 안 되고 연습을 해야 한다.

언어학을 전공하지 않은 외국어로서의 중국어 교사들은 언어학 이론을 따로 보충할 필요가 있다. 스스로 문법학 지식을 쌓아야 한다. 반면에 문법을 전공한 외국어로서의 중국어 교사는 또 다른 위험에 빠질 수 있다는 점에 주의해야 한다. 즉 교사가 수업에서 문법 이론을 너무 많이 설명하다보니 결과적으로 학생들의 문법 이해가 더 어려워질 수 있다는 점을 고려해야 한다.

Ⅱ

중국어
문법 특징과
교육 중점

앞장에서 외국어로서의 중국어 교육 중에서 문법 교육의 성질과 의의, 목표에 대해 논의했다. 본 장에서는 중국어 문법의 특징, 중국어 교육문법 체계의 요점 및 문법 교육의 중점에 대해 논의할 것이다. 앞 장에서 말한 것은 '왜 가르쳐야 하는가'의 문제이고, 본 장에서 말하고자 하는 것은 '무엇을 가르칠 것인가'의 문제이다. '왜 가르쳐야 하는가' 그리고 '무엇을 가르칠 것인가'의 문제를 명확히 해놓아야만 '어떻게 가르칠 것인가'의 문제를 깊이 있게 논의할 수 있다.

물론 본 교재의 중점은 '어떻게 가르칠 것인가'에 있기 때문에 본 장에서는 중국어 문법의 요점과 문법 교육의 중점을 개괄적으로 소개하고자 한다. 문법 항목의 구체적인 내용에 대해서는 본 장에서 상세히 설명하지 않을 것이므로 관심 있는 독자는 문법 관련 전문 서적을 찾아보길 바란다.

제1절

중국어 문법 교육의 기본 범위

중국어 교육의 문법 체계는 대강마다 교재마다 완전히 일치하지는 않는다. 일반적인 견해와 개인적인 견해에 근거하면 그 기본 틀은 대체로 다음 몇 부분으로 구성된다. 여기에서는 문법 체계의 기본 구성 부분만을 소개하겠다. 체계 중에서 문법 항목과 관계되는 계층 구분, 하위 부류, 묘사와 해석 등과 같은 구체적 내용은 다루지 않겠다. 사실, 각 수준별 등급에 따른 문법 교수 항목에도 차이가 있고, 같은 문법 항목이라도 약간의 하위 부류로 세분할 수도 있으며 서로 다른 등급으로 분산시킬 수도 있다. 구체적인 것은 관련 문법 대강이나 중국어 교재를 참고할 수 있으며, 이 책에서는 다음 장에서 거론할 것이다.

중국어 문법 교육의 기본 범위는 다음과 같다.

1. 형태소

1) 접두사(前缀)

阿, 老, 第, 初

2) 접미사(后缀)

子, 儿, 头

3) 조어법

(1) 단일어
(2) 합성어
　　① 복합어
　　　　- 연합식
　　　　- 수식식(偏正式)
　　　　- 동빈식
　　　　- 주술식
　　　　- 보충식(述补式)
　　② 중첩어
　　③ 파생어

2. 품사

1) 명사

명사는 대부분 양사구의 수식을 받는다.

一个人，两座山，那张地图，这三本词典

명사 중에서 비교적 특수한 것은 시간사, 처소사와 방위사이다.

(1) 시간사: 今天，去年，现在，以前，平时，最近，将来
(2) 처소사: 中国，亚洲，郊区，附近，远处，旁边，对面
(3) 방위사:

上	以上	之上	上面	上边	上头	旁边
下	以下	之下	下面	下边	下头	对面
前	以前	之前	前面	前边	前头	中间
后	以后	之后	后面	后边	后头	之间
左			左面	左边		之中
右			右面	右边		东南
东	以东	之东	东面	东边	东头	这边
南	以南	之南	南面	南边	南头	内部
西	以西	之西	西面	西边	西头	
北	以北	之北	北面	北边	北头	
里			里面	里边	里头	
外	以外	之外	外面	外边	外头	
内	以内	之内				

2) 동사

일부 동사는 중첩할 수 있다.

看看，想想，休息休息

동사 중에서 비교적 특수한 것은 방향동사와 조동사이다.

(1) 방향동사

	上	下	进	出	过	回	开	起
来	上来	下来	进来	出来	过来	回来	开来	起来
去	上去	下去	进去	出去	过去	回去	开去	

어떤 방향동사는 파생 용법도 있다.

爱上，说出来，传出去，看上去，坚持下去，流传开来，昏过去

(2) 조동사(能愿动词)

能，能够，会，可以，可能，

应该，应当，该，要，得，想，敢，肯，愿意

3) 형용사

일부 형용사는 중첩할 수 있다.

好好休息，大大的眼睛，打扫得干干净净，

四周的墙壁雪白雪白的

형용사 중에서 비교적 특수한 것은 비술어성 형용사(구별사)이다.
男, 女, 正, 副, 金, 银, 单, 双, 彩色, 新式, 大型

4) 수사

零(0), 半, 一, 二, 两, 九, 十, 百, 千, 万

5) 양사

小时, 分, 双, 副, 个, 条, 点, 些, 遍, 趟, 番

양사는 대부분 중첩할 수 있다.
这些邮票张张都非常精美。
他们个个都是好样儿的。

6) 부사

정도 표시	很, 极, 挺, 怪, 太, 非常, 格外, 十分, 极其, 分外, 最, 更, 更加, 越, 稍, 微, 比较, 有点儿
정태 표시	猛然, 毅然, 忽然, 仍然, 逐步, 渐渐, 亲自, 擅自, 特地, 互相
시간 표시	刚, 刚刚, 已经, 已, 曾经, 早就, 才, 正, 正在, 在, 将, 将要, 立刻, 立即, 马上, 永远, 从来, 随时

중복, 빈도 표시	又, 再, 还, 也, 再三, 常常, 经常, 往往, 一直, 一向, 偶尔, 老(是), 总(是), 不断, 反复
범위, 수량 표시	都, 全, 一共, 一起, 只, 仅仅, 就, 才
부정 표시	不, 没(有), 别, 勿
어기 표시	多, 多么, 真, 可, 并, 又, 却, 倒, 实在, 幸亏, 难道, 究竟, 毕竟, 偏偏, 干脆, 简直, 明明, 一定, 准, 果然, 大概, 也许, 大约, 几乎, 差点儿, 反正

어떤 부사는 관련 작용을 겸하고 있다.

① 这些孩子又单纯又善良。

② 他会英语， 还会法语。

7) 대사

인칭대사	你, 您, 我, 他, 她, 它, 你们, 我们, 咱, 咱们, 他们, 她们, 它们, 大家, 人家, 别人, 自己
지시대사	这, 那, 这儿, 那儿, 这里, 那里, 这么, 那么, 这样, 那样
의문대사	谁, 什么, 哪, 哪儿, 哪里, 怎么, 怎么样, 多, 多少, 几
기타	每, 各, 某

대사는 임의의 것 또는 불특정한 것을 가리키는 용법으로 쓰인다.

① 你看看我， 我看看你， 谁也不说话。

② 谁想去谁去。

③ 在这种场合， 你无论如何得说点儿什么。

8) 감탄사

　① 哎呀，　真糟糕！

　② 哎，　我来了。

9) 의성어

　① 叮铃铃，叮铃铃，　前面传来一阵自行车铃声。

　② 一只青蛙一张嘴，　两只眼睛四条腿，　扑通一声跳下水。

10) 전치사

대상·범위를 끌어냄	对, 对于, 关于, 至于, 和, 跟, 同, 与, 为, 给, 替, 于, 把, 将, 叫, 让, 被, 比, 向, 连, 除(了)
근거·수단을 끌어냄	在, 根据, 依照, 按照, 通过, 凭 以
목적·원인을 끌어냄	为, 为了, 由于, 因为
시간·장소를 끌어냄	从, 自从, 自, 打, 由, 当, 往, 朝, 向, 到, 在于, 顺着, 沿着

11) 접속사(连词)

　① 饭和菜都已经做好了。

　② 不论谁都可以提意见。

③ 不论你说什么，他都不相信。

12) 조사

(1) 구조조사

的, 地, 得

(2) 동태조사

了, 着, 过

(3) 기타조사

们(‘同学们’) 第(如‘第一’)
初(‘正月初三’)
似的(‘像野马似的’)
来(‘二十来个人’)
把(‘块把钱’)

13) 어기사

吗, 呢, 吧, 啊, 的, 了, 嘛, 着呢, 罢了

같은 단어가 문맥에 따라 다른 품사로 사용될 수도 있다.

① 对不起，委屈你了。- 委屈(동사)

② 对不起，让你受了一点儿委屈。- 委屈(명사)

③ 他觉得很委屈。- 委屈(형용사)

이합사(離合詞)는 중국어에서 특수한 현상이다.

① 我跟他见过面。

② 别生他的气了。

3. 구(短语)

1) 구 유형

구조적 유형		예시	기능적 유형
기본구	주술구	他不去, 钱包丢了, 满面红光, 东西很贵, 打人不对, 身体不舒服	
	연합구	你、我、他, 今天或明天	명사성
		唱歌、跳舞, 研究并决定	동사성
		聪明、漂亮, 又酸又辣	형용사성
	수식구	新书, 最好的朋友	명사성
		马上出发, 在哪儿见面	동사성
		真便宜, 特别高兴	형용사성
	술목구	买材料, 送她一束花, 开过来一辆车	동사성

기본구	술보구	吃完, 说得很清楚	동사성
		好极了, 热得满头大汗	형용사성
특수구	동격구	我朋友小王, 中国的首都北京, 你们俩	명사성
	연동구	走过去开门, 开车去公司, 去公司开车	동사성
	겸어구	请你喝咖啡, 让他等一等, 喜欢她聪明	
유표구	전치사구	从八点钟, 往右	수식성
	방위구	桌子上, 那家超市旁边, 出国以前	명사성
	양사구	这三本, 这本, 三本	
	'的'자구	我的, 红的, 昨天刚买的	

2) 통사 성분

(1) 주어

他不去, 东西很贵, 打人不对, 身体不舒服

(2) 술어

他不去, 东西很贵, 打人不对, 身体不舒服

(3) 목적어

买材料, 送他一束花儿, 开过来一辆车

(4) 관형어

(老)房子, (阅读)材料, (雄伟的)建筑, (新买的)钢琴

(5) 부사어

[慢慢地]说, ［明天］说, ［在大会上］说, ［非常］满意

(6) 보어

　①정태보어(상태보어/정도보어)

　　衣服洗得〈很干净〉, 跑得〈不快〉

　　好〈极〉了, 快得〈很〉

　②결과보어

　　东西卖〈完〉了, 东西买〈到〉了

　③방향보어

　　坐〈下〉, 拿〈来〉, 走〈上来〉, 安静〈下来〉

　④가능보어

　　看得〈见〉, 买不〈到〉, 开不〈进去〉

　⑤수량보어

　　看〈一遍〉, 看〈两个小时〉, （比他）高〈三厘米〉

4. 문장

1) 문형

(1) 단문 유형

먼저 주술문과 비주술문으로 나눈다.

비주술문

　① 王老师！

　② 下雨了！

　③ 必须保护环境。

주술문은 다음과 같이 나눌 수 있다.

동사술어문

　① 我今天休息。

　② 我还以为他对我有意见呢！

　③ 他送我一件礼物。

　④ 我已经说完了。

형용사술어문

중국어에는 형용사나 형용사성 구가 직접 술어가 될 수 있다.

　① 我很忙。

　② 这个城市非常干净。

서술문에서 형용사 앞에는 항상 부사어가 온다. 단독으로 형용사가
술어가 되고 대비의 의미를 갖는다.

　③ 我们学校大，他们学校小。

　④ 这件衣服贵，那件衣服便宜。

명사성 단어가 술어가 된다. 동사술어문의 특수한 예로 볼 수 있다.

　① 他东北人。

② 现在十二点。

③ 他二十一岁。

④ 这件毛衣一百多块钱。

부정을 할 때는 술어 앞에 '不是'를 넣으면 된다.

(2) 복문 유형

복문 유형		관련 단어/구
연합복문	병렬복문	也, 又, 还, 既…又/也…, 又…又…, 是…不是…, 不是…而是…, 一边…一边…, 一面…一面…
	연관복문	就, 便, 又, 于是, 然后, 再, 一…就…, 首先…然后…
연합복문	점층복문	而且, 并且, 还, 更, 甚至, 不但…也/还/更…, 不但…而且…
	선택복문	或者, 是…还是…, 或者…或者…, 要么…要么…, 不是…就是…, 与其…不如…, 宁可…也…
수식복문	가정복문	要是/如果/假如…那么/就…
	인과복문	由于, 所以, 因此, 以致于, 因为…所以…, 之所以…, 是因为…, 既然…就…
	전환복문	却, 但是, 可是, 不过, 虽然/尽管…但是/可是…
	조건복문	只要…就…, 只有…才…, 除非…才…, 无论/不论/不管…都/也…

수식복문	양보복문	即使/哪怕/就是…也/都…
	목적복문	为了, 以免, 省得, 好

2) 문용(句类)

문장의 어기에 따라 문용을 서술문, 의문문, 명령문, 감탄문으로 분류
할 수 있다.

(1) 서술문

① 他在那儿生活了三十年。

② 我对这儿不熟悉。

③ 他没告诉我。

(2) 의문문

시비의문문

① 他明天会来吗?

② 你没把这事告诉他吗?

③ 我们明天去打球，好吗?

④ 怎么，你也想去?

⑤ 我想，这是您女儿吧?

정반의문문

① 这种电视好不好?

② 你说不说英语?

③ 他是不是病了?

특지의문문

①你要什么?

②他是谁?

③你去哪儿?

선택의문문

①你喝茶还是喝酒?

②是你来，还是我去?

③是在这儿谈，还是出去谈?

(3) 명령문(祈使句)

명령, 요구 등을 나타낸다.

①请进!

②你醒醒!

③走吧!

(4) 감탄문

①哎呀!

②太好了!

③真便宜!

3) 문식(句式)

문식은 어떤 구조나 표현에서 특징이 있는 문장을 개괄하여 분류한 것이다.

(1) 연동문

　①他赶紧推门进去。

　②我坐车去人民广场。

　③我去人民广场坐车。

　④他拉着我的手不放。

　⑤想找个人问问。

(2) 겸어문

　①老板让他去广州工作。

　②朋友请我明天一起去吃饭。

　③他怪我没有把事实告诉他。

　④顾客称赞他们服务周到。

(3) '是……的'문

두 종류의 서로 다른 '是……的'문이 있다.

대화중인 쌍방이 모두 어떤 동작 행위가 이미 발생한 것을 알고, 화자는 동작 행위 자체가 아닌 동작 행위와 관련한 어떤 면—시간(언제), 장소(어디서), 방식(~로), 동작 대상, 행위자(누가)—를 강조하여 표현하고자 할 때 '是……的' 격식을 사용한다. '是'는 생략할 수 있지만 '的'는 반드시 있어야 한다. 부정을 할 때는 '不'를 '是' 앞에 둔다.

　①他是昨天来的。

　②他一定是坐出租车来的。

　③他的手术不是张大夫做的。

　④昨天晚饭我是吃的米饭，不是面条。

화자의 관점, 의견, 논평, 묘사를 나타낼 때 '是……的'문을 쓸 수 있다. 문장 전체가 상황이나 이치를 설명하여 상대방이 납득하거나 받아들이도록 하는 어기를 지닌다. 이 문장의 '是'와 '的'는 모두 사용하지 않아도 된다. 부정할 때 '不'는 '是……的' 안에 둔다.

① 那是不可能的。
② 我是从来不参加这种活动的。
③ 他们提出的要求是合情合理的。

(4) '比'자문

'比'자문은 비교를 나타낸다.

① 他比我高。
② 他比我高一点儿。
③ 他比我高得多。 / 他比我高多了。
④ 他比我更高。 / 他比我还高。

'比'자문의 부정 형식은 'a不比b……'이다. 하지만 이런 문장은 단지 어떤 견해에 초점을 맞추어 수정 혹은 반박하는 데 쓰인다.

A: 这件衣服小了点儿，给我换那件吧。
B: 那件不比这件大。

부정적인 각도에서 비교할 때 가장 흔히 볼 수 있는 것은 'a没有b……'이다.

① 他没有我高。
② 他没有你这么能干。

(5) '把'자문

'把'자문의 기본 격식은 다음과 같다.

주어 + '把……' + 동사 + 기타 성분

대다수의 '把'자문은 '처치(處置)'의 뜻을 나타낸다. 즉, 어떤 확정된 사물에 맞추어 어떤 행위 동작을 실행한다. 이 행위 동작은 대부분이 확정된 사물이 어떤 영향을 받거나, 혹은 확정된 사물에 어떤 변화나 결과가 생기게 한다. '把'자문의 주어는 이러한 '영향'이나 '변화'를 야기한 책임자이다.

① 他们把老鼠打死了。
② 你把花儿放在桌子上吧。
③ 台风把行道树都刮倒了。

'把'의 목적어는 뒤 부분 동사의 지배를 받을 수 있다. '把'의 목적어가 나타내는 사물은 확정적이고 이미 알고 있는 것이다. 동사 앞뒤에는 통상 기타 성분들이 있다. 부정사, 조동사, 시간사는 반드시 '把'의 앞에 위치한다.

또 다른 '把'자문이 있지만 의미는 조금 차이가 있다.

주어 + 把X 当作 / 作为 / 看成 / ……Y
① 我把你当作最好的朋友。

‘把’ + 처소/범위 + 동사 + 기타 성분

　　② 我把整个城市都找遍了，也没找到他。

‘把’는 사역(使役)의 의미를 나타낸다.

　　③ 好不容易才买到两张票，可把我累死了！

　　④ 每天都是四十度以上，把人们热得都喘不过气来。

‘把’는 좋지 않은 일을 겪게 됨을 나타낸다.

　　⑤ 她离婚不久，又把孩子死了。

(6) ‘被’자문

‘被’자문의 격식

주어 + ‘被(……)’ + 동사 + 기타 성분

‘被’자문은 어떤 사물이 어떤 영향을 받아서 변화하는 것을 나타낸다.
‘被’ 뒤의 목적어는 없을 수도 있다.

　　① 我被他吓了一跳。

　　② 词典被人撕掉了一页。

　　③ 我的自行车被偷走了。

구어에서는 보통 ‘叫’, ‘让’이 ‘被’ 대신 사용된다. 또한 구어에서는 대
부분 ‘被’자문은 불쾌하거나 손해를 입은 상황을 나타낸다. ‘被’자문은 일

반적으로 동사 뒤에는 기타 성분이 있다. 부정사, 조동사, 시간사는 반드시
'被' 앞에 위치한다.

(7) 존현문

존현문의 격식

처소 + 동사… + 사람 혹은 사물

존현문은 세 종류로 나눌 수 있다.

    - 사람/사물의 존재를 나타낸다.

    - 사람/사물의 출현을 나타낸다.

    - 사람/사물의 소실을 나타낸다.

    ① 桌子上有一本书。

    ② 商店门口围着一群人。

    ③ 前面走过来一个人。

    ④ 书架上少了一本书。

존현문에서 목적어는 비한정적인 것이고, 처소사 앞에는 일반적으로
전치사를 사용하지 않는다.

5. 표현

1) 상(相, aspect)

(1) 완료상

① 我昨天上街了。

② 我去商店买了一辆自行车。

③ 吃了饭再去吧。

(2) 변화상

① 他病了，不能去旅行了。

② 他头发又白了许多。

(3) 경험상

① 我没有去过他家。

② 他从来没有这么高兴过。

(4) 진행상

① 外面正下着雨呢。

② 我们正说着话，老师进来了。

(5) 지속상

① 门关着，灯开着。

② 桌子上放了很多书。

2) 주제어의 선택

한 문장이 어떤 단어/구를 선택해 주제어(話題)로 삼을지는 언어환경을 보고 결정한다.

> ① 我看过这本书，不过没看懂。
> ② 我这本书看过，那本书没看过。
> ③ 这本书我看过，挺不错。
> ④ 这本书我看过，他没看过。

앞 두 문장의 주제어는 '我'이고, 뒤 두 문장의 주제어는 '这本书'이다. 동작 대상(受事)이 주제어가 되고, 동작 주체(施事)가 나타나지 않을 때는 전통적으로 말하는 '의미상의 피동문'이 된다.

> 这本书卖完了。

주제어는 반드시 이미 알고 있는 확정된 사물이어야 한다. 아래 두 문장의 '中国'와 '她'도 주제어다.

> ① 中国人口多，面积大。
> ② 她头发长长的，眼睛大大的，戴一副眼镜，
>   穿一条牛仔裤。

'人口多，面积大'는 모두 '中国'을 설명하고 있고, '瘦瘦的，高高的，头发长长的，眼睛大大的'은 모두 '她'를 설명하고 있다.

3) 문장의 말투

문장에는 긍정, 부정, 강조, 약화, 과장, 완곡, 감탄, 주저, 추측, 변명,
불만, 놀람 등 여러 가지 다른 말투가 있다.

(1) 대부분의 감탄사는 말투를 표현하는 데 쓰인다.

 ① 啊，伟大的母爱!
 ② 哎呀，你真是的!

(2) 중국어의 어기사는 전적으로 어기와 말투를 나타내는 데만 쓰인다.

 ① 这件礼物他一定会喜欢的。
 ② 房间里太热了!
 ③ 我当然会说上海话，我父母亲是上海人嘛。
 ④ 还早呢，你着什么急!
 ⑤ 不坐车怎么行? 路远着呢!
 ⑥ 我只是跟你开个玩笑罢了，你还当真?

(3) 어기부사는 말투를 표현할 때 중요한 작용을 한다. "这事儿我不
知道"에 서로 다른 부사를 첨가하면 말투가 달라진다.

 ① 这事我可不知道，以后出了问题别来找我。
 ② 他们都搞错了，其实，这事儿我并不知道。
 ③ 这事儿我又不知道，干吗问我?

(4) 고정 격식은 강조, 과장, 개의치 않음을 나타낸다.

    ① 你连我也不认识了?
    ② 我现在一分钱也没有。
    ③ 那再好没有了。
    ④ 比就比，谁怕谁呀。

(5) 이중 부정은 경우에 따라 강조하는 말투를 나타내기도 하고 완곡한 말투를 나타내기도 한다.

    ① 他们是老同学，不可能没有联系。
    ② 他一再请我去，我不能不去。
    ③ 听到这个消息，没有一个人不感到失望。

(6) 반어문은 대부분 강조, 불만, 질책 등의 말투를 내포하며 다소 강한 감정 색채를 지닌다.

    ① 这怎么可以?（=当然不可以。）
    ② 这怎么不可以?（=当然可以。）

4) 첨가, 생략, 도치

(1) 첨가

①他又在唱歌了，你听。

②看来，今年的经济情况没有去年好？

③不用说，他准又撞人了。

④听说，他开了一家公司。

(2) 생략

①A: 你明天去哪儿?

　B: (我明天去)北京。

②我朋友打电话来，(她)说她明天到。

③(我)到了机场，我才发现忘了带机票。

(3) 도치

구어 표현에서 문장 뒤로 도치된 성분은 항상 가볍게 읽으며, 추가, 보충의 성질을 갖는다. 뒤로 도치된 부분은 실제 말할 때는 앞부분과 연달아 말한다.

①来了吗，都?

②买一个吧，您哪!

③怎么卖啊，这苹果?

도치 현상은 서면어에서도 나타나는데, 작가가 문학적인 색채를 더하기 위해 고의로 도치하는 경우가 많다.

①他终于站起来了，慢慢地，坚定地。

②信件像雪片一样飞来，从学校，从农村，从工厂，

从兵营。

③ 要警惕啊，善良的人们！

5) 표현법

시간 표현법, 숫자 표현법 등이 있다.

6. 텍스트(语篇)

1) 텍스트의 주제 전개 방식 (생략)
2) 텍스트의 결속 수단 (생략)

- 교육문법 체계는 존재한다고 생각합니까?

- 교육문법 체계가 있다면 그 체계를 구성하는 요소는 무엇입니까?

- 상술한 문법 체계의 모든 내용을 문법 교육에서 반드시 가르쳐야 합니까?

중국어 교육문법 체계의 발전과 혁신

1. 교육문법과 이론문법

외국어로서의 중국어 교육을 위한 문법은 교육문법이다. 교육문법은 이론문법과는 다르다. 이론문법은 언어를 하나의 규칙 체계로 보고 연구하며, 일반적 법칙을 계시하여 문법의 계통과 문법의 규율에 대한 이론적 개괄과 해석을 내리는 것이 목적이다. 교육문법은 언어를 의사소통의 도구로 보고 학습하는 것으로, 언어 기능을 운용하고 언어의 의사소통 능력을 발전시키는 것이 목적이다(赵金铭 1994).

교육문법과 이론문법은 서로 의존적이다. 교육문법은 이론문법에 의존하고, 이론문법에서 필요한 내용을 흡수한다. 교육문법 또한 이론문법에 연구과제와 동력을 제공할 수 있다.

완전한 하나의 제2언어 교육문법 체계는 먼저 아래 몇 가지를 갖추어야 한다.

1) 문법 항목의 선택

어떤 문법 항목을 선택하고 교육 중점을 어떻게 확정하는지는 두 가지 요소에 의해 결정된다. 첫째, 중국어 문장의 기본 유형과 같은 중국어 문법 계통의 기본 특징을 반영해야 한다. 둘째, 언어 대비와 언어 습득의 연구 성과를 반영해야 한다. 중국어의 각종 보어, '了', '着', '过'의 용법, '把'자문 등은 중국어의 특징이자 외국 학생들이 배우기 어려운 것들이다.

2) 문법 항목의 분할

한 언어 항목의 내부는 난이도에 따라 다시 몇몇 하위 부류로 나눌 수 있으며, 가르치면서 조금씩 난이도를 높일 수 있다. 한 번에 해결한다는 것은 교사의 희망사항일 뿐이다. '把'자문을 예로 들면, 최소한 몇 가지 하위 부류로 나눌 수 있다.

① 처치를 표시: 我把书放在桌子上。
② 사역(致使)을 표시: 可把我累坏了。
③ 동작의 장소나 범위를 표시: 我把全城都跑遍了。

처치를 표시하는 '把'자문을 먼저 가르치고 사역을 표시하는 '把'문은 좀 늦게 가르쳐야 한다. 동작 장소와 범위를 표시하는 것은 중·고급 단계에 가서 다시 가르쳐야 할 것이다.

3) 문법 항목의 배열

문법 항목의 배열에서는 주로 두 가지를 고려해야 한다.

첫 번째는 순서 문제이다. 문법 항목 배열의 선후 순서는 구조 자체의 복잡도, 습득 순서, 가르치기 편리함과 같은 요소에 의해 결정된다. 더불어 의사소통 면에서의 사용 빈도도 고려해야 한다. 문법 항목 배열은 학생들의 특징과 교육목표에 근거해서 우선적으로 가르쳐야 할 것과 체계적인 배치, 그리고 순서에 맞게 가르치는 문제를 종합적으로 고려하여 균형을 갖추어야 한다. 예를 들면, 보어를 먼저 가르치고, 그 다음 '把'자문을 가르친다. 행위동작이 이미 일어났음을 나타내는 '了'를 먼저 가르치고, 그 다음에 행위동작과 관계되는 시간, 장소, 방식을 강조하는 '是……的'구조를 가르친다.

두 번째는 간격의 문제이다. 일반적으로 문법 항목은 하나만 따로 떼어 가르쳐서는 안 되고 연계해서 가르쳐야 한다. 문법 항목 간의 관련성이 높은 것은 함께 배열하거나 몇 개 과에 연속적으로 배열해야 한다. 예를 들면, 존재 표시의 '有'자문과 수량 표현법, 양사, 이 세 문법 항목은 함께 배열하고 "你们班有多少学生"과 같은 대화 주제를 가지고 연습할 수 있다.

4) 문법 항목의 설명

문법 항목의 내용 설명에서는 규칙 사용조건에 대한 설명을 중시해야 한다. 묘사와 해석을 유기적으로 결합시키고, 통사론, 의미론, 화용론을 유기적으로 결합시키고, 이해와 표현을 유기적으로 결합시킨다. 필요에 따라서는 상황에 맞는 언어 간 대비를 할 수도 있다. 그리고 문법 항목에 대한 설명은 간단명료하고 실용적이며 이해하기 쉬워야 한다.

외국어로서의 중국어 교육문법 내용은 구체적으로 다음의 요소를 갖추어야 한다.

① 문법 대강
② 외국어로서의 중국어 교육문법 이론
③ 문법 항목의 배열과 설명 및 연습설계
④ 문법 교육 참고서와 지도서

国家汉办汉语水平考试部의《语法等级大纲》, 国家汉办의《高等院校外国留学生汉语言专业教学大纲》에 첨부된《语法大纲》,《高等院校外国留学生汉语教学大纲(长期进修)》에 첨부된《语法大纲》은 모두 외국어로서의 문법 교육 및 시험 테스트의 중요한 근거가 된다.

2. 중국어 교육문법 체계의 형성과 발전

외국어로서의 중국어 교육문법 체계는 북경대학교 邓懿 교수가 1958년에 편찬한《汉语教科书》에서 만들어졌다. 이 교재에서는 문법 항목의 선택과 분할 및 배열에서 외국인을 위한 중국어 교육의 특징을 구현하는 데 초점을 두었다. 그리고 형식적 특징을 중시하되 순수 구조주의의 길을 따르지 않고, 맞춤성과 적응성, 완전성을 상당히 갖춘 문법 체계를 확립했다.

반세기 동안 외국어로서의 중국어 교육의 실천과 연구로 교육문법 체계는 끊임없이 보완되었다. 하지만 전체적으로 보면 일부 국부적인 조정만 있었을 뿐 총체적 변화는 크지 않다.

3. 중국어 교육문법 체계의 혁신

몇 년 사이에 문법 체계의 개정에 대한 요구가 많아서 많은 학자들이 개정을 했으며, 지금도 하고 있다. 일부 교재에서도 개정을 시도했는데, 주로 다음과 같은 내용들이다.

① 문법 항목의 선택에서 어떻게 하면 문법 체계를 간단하게 하고, 외국어로서의 중국어 교육 특징을 구현하여 맞춤성 교육을 갖추도록 할 것인가?

② 문법 항목의 배열에서 어떻게 하면 학습 규율에 대한 연구를 통해서 학습 지도를 위한 문법 항목의 난이도를 과학적으로 확정할 수 있을 것인가?

③ 문법 항목의 설명에서 어떻게 하면 의사소통의 필요성에 맞게 문법 현상에 대한 의미적 설명과 화용적 설명을 강화하고, 구조와 기능이 서로 결합한 길을 찾을 수 있을 것인가?

④ 자체 연구를 강화하고 새로운 연구 성과를 받아들여 문법 교육이 더욱 과학적이고 효과적이도록 한다. 예를 들면, 텍스트 교육을 지도하기 위해서는 텍스트 구조의 규율에 대한 연구를 강화할 필요가 있다.

⑤ 구어 문법과 문어 문법을 구분해야 한다. 구어 문법의 특징에 대한 연구를 강화하고, 구어 문법과 문어 문법의 차이를 탐구하여 더욱 효과적으로 구어 교육과 문어 교육을 지도할 수 있도록 한다.

보어를 예로 들어 문법 체계 혁신에 대한 모색을 살펴보도록 하자.

교육문법 체계 중 보어 계통과 관련해서는 어떤 문제들을 다루어야 합니까? 서로 다른 견해로는 어떤 것이 있습니까?

보어는 교육문법 체계에서 중요한 위치를 차지하고 있다. 하위 부류가 많고 형식도 각각이며 용법도 복잡하다.

보어의 하위 부류 구분과 명명은 외국어로서의 중국어 교육문법 체계 설립의 성공적인 예로 교육 실천에서도 검증을 거쳤다. 하지만 교육 개혁의 심화와 이론 연구의 발전으로 아직도 보완이 필요하다(柯彼得 1990, 吕文化 1999, 2001).

초기에는 보어를 8종류로 나누었다. 결과보어, 방향보어, 가능보어, 정도보어, 시량보어, 동량보어, 수량보어, '전치사 + 목적어'보어*로, 주로 다음과 같은 문제를 다루었다.

① '정도보어'의 명칭 문제이다. 많은 교재에서 "衣服洗得很干净", "来得很早"와 같은 문장에서 '得' 뒤의 보어를 정도보어라고 불렀다. 하지만 이것들은 정도만을 나타내지는 않는다. 그래서 어떤 학자는 '정태보어(情态补语)', '상태보어' 등으로 바꾸길 주장했다.

---

* 역주: '전치사 + 목적어'보어는 '介宾补语'를 번역한 표현이다.

또 어떤 학자는 정도보어를 "好得很", "好极了"의 '很', '极' 등에
만 국한해서 지칭하자고 했다. 그러나 이 유형의 보어가 명확한 형
식 표기에 의해 구분해낼 수 있는 것인가에는 의문이 있다.

② '上, 下, 进, 出, 回, 过, 起'가 동사 뒤에 놓인 것은 방향보
어가 아니다. 어떤 학자는 '동사 + 上 / 下……'는 의미적으로 방향
을 나타내지 않고 위치 이동을 나타낸다고 했다. 그리고 구조적으
로도 비교적 긴밀하여 목적어는 반드시 보어 뒤에 놓이기 때문에
결과보어로 봐야 한다.

③ '전치사 + 목적어'보어를 문법 체계에 넣어야 하느냐의 문제이다.
'走向胜利', '来自北方'과 같은 것은 출현 빈도가 낮다. 그래서 체
계의 완전성을 위해, 특히 초급 단계에서는 이것을 받아들일 필요
는 없다고 주장하는 학자도 있다. 그리고 '放在桌子上', '拿到外面
去', '交给财务科'와 같은 예를 다룰 적에 교재에서는 대부분 '在',
'到', '给'를 동사의 결과보어로 본다. 그러나 어떤 학자는 'V 在', 'V
到', 'V 给' 등은 결합이 비교적 긴밀하기 때문에 목적어를 지니는
하나의 동사에 해당한다고 주장하기도 한다.

④ '买到', '买来', '买得到'와 같은 구조를 중국어 교육문법 체계에서
는 일반적으로 동사 + 결과보어, 동사 + 방향보어, 동사 + 가능보
어로 구성된 동보구로 본다. 그러나 동결식(动结式), 동추식(动
趋式)으로 칭하는 학자도 있고, 보어 계통을 간략화하고 구조 자
체의 특징을 더 잘 반영하기 위해서 복합동사로 간주해야 한다고
주장하는 학자도 있다.

⑤ '가능보어'의 명칭 문제이다. '买得到', '买不到'에서 어느 것이 가
능보어인가? 만약 '到'가 가능보어라고 한다면 결과보어와 같게 된
다. '不到'가 가능보어라면 그것은 더 큰 문제가 된다. '不'는 여기서

는 '到'와 하나의 성분이 될 수 없기 때문이다. 즉, '买到' + '得/不'
이지 '买' + '得到/不到'가 아니다.

보어 하나만 보더라도 논의해야 할 문제가 많음을 알 수 있다. 앞에서
소개한 것도 몇 개의 주요 문제만 다룬 것이다. 앞으로 외국어로서의 중국
어 문법 체계는 교육 실천과 결합시켜 좀 더 체계적이고 전면적으로 연구
를 진행해야 함을 알 수 있는 대목이다.

- 앞에서 보어 계통과 관련해 거론한 몇 가지 문제를 어떻게 생각합니까?

- 텍스트 교육은 교육문법 체계에서 취약한 부분 중 하나입니다. 어떻게 도입
  해서 연구를 진행해야 할까요?

- 앞 절에서 소개한 문법 체계의 기본 구성 부분에 관한 내용 중에서 조정할
  필요가 있는 내용은 무엇입니까?

제3절

중국어 문법 특징과 교육 중점

1. 중국어 문법의 특징

일반적으로 중국어 문법에는 몇 가지 특징이 있다. 엄격한 의미의 형태 변화가 결여되어 있고 품사와 문장성분이 일대일로 대응하지 않는다. 그리고 어순과 허사가 중요한 기능을 한다.

1) 엄격한 의미의 형태 변화 결여

영어에서 be동사는 am, is, are, was, were, been 능 낳은 변화가 있다. 이것이 바로 형태 변화이다. 하지만 중국어는 동사 '是'가 어떤 상황에서 사용되더라도 형태가 변하지 않는다.

① 我是学生，他也是学生，我们都是学生。
② 他过去是，现在是，将来仍然是我的老师。

영어 교육에서 초급 학습자가 처음 접하는 문법 항목은 be동사일 것이다. I am a student. He is a student. We are students. 하지만 중국어 교재에서는 '是'자문을 하나의 문법 항목으로 거의 처리하지 않는다는 점에 주의할 필요가 있다. 중국어에는 형태 변화가 없기 때문이다. 그래서 동사는 가르치기가 쉽다. '是'는 일반적인 동사의 하나로 다른 동사들과 비교해도 용법에서 어떤 특별한 점이 없기 때문에 중국어 교수법에서 '是'는 '특별한 대우'를 받지 못한다.

중국어는 엄격한 의미의 형태 변화가 없기 때문에 복잡한 '성', '수', '격' 등과 같은 문제가 없고, 학습자는 대량의 규칙을 기억할 필요가 없다. 그래서 중국어 문법은 다른 언어보다 배우기가 쉽다. 중국어를 갓 시작한 외국 학생들은 대체로 중국어 문법이 어렵지 않다고 여긴다.

2) 품사와 문장성분이 일대일로 대응하지 않는다

중국어에서는 같은 품사의 단어가 서로 다른 문장성분으로 사용될 수 있고, 형식 변화도 필요 없다. 영어의 polite, politely, politeness를 중국어로 번역하면 모두가 '客气'이다.

① 他很客气。
② 他说了很多客气话。
③ 他客气地拒绝了我们的邀请。
④ 这是为了表示客气。

'客气'는 위의 몇 가지 문장에서 각각 술어, 관형어, 부사어, 목적어를 담당한다. 문장 안에서 어떤 성분으로 사용되든 간에 '客气'라는 이 단어의 품사는 형용사이다.

> 혹자는 중국어의 '小心'이 지닌 세 가지 단어의 성질을 표기해야 한다고 합니다. 동사(他很小心), 형용사(一个很小心的人), 부사(小心地贴上去，贴得很小心)처럼 말입니다. 이렇게 분류하는 것이 일리가 있다고 봅니까?

이것은 간단하게 영어 문법에 맞추어 설명한 것이다. 그렇다면 "He lost his wallet because of his carelessness"에 해당하는 중국어 표현 "因为不小心，他把钱包丢了"에서 '小心'은 명사로 표시해야 할 것이다. 어차피 중국어의 형용사가 다른 통사 성분으로 충당되더라도 형식 변화가 없는데 굳이 매 단어마다 단어의 성질을 표기할 필요가 있는가? 이것은 체계상으로도 비과학적이고 실제 사용 면에서도 비경제적이다.

3) 어순과 허사의 기능

형태 변화가 결핍된 중국어에서는 어순의 배열이 중요한 작용을 한다.

① 狗咬人。
② 人咬狗。

두 문장의 뜻은 정 반대다.

③ 四川人不怕辣，湖南人辣不怕，江西人怕不辣。

‘不怕辣’와 ‘怕不辣’는 순서를 바꾸면 의미에 차이가 생긴다. 마찬가지로 형태 변화의 결핍으로 다른 언어에서 형태 변화로 표현하는 의미를 중국어에서는 허사로 표현한다.

④ 小李师傅来了。
⑤ 小李的师傅来了。

‘的’의 유무에 따라 뜻이 완전히 달라진다.

⑥ 他把我打了一顿。
⑦ 他被我大了一顿。

‘把’을 사용하느냐 ‘被’를 사용하느냐에 따라 뜻이 정반대가 된다.

⑧ 他昨天来了。
⑨ 他昨天来过。
⑩ 他昨天来的。

‘了’, ‘过’, ‘的’의 사용은 화자가 표현하고자 하는 의미 혹은 강조의 중점과 관련이 있다. 중국어에서 허사의 용법은 때로 아주 복잡하며, 언어환경이나 화자의 말투와도 관련이 있기 때문에 학습자는 이것을 파악하고 배우기가 어렵다.

4) 중국어는 화용 중심의 언어

상술한 세 가지 특징 외에 또 하나의 특징이 있다. 그것은 중국어에서 화용적 요소가 문법에 광범위하게 영향을 미친다는 점이다. 그래서 중국어를 '화용 중심의 언어'라고 한다. 중국어에서 많은 단어/구의 용법은 모두 화용적 기능에서 해석해야 한다. 예를 들면, 부사의 대부분의 의미는 언어환경에 근거해서 해석한다. '就'와 '才'의 의미 차이는 시간의 이름이나 늦음 ('早'와 '晚'), 동작의 빠름이나 느림 ('快'와 '慢')과 같은 대립을 통해 나타난다. 그리고 화자의 주관적 평가와도 관련이 있다. '就'는 화자가 이르거나('早') 빠르거나('快') 쉽다('容易')고 여길 때 사용하고, '才'는 말하는 사람이 늦거나('晚'), 느리거나('慢'), 어렵다고('难') 여길 때 사용한다.

또 다른 예로, 중국어는 어기 계통이 특히 발달했다. 풍부한 어기사와 어기 부사가 있어서 여러 가지 미묘한 어기를 표현할 수 있다. 이것은 외국어로서의 중국어 교육의 난점이기도 하다.

① 我并没说过。
② 我又没说过。
③ 我可没说过。

이 세 문장의 '并', '又', '可'는 거의 모두 어기를 강하게 하는 작용이 있지만 이 세 문장이 주는 어감은 각기 다르다.

중국어에서 많은 구조는 화용적 각도에서 분석해야 한다. 예를 들어 '(是)……的'구조는 초점을 분명히 가리키고 있으며 '……了'와 대립한다.

① 他昨天来了。

② 他(是)昨天来的。

　　앞 문장의 정보는 동사에 초점이 있고 '来'는 새로운 정보의 초점이다. 그러나 뒤 문장의 초점은 '昨天'이다. '来'는 이미 알고 있는 정보로 상대방은 이미 그 사람이 '왔다('来')'는 사실은 알고 있지만 '언제('什么时候')' 왔는지를 모른다.
　　혹자는 중국어의 '是……的' 구조가 영어의 분열문(cleft sentence) 'it is… that…'과 등가를 형성한다고 하지만 사실은 그렇지 않다.

① 他昨天来了。
② 他昨天来的。
③ He came yesterday.
④ It was yesterday that he came.

　　영어 문장에서 문장 ④는 문장 ③의 변화에서 온 것이다. 하지만 중국어 문장에서 문장 ②는 문장 ①의 변화에서 온 것이 아니다. 영어에서 화용적 요소는 표층에서만 작용하지만 중국어에서 화용적 요소는 표층뿐만 아니라 심층에서도 작용한다. 중국어 문장에서 통사는 자립성이 비교적 약하고 화용적 요소의 작용이 크다.
　　중국어에서 어순은 의미 구별에서 매우 중요한 작용을 하면서도 그 어순이 상당히 자유롭다. 일부 문장들의 어순 변화는 종종 주제어 선택의 결과로 형성된 것이다.

① 我看过这本书。
② 我这本书看过。

③ 这本书我看过。

　　서로 다른 단어/구를 주제어로 선택한 이유는 일정한 문맥과 결합해야만 그 해석을 얻을 수 있다. 중국어를 흔히 '주제부각형 언어'라고 하는데, 이것은 중국어가 화용적 요소에 대한 의존성이 강하기 때문이다. 화용적 요소가 중국어 문법에 미치는 영향이 크고, 이것이 외국인이 중국어를 배우는 난점 중의 하나다.

2. 제2언어로서의 중국어 문법 교육의 중점

　　학습자의 모국어에 따라 문법 교육에서 중점을 두어야 할 부분이 다르다. 모국어가 서로 다른 학습자가 하나의 외국어를 습득할 때 종종 많은 차이점이 나타나는 것을 볼 수 있는데, 이러한 차이점은 모국어가 서로 다른 학습자들에게는 하나의 난점이자 교육의 측면에서 중점을 두어야 할 대상이기도 하다.

　　이러한 난점은 중국어의 특징과 관련이 있으나, 중국어의 특징이 반드시 중국어 교육의 난점을 가리키는 것은 아니다. 경우에 따라서는 오히려 비교적 학습을 좀 더 쉽게 만들어주는 면도 있다. 앞부분에서 언급한 것처럼 형태 변화가 없기 때문에 성, 수, 격 등에서 나타나는 많은 규칙들을 배울 필요가 없다. 때문에 처음 시작 단계에서부터 학습 부담을 크게 덜 수 있다.

　　중국어 문법 교육에서는 매 단계마다 치중하는 부분이 다르다. 초급 단계의 중점은 문형 교수법을 통해 학생들에게 가장 기본적인 문법 형식을 가르치고 나서 정답과 오답을 구분할 줄 아는 능력을 갖게 하는 것이다. 기초 단계인 1년 동안에는 문법의 기본 틀을 모두 가르쳐야 하고 주요 문법 항목도 모두 다루어야 한다. 하지만 이것은 어디까지나 기초를 다지는 것이고 중·고급 단계에서는 심화 학습이 필요하다. 중·고급 단계의 중요한 과제 중 하나는 텍스트 교육과 화용적 기능 교육에도 치중하여 문법 구조의 복잡도 면에서 더 높은 요구를 제시해야 한다는 점이다.

초급 단계에서 아래 항목들은 보편적으로 교수법의 중점 내용으로 다루는 것이다.

① 보어

보어의 하위 부류는 매우 많고, 의미와 형식 모두 비교적 복잡하다. 교수법에서 비교적 많은 시간이 필요하며 초급, 중급, 고급 각 단계에서 지속적인 심화 학습이 필요하다. 방향보어만 하더라도, 먼저 방향보어의 기본 용법을 알고 나서 방향보어와 목적어의 위치 관계를 파악해야 한다. 그런 다음 심화 학습을 통해 방향보어의 여러 가지 파생 용법을 점차적으로 이해해야 한다.

② 조사, 특히 동태조사 '了', '着', '过'의 용법

'了', '着', '过'는 그 의미와 용법의 복잡성 때문에 교수법에서 장기적인 시간이 필요하다. 그중에서도 '了'의 용법이 가장 어렵다. '了'의 사용 여부와 위치 등은 문장 층위에서만 결정할 수 없고 때론 문맥과 연관 지어 판단해야 한다.

③ '是……的'문, '把'자문, '被'자문과 같은 특수 문형

④ 의미와 용법이 비교적 복잡한 부사

'就，才，都，可，倒，又，并，却……'

앞에서 언급한 문법 항목은 모두 중점적으로 교육해야 할 부분이다. 그 용법이 복잡하기 때문에 언어환경, 정보 초점, 표현 말투, 때론 텍스트와도 연관 지어 설명해야 한다. 이 또한 중국어의 특징이라 말할 수 있다.

• 중국어 문법은 어렵습니까? 어렵다면 왜 그렇습니까?

• 위에서 언급한 난점과 중점 외에 또 보충할 내용이 있다고 봅니까?

마무리

　　외국어로서의 중국어 교사는 중국어 교육문법 체계를 정확하게 이해하고 있어야 한다. 이것은 교육 전략을 합리적으로 선택하는 전제조건이기도 하다.

　　견고한 언어학 기초가 있고 중국어 문법을 잘 아는 사람이라고 해서 반드시 우수한 외국어로서의 중국어 교사가 되는 것은 아니다. 그러나 우수한 외국어 교사는 반드시 언어학 기초가 탄탄해야 하고, 중국어 문법에 대해 전반적으로 정확하게 이해하고 있어야 한다.

III

문법
교육의
원칙

제1, 2장에서는 외국어로서의 중국어 교육에서 문법 교육의 성질, 의의, 목표, 교육 범위 및 교육 중점에 대해 논했으며, 본 장에서는 문법 교육의 원칙에 대해 논하려 한다. 문법 교육의 원칙은 문법 교육의 성질, 의의와 목표에 근거해서 확정한다. 이 원칙들은 또 본 교재에서 다룰 문법 교육의 기본 방법, 구체적인 기교에 대한 안내 역할을 할 것이다.

아래에서 우리는 문법 항목의 확정, 배열, 해설, 연습이라는 네 가지 측면에서 문법 교육의 원칙을 논하려 한다. 여기서 말하는 문법 항목은 비교적 큰 문법 항목(語法項目)일 수도 있고 아주 작은 문법 항목(語法點)일 수도 있으며*, 교수 단원의 중요한 구성부분일 수도 있고, 실제 교수에서 한두 마디면 되는 것일 수도 있다. 큰 문법 항목이든 작은 문법 항목이든 간에 의식적으로 세심하게 배정할 필요가 있다.

---

* 역주: 중국어 원문에서는 시종일관 대부분 '語法點'이란 용어를 사용하였지만 번역에서는 '語法點'의 번역어에 해당하는 '문법 포인트'라는 용어를 사용하지 않았다. 국내의 영어 교수법 교재나 번역서에서 사용하는 용어를 따라 '語法點'을 '문법 항목'으로 번역하였다.

문법 항목의 확정

문법 항목의 확정에는 두 가지 내용을 포함한다. 첫째, 어떤 문법 항목을 말해야 하는지 둘째, 어떤 내용을 말해야 하고 무엇을 중점적으로 말해야 하는지 이다.

문법 항목의 확정에는 '맞춤성' 원칙과 '전형성' 원칙이라는 두 원칙을 따라야 한다.

1. 맞춤성

맞춤성 원칙이란 교육문법의 계통을 고려하는 전제하에서 학습자의 특징에 맞추어 교수 내용을 선택하고 교수 중점을 확정하는 것이다.

첫째, 모국어가 서로 다른 학습자들에게는 가르치는 내용이 완전히 같아서는 안 된다. 반드시 중국어와 학습자의 모국어를 대비해서 수업을 진행해야 한다. 대비를 통해 학습자가 어려워하는 점을 파악하고 교수 중점을 확정하며, 모국어의 긍정적 전이를 적극적으로 이용하고 모국어의 부정적 전이를 방지한다.

일반적으로 한 언어의 특징이 두 언어에서 차이가 나지 않는다면 아주 쉽게 배울 수 있다. 그러나 한 언어의 특징이 학습자의 모국어에 존재하지 않고 목표언어에만 존재한다면 비교적 배우기가 어렵다. 만약에 한 언어 특징이 두 종류의 언어에 모두 존재하지만 완전히 같지 않고 미세한 차이만 존재한다면 그것은 더더욱 배우기가 어렵다. 만약에 모국어의 두 언어 항목이 목표언어에서 하나로 합쳐져 있다면 별로 어렵지 않다고 할 수 있다. 반대로 모국어의 언어 항목이 목표언어에서 몇 가지로 분화된다면 그것은 아주 가르치기가 어렵다. 이와 관련해 范开泰(2006)는 다음과 같이 말했다.

외국어 교수법에서 목표언어와 모국어가 불일치하는 곳이 바로 확실하게 가르치고 연습시켜야 할 교수 중점이다. 모국어의 표현 유형이 단일하고 운용 조건이 간단하나 이에 상응하는 목표언어의 표현 형식은 많고 운용 조건 또한 복잡하면 가르치기가 그만큼 어렵다. 두 언어의 표현 격식이 유형에서 교차하고 대응 규칙이 불명확하면 더더욱 가르치기가 어렵다.

아래에서 구체적 상황을 통해 설명해보자.

학생들에게 중국어의 기본 어순인 '주어 - 술어동사 - 목적어 (S-V-O)'를 말할 필요가 있을까요?

영어가 모국어인 학습자는 중국어의 기본 어순인 'S-V-O'가 조금도 어렵지 않기 때문에 교수 내용으로 삼지 않아도 된다. 영어 문장의 어순 또한 'S-V-O'이기 때문이다. 일본어가 모국어인 학습자에게는 가르칠 때 이 부분을 강조할 필요가 있다. 그렇지 않으면 학생은 일본어의 기본 어순이 'S-O-V'이기 때문에 "我一本书买"와 같은 문장을 말할 것이다.

영어가 모국어인 학습자에게 겸어문의 교수 중점은 어디에 두어야 할까요?

영어가 모국어인 초급 단계의 학습자들에게 겸어문은 어렵지 않다. 초급 단계에서 겸어문에 사용하는 동사는 주로 '请, 叫, 让, 要' 등이다.

① 他请我去一下他的办公室。
② 他叫我去一下他的办公室。
③ 他让我去一下他的办公室。
④ 他要我去一下他的办公室。

영어에도 마찬가지로 'let/ask/tell/… + somebody + (to)do something'의 격식이 있고, 중국어의 '请/叫/让/要 + 某人 + 干某事' 격식과 같다. 그리고 영어의 격식에서 'do something'은 (let 뒤에 있을 때는 to를 생략하는) 부정식을 사용하지만 중국어에는 이런 요구가 없기 때문에 더 간단하고 쉽게 배울 수 있다.

문제는 초급 단계 학습자의 머릿속에서는 '请'=please, '问'=ask라는 대응 의미가 자리잡고 있다는 점이다. 모국어의 영향으로 학생들은 종종 "He asked me to go to his offfice"를 "他问我去他的办公室"라 하고, "He told me to go to his office"를 "他告诉我去他的办公室", 혹은 "他说我去他的办公室"라 한다.

따라서 초급 단계에서 영어 모국어 학습자에게는 겸어문의 격식 '请/叫/让/要 + 某人 + 干某事'에 대해 많은 시간을 들여 설명할 필요가 없다. 반면에 '请', '叫', '让', '要'의 의미와 용법을 특히 강조해야 한다.

대사 '它'을 가르칠 때 학생들에게 '它'는 바로 'it'에 해당한다고 설명한다면, 이것으로 설명이 충분할까요?

때론 중국어의 어떤 단어는 영어의 어떤 단어와 거의 대등하다. 하지만 용법에서는 차이가 있다. 중국어의 '它'를 영어로 번역하면 it이기 때문에 배우기가 쉬울 것으로 생각할 것이다. 그러나 it은 영어에서 사용 범위가 아주 넓지만 '它'는 중국어에서 비교적 적게 사용한다. 특히 구어에서 '它'는 거의 사용하지 않는다. 일반적으로 아래 ①, ②처럼 말하지는 않는다.

① 这是今天的报纸，你要看它吗? (X)
② 这是我买的花儿，你喜欢它吗? (X)
③ 这是今天的报纸，你要看吗?
④ 这是我买的花儿，这花儿你喜欢吗?
⑤ 这是我买的花儿，你喜欢吗?

중국어의 대명사 '它'를 가르칠 때는 이 점을 확실하게 설명해야 한다.

둘째, 학생들에게 중국어의 특징을 점차적으로 깨닫게 해야 한다. 중국어의 특징은 중국어의 문법 항목마다 배어 있다. 중국어의 특징을 대충

설명할 경우 초급 단계의 학생들이 실제 중국어 문법 능력을 향상하는 데
는 직접적인 도움이 안 된다. 의식적으로 학생들을 지도하면서 구체적인
언어 현상을 통해 중국어의 총체적인 특징을 느끼게 해야 한다.

초급 단계의 학습자에게 주술술어문('N-N-Adj')을 설명할 필요가
있을까요?

학생들은 자주 다음과 같은 표현을 한다.

① 街上/公园里/……有很多人。

이런 문장 자체는 존현문의 형식을 갖춘 문장으로 결코 틀린 것이 아
니지만 문맥 속에서 보면 부자연스러울 때가 있다. 때론 주술술어문의 격
식으로 표현해야 한다. 따라서 초급 단계에서는 'N-N-Adj' 격식의 문장
을 의도적으로 부각시킨다.

② 他眼睛很大。
③ 街上人很多。
④ 这个菜油太多。

여기서 문맥 속에서 봤을 때 '부자연스럽다'는 표현을 예를 들면,

⑤ 我喜欢去那儿，因为那儿卖很多喝的咖啡。

이 문장은 단일 문장 자체로는 문법에 맞지만 문맥상 더 좋은 표현은
아래와 같다.

⑥ 我喜欢去那儿，因为那儿卖的咖啡很好喝。

학습자가 이러한 문장의 구조적 특징에 주목하도록 만들 필요가 있
다. 그러기 위해서 교사는 적당한 시기에 총정리를 해주고 학습자가 발화
할 때 항상 이 점을 일깨워줘야 한다. 이렇게 학습자에게 중국어의 '주제
+ 평론' 격식과 '주제 부각형 언어'라는 중국어의 특징을 감지하게 해서 또
다른 주제문을 학습하기 위한 기초를 다져주어야 한다.

셋째, 모든 오류가 모국어의 부정적 전이로 조성되는 것은 아니다. 오
류를 야기하는 원인은 다양하다. 학습자의 학습 전략과도 관계가 있고, 교
사의 교수 요령이 부족한 것과도 관계가 있다. 학생들의 오류를 수집, 정
리, 분석하여 교수 내용과 교수 중점을 조정하면 학습자에게 더 적합한 교
수 초점을 찾을 수 있다.

> 학생들에게는 왜 '一个年'과 같은 실수가 나타날까요?

양사 교수법은 초급 단계 문법 교수의 중점이다. 시작 단계에서 학생
들은 늘 이 수사와 명사 사이에 양사를 넣어야 하는 것을 잊어버리고 '一
书', '一桌子'와 같은 오류를 범한다. 하지만, 교사가 양사의 중요성을 강
조하고 난 후에도 학생들은 또 "我要在中国一个年"와 같은 틀린 문장을
말한다. 이것은 과잉일반화(과잉 유추)의 결과이다. 그래서 학생들에게는
'年, 月, 天/日'의 용법상 차이점을 강조하고, '年'과 '天/日'의 특수성,

그리고 이들이 '半'와 함께 나타날 때의 용법을 강조해야 한다.

一年　　　　　一个月　　　　　一天

一年半　　　　一个半月　　　　一天半

비록 사소한 문제이지만 소홀히 해서도 안 된다. 물론 이 설명에 지나치게 많은 시간을 할애할 필요는 없다.

2. 전형성

언어 현상에 대해서는 서로 다른 층위를 구분하여 취사선택해야 한다. 전형적인 용법을 돋보이게 하려면 서로 다른 성질과 서로 다른 층위의 문법 현상을 함께 섞어서는 안 된다. 그렇지 않으면 학생들은 중요한 규율을 파악하지 못하고 들을수록 혼란스러워 한다.

첫째, 수업에서는 지엽적인 문제를 다루기보다는 기본 용법을 강조하고 매번 한두 문제에 대해 초점을 맞추어야 한다.

형용사술어문을 처음 가르칠 때 학습자에게 "형용사 앞에는 '是'를 첨가할 수 없다"고만 가르친다면, 이것으로 충분합니까? 실제 언어 현상에서는 형용사 앞에 '是'를 사용하는 상황이 많이 나타납니다.

실제 언어 현상에서는 확실히 형용사 앞에 '是'를 사용하는 상황이 많다.

① A: 今天很热。

　B: 是啊，今天是很热。

② 那儿的天气是很热的。

　　형용사가 술어로 사용될 때 앞에 절대로 '是'를 사용할 수 없는 것이 아니다. 만약에 대화에서 찬성을 표시하면 '是'를 사용할 수 있다. 그 외에 술어가 '是……的' 구조 안에 들어가면 긍정적 어기를 나타낸다. 이때도 형용사 앞에는 '是'가 있다.

　　그러면 초급 단계에서 금방 형용사술어문을 가르칠 때 이런 세 가지 상황을 전체적으로 학생들에게 설명해야 할 것인가? 절대 그럴 필요가 없다. 형용사 앞에 '是'를 쓰지 않는 상황은 가장 기본적이고 전형적인 것이다. 그리고 '是'의 사용은 조건이 있고 특수하다. 초급자에게는 형용사 앞에 '是'를 쓰지 않는다고 강조하는 것이 옳다. 이 세 종류의 상황을 모두 학생에게 말하면 전면적인 것 같지만 학생들은 요점을 파악하기가 더 어렵다.

　　둘째, 서로 다른 층위와 서로 다른 언어 현상, 그리고 서로 다른 풍격과 문체를 구분해야 한다.

아래 관점에 동의합니까?
중국어 교재에서 문법은 지나치게 엄격한 면이 있다. 중국인들은 대화에서 이러한 엄격한 규칙을 지키지 않는데, 외국 학생들에게 이런 규칙들을 강의하는 것이 올바른가? 예를 들면, 중국어에서 '的'의 생략은 교재의 설명처럼 그렇게 엄격하지 않고 상당히 자유스럽다.

① a. 这是我朋友。

b. 我们学校有很多留学生。

②a. 放在我桌上。

b. 别打我手。

교재에서는 일반적으로 문장 ①의 상황에서는 '的'을 생략할 수 있다고 설명하고 있지만 사실 알고 보면 문장 ②에서도 '的'를 생략하였다.

이것은 서로 다른 성질의 현상을 섞어서 말한 것이다.

문법책에서는 '我朋友', '他同学', '我们学校', '他们单位' 등에서는 '的'가 언제나 생략가능하다고 설명하고 있고, '我的桌子', '我的手' 등에서는 '的'를 생략할 수 없다고 설명하고 있다. 그러나 실제 언어 현상에서는 '放在我桌上', '别打我手' 와 같은 말을 들을 수 있다. 그러나 거기에는 조건이 있다.

만약에 학생들에게 대사 뒤에 명사가 올 경우 그 사이에 들어갈 '的'는 모두 생략할 수 있다고 말한다면 일반성과 특수성이라는 두 개의 서로 다른 층위 문제를 하나로 섞는 것이나 다름없다. 이것은 학생들이 중국어의 기본 규칙을 파악하는 데도 불리하다. 만약에 학생들이 "这是我书, 那是你书"와 같은 말을 한다면 곤란하다.

또한 북경 구어에서 "墙脚搁一柜子"와 같은 말을 들을 수도 있다. '柜子' 앞에는 양사 '个'를 사용하지 않았다. 그러나 이 때문에 '중국어의 양사는 있어도 되고 없어도 된다'는 결론을 얻는다면 곤란하다. 양사는 중국어 문법 교육에서 가장 중요한 내용 중의 하나이다.

셋째, 물론 일부 교수법 내용에서 체계성을 부각시킬 것인지 전형성을 부각시킬 것인지는 교수 설계에 따라 달라진다.

아래 예시의 각 조는 각각 두세 가지 서로 다른 표현 방식을 가지고 있다. 학생들에게 동시에 가르치는 것이 좋을까요, 아니면 그중에 어떤 하나를 먼저 가르치는 것이 좋을까요?

　　① a. 他汉语说得很好。

　　　 b. 他说得很好。

　　　 c. 他说汉语说得很好。

　　② a. 他看了一个多小时的电视。

　　　 b. 他看电视看了一个多小时。

　　③ a. 他拿出一本书来。

　　　 b. 他拿出来一本书。

　　　 c. 他拿了一本书出来。

　체계성으로 보면 ①~③을 함께 가르치는 것이 가장 좋다. 그러나 전형성으로 보면 ①의 격식의 사용 빈도가 가장 높기 때문에 처음에는 ①의 격식만 가르치는 걸로 충분하다. 현재 중국에서 출판되는 교재의 대부분은 문법의 체계성을 강조하다 보니, 대체로 서로 관련된 몇 개의 격식을 한 과 안에 두고 설명하고 있다.

　사실 이 문제는 교수법의 총체적 설계, 그리고 학습자의 특징과 학습 목표에 따라 결정해야 한다. 학습자의 학습 시간, 학습 의지, 학습 목표에 한계가 있다면 전형적 교수법을 강조하여 ①의 격식만 가르쳐도 충분하다. 그러나 학습 시간이 많고 학습 목표가 장기적이고 기초를 튼튼하게 닦아야 할 필요가 있을 경우 체계적 교수법을 강조해야 한다. 이럴 경우 ①~③을 같이 가르치는 것이 좋다.

넷째, 처음 어떤 문법 항목을 가르칠 때는 그 전형적 의미를 부각시켜야 한다. 이뿐만 아니라 과의 내용 배치, 예문 선택, 연습에서도 그 전형적 의미를 부각시킬 필요가 있다.

처음 '被'자문을 가르칠 때 그 전형적 의미를 어떻게 부각시킬 것입니까?

중국어 구어에서 '被'자문은 대부분 '뜻하지 않은 사건'을 나타낼 때 사용한다.

① 酒喝完了。
② 酒被他喝完了。

①은 하나의 사실만을 진술하는 것이기에 '被'를 사용할 필요가 없다. 그러나 ②는 '화자가 그러긴 원치 않는다'는 의미를 담고 있다. 일부 하생들은 자신들의 모국어에 피동어태가 있기 때문에 중국어의 '被'자문을 과잉일반화하여 "我被他告诉"와 같은 오류 문장을 생성한다.

그래서 '被'자문을 가르칠 때는 '被'가 수록된 과의 내용을 다루면서 뜻하지 않은 사건을 이야기하는 것이 좋다. 교사는 "今天真倒霉"라고 말하면서 "我差点儿被汽车撞了一下", "我的自行车被人偷走了"와 같은 표현을 언급한다. 일부 교재에서는 '被'자문을 가르치기 위해 설계된 본문

의 내용은 긍정적이지만 '被'자문의 전형적인 예로 "我差点儿被感动得
流下了眼泪"를 제시한 것은 부적합하다. 그 문장의 표현이 틀렸다는 것
이 아니라 '被'자문의 문법 의미를 전형적으로 나타낼 수가 없어 학생들이
'被'자문을 정확하게 사용하는 데 도움이 되지 않는다는 것이다. 처음 '被'
자문을 가르칠 때 적합한 예문은 "大树被风刮倒了", "我的照相机被他
弄坏了"와 같은 것이다.

- 모국어가 서로 다른 중국어 학습자가 학습 과정에서 부딪치는 문제점은 대체로 같을까요, 다를까요? 같거나 다르다면 그 이유는 무엇일까요?

- 성인들을 대상으로 한 문법 교육에서는 최대한 전체적으로 문법을 분명히 설명해 줌으로써 학생들이 시작부터 문법에 대한 전체적이고도 정확한 이해를 하도록 해주는 것이 좋다는 견해도 있습니다. 그래야만 책임감이 있는 것으로 봅니다. 이것에 대해서 어떻게 생각합니까?

제**2**절

문법 항목의 배열

문법 항목의 배열은 점진성, 층계성, 조합성 원칙을 따라야 한다. 점진성 원칙이란 개별 문법 항목마다 학습의 난이도와 선후 구분이 있기 때문에 종합적으로 균형을 맞추어야 한다는 것이다. 층계성 원칙이란 동일한 문법 항목의 내부에서도 층위를 나누어 점차적으로 깊이 있게 가르쳐야 한다는 것이다. 그리고 조합성 원칙이란 의사소통 활동에 도움이 되도록 하기 위해 서로 관련된 문법 항목을 함께 묶는 것이다. 이때 쉬운 것과 어려운 것의 연결과 리듬감 형성에 주의해야 한다.

1. 점진성(渐进性)

종합적으로 균형을 맞추어 순서에 맞게 학습한다. 문법 항목 배열의 순서는 구조 자체의 복잡도, 습득 순서, 가르치기 편리함과 같은 요소에 의해 결정된다. 더불어 실제 의사소통에서의 사용 빈도도 고려해야 한다. 문법 항목 배열은 학생들의 특징과 교육목표에 근거해서 우선적으로 가르쳐

야 할 것과 체계적인 배치, 그리고 순서에 맞게 가르치는 문제를 종합적으
로 고려하여 균형을 갖추어야 한다.

1) 복잡성

구조 자체로 봤을 때, 어떤 한 구조가 다른 구조에 의존할 경우 이 구
조는 나중에 가르친다. 그리고 어떤 한 구조가 다른 구조보다 복잡할 경우
이 구조는 나중에 가르친다.

> 동사 + 결과보어, 동사 + 방향보어를 먼저 가르치겠습니까, 아니면
> 동사 + 가능보어를 먼저 가르치겠습니까?

동사 + 결과보어, 동사 + 방향보어, 동사 + 가능보어의 격식은 다음과
같다.

① 看完, 买到, 听懂
② 放进去, 拿出来
③ 看得/不完, 放得/不进去

①은 동사 + 결과보어이고 ②는 동사 + 방향보어이고, ③은 동사 + 가
능보어 격식이다.

동사 + 가능보어는 동사 + 결과보어나 동사 + 방향보어 격식의 바탕
에서 동사와 보어 중간에 '得'나 '不'를 넣어 구성한다. 따라서 동사 + 결과

보어나 동사 + 방향보어 격식을 먼저 가르치고 나서 동사 + 가능보어를 가르치는 것이 순리에 맞다. 이것이 바로 구조적 의존성에 의해 결정되는 순서다.

> 동사 + 방향보어를 가르칠 때 동사 + 방향보어가 목적어를 가지는 상황을 같이 설명해야 할까요, 아니면 한 단계를 지나 다시 동사 + 방향보어가 목적어를 가지는 상황을 설명해야 할까요?

동사 + 방향보어에는 세 가지 상황과 격식이 있다.

拿出来	走出去
拿出一本书来	走出房间去
拿出来一本书	—
拿一本书出来	—

앞쪽 예에서는 사물목적어가 위치하며, 이 목적어는 비한정적이다. 세 가지 격식이 있으며 첫 번째가 가장 많이 쓰인다. 뒤쪽 예는 장소목적어가 위치하며 격식이 하나뿐이다.

대부분의 교재에서는 동사 + 방향보어를 가르칠 때 목적어가 위치하는 상황을 같이 묶어 설명한다. 이것은 형식을 더 복잡하게 만들 뿐이다. 두 단계로 나누어 가르치면 학습 효과가 훨씬 좋다.

> "他不比我高"와 "他没有我高"라는 이 두 문장은 가르치는 난이도에서 차이가 있습니까? 같이 묶어 가르쳐야 합니까?

이 두 문장은 다 비교를 나타낸다.

앞 문장은 'a不比b P'이고 뒤 문장은 'a没有b P' 격식이다. 형식상으로는 앞 문장이 뒤 문장보다 간단한 것처럼 보인다. 긍정식 '比'자문에 대한 기초만 있으면 '不'만 첨가하면 부정문으로 바뀌기 때문이다. 그러나 의미상으론 앞 문장이 뒤 문장보다 복잡하다. 앞 문장은 그 용법에서 조건이 있기 때문이다.

> A: 我不能参加篮球比赛，我个子太矮，你去参加吧。
> B: 那不行。我不比你高。

여기서 B의 의미는 다음과 같다.

> 你以为我比你高，可是，你错了。
> 我们俩差不多，都比较矮。

'a不比b P'는 가설 'a比b P'에 맞추어 내린 부정이기 때문에 용법이 비교적 복잡하고 사용 빈도 또한 훨씬 낮다. 복잡성을 논하자면, 형식만 볼 것이 아니라 의미도 보아야 한다. 의미가 훨씬 복잡한 격식은 나중에 가르쳐야 한다.

2) 습득 순서

습득 순서에 대한 연구는 아직 많지 않다. 기존의 연구 성과를 적극적으로 활용하고 지속적으로 확인하고 탐색해야 한다.

‘了1’과 ‘了2’ 둘 중에 어느 것을 먼저 가르쳐야 할까요?

아래의 세 문장 중에서 ①의 ‘了’는 ‘了1’이고 ②의 ‘了’는 ‘了2’이다. 그런데 ③에는 두 개의 ‘了’가 있다.

　① 我昨天去买了一辆自行车。
　② 我以前抽烟抽得很厉害，现在不抽烟了。
　③ 我已经喝了三瓶啤酒了，（不能再喝了。）

邓守信(1999)은 외국어로서의 중국어 사용자의 중간언어 통계자료를 기초로 영어가 모국어인 중국어 학습자가 중국어의 통사구조를 습득하는 상황을 분석하였다.

‘了2’는 비교적 빨리 습득되었다. ‘了2’는 수년간 오류를 동반한 학습 과정을 거친 다음에 습득되었다. 그러나 ‘了1’ + ‘了2’를 사용하려고 시도한 학습자는 거의 없었다. 현재 대부분의 문법 교재에서는 문법 항목 배열에서 ‘了1’을 먼저 가르치고 나서 ‘了2’를 가르치고, 뒤이어 곧바로 ‘了1’ + ‘了2’를 가르친다.

이 연구는 ‘了’의 순서 안배에 대한 생각을 다시 하게끔 만들었다. 습득 순서에 대한 연구는 문법 항목의 전후 순서를 과학적으로 확정하는 데 중요한 역할을 한다.

3) 가르치기 편리함

가르치는 편리함은 표현상의 의존성과 관련이 있다.

어떤 구조는 실제 사용할 때 다른 한 구조와 함께 나타나거나 다른 한 구조를 전제로 한다. 그래서 다른 한 구조를 먼저 가르치면 학생들에게 이 구조의 사용 조건을 제시하기가 편리하다. 의사소통 연습을 설계할 때 함께 나타나는 그 구조를 먼저 가르치면 연습하기가 훨씬 쉽다.

부사어를 강조하는 '是……的' 구조와 실현의 의미를 표시하는 '了' 중에서 어느 것을 먼저 가르쳐야 할까요?

부사어를 강조하는 '是……的' 구조의 의미는 다음과 같다.

행위 동작이 이미 일어났고, 그리고 이 행위 동작은 이미 알고 있는 정보이다. 화자가 전달하고자 하는 새로운 정보는 이 행위 동작과 상관있는 시간, 장소, 방식이다.

이 구조는 실현 의미를 나타내는 '……了'와는 다르다. 후자는 행위 동작 자체가 전달하고자 하는 새로운 정보가 된다.

① 他昨天来了。
② 他(是)昨天来的。

①은 정보 초점이 '来'이고 ②는 정보 초점이 '昨天'이다. 이 같은 이유

때문에 '是……的' 구조는 뒤이어지는 문장(後續文)에서 많이 나타나다.

> A: 马丁这几天为什么没来上课?
> B: 他陪他父母亲去旅行了。
> A: 哦，他父母亲来了?
> B: 是啊。
> A: 他父母亲（是）什么时候来的?
> B: （是）上星期三来的。

그래서 만약에 학생들이 실현을 나타내는 '了'를 먼저 배우고 나서 부사어를 강조하는 '是……的' 구조를 배운다면, 다음과 같은 연습을 하도록 할 수도 있다. 이미 발생한 사건을 먼저 보고하게 한 다음 이 사건과 관련된 시간, 장소, 방식 등을 묻고 답한다. 이 연습은 학생들이 이 구조의 의미와 사용 조건을 이해하는 데 도움이 된다. 그리고 연습 또한 통제와 실행이 쉽다.

2. 계층성

한 언어 항목의 내부는 난이도에 근거해서 다시 소 부류로 나누고 이것을 한 단계씩 깊이 있게 가르친다. 많은 설명으로 한 번에 해결하려고 해서는 안 된다.

'把'자문 중에서 어떤 유형을 먼저 가르쳐야 할까요?

‘把’자문은 더 작은 유형으로 나눌 수 있다.

　　① 我把书放在书架上。
　　② 请把书打开。
　　③ 可把我累坏了。
　　④ 我把全城都跑遍了。

　이 네 개의 ‘把’자문은 세 가지 유형으로 나눌 수 있다. 첫째, ‘처치(處置)’ 표시로 ①, ②가 여기에 해당한다. 둘째, 사역(致使) 표시로 ③이 여기에 해당한다. 셋째, 동작의 장소/범위 표시로 ④가 여기에 해당한다. 이 중에서 ‘처치’를 표시하는 유형이 가장 전형적인 ‘把’자문이기 때문에 이 문장을 먼저 가르쳐야 한다. 동작의 장소/범위 표시하는 문장 ③은 중·고급 단계에 가서 가르쳐야 할 것이다.
　처치 표시의 ‘把’자문에서 특히 ①과 ②에 대해서는 서로 다른 관점이 존재한다. ②가 가장 많이 사용되고 가장 간단하기 때문에 먼저 가르쳐야 한다는 것이다. 반대로 ①을 먼저 가르쳐야 한다는 견해도 있다. ‘S 把 OV 在/给/到……’ 격식은 ‘S-V-O’ 식으로 전환할 수 없는 ‘강제성’을 띤 ‘把’자문이기 때문이다.
　그러나 ②는 ‘S-V-O’식(“请打开书”)으로 전환이 가능한 선택성이다. 이 ‘把’자문은 통사적으로는 사용해도 되고 안 해도 되기 때문에 학생들은 종종 회피 전략을 쓴다. 그래서 먼저 ①을 가르치는 것이 학생들이 ‘把’자문을 이해하고 운용하는 데 유리하다. 또한 이것은 차후 ‘把’자문 교육의 기초가 된다.
　어쨌든 교사는 한두 과 안에서 ‘把’자문을 다 가르칠 수는 없다. 이것은 어디까지나 교사의 바람이고 학생들은 한번에 ‘把’자문 전체를 파악하는 것이 불가능하다.

3. 조합성

　서로 관련 있는 문법 항목을 함께 묶어 상대적으로 완전한 하나의 단원을 구성한다. 이런 조합 방식은 세 가지 의미를 지닌다.

　첫째, 서로 관련 있는 두세 개의 문법 항목을 하나의 과(본문) 안에 둔다. 여기서 말하는 관련성은 의사소통 활동이나 화제 중심의 표현에서 두 개 혹은 그 이상의 문법 항목이 함께 나타나는 빈도수가 높은 것을 의미한다. 본문의 내용이 실생활을 다룬 것일 경우에는 몇 개의 문법 현상을 동시에 다룰 수밖에 없다. 몇 개의 문법 항목을 함께 배치할 경우에는 의사소통 활동을 진행하는 데 유리하다.

> 많은 교재에서는 종종 '有'자문과 수량 표현, 양사 등의 문법 항목을 한 과의 본문에 배치합니다. 이것은 어떤 의도에서 그렇게 했습니까?

　'有'자문과 수량 표현, 양사 등을 함께 배치할 경우 주제 전개에 유리하다. 전통적인 교재에서는 종종 이 몇 개의 문법 항목을 가지고 '가정'이라는 주제에 대해 이야기한다.

你家有几口人?

我家有六口人：爸爸，妈妈，两个哥哥，一个妹妹，还有我。

……

이 문법 항목들을 종합적으로 운용하여 학생들이 의사소통 활동을 전개하도록 할 수 있다. 예를 들면, 두 반의 학생들이 서로 번갈아 가면서 상대 반의 상황에 대해 대화한다.

你们班有多少学生?

我们班有十五个学生，你们班呢?

我们班有十二个。

有非洲学生吗?

没有。

이와 같이 몇 개의 문법 항목을 함께 묶어 어떤 화제를 중심으로 의사소통 활동을 전개할 경우 단조로움이나 기계적인 면도 피할 수 있다.

둘째, 하나의 큰 부류의 문법 항목을 몇 개 과에 연속으로 배치한다. 대부분의 교재에서는 결과보어, 방향보어, 가능보어, 수량보어(시량, 동량)를 순서대로 몇 개 과에 연속으로 배치하고 마지막에 이를 총결한다. 그렇게 할 경우 체계성이 분명하여 이해하고 기억하기가 좋고, 문법 항목 간의 관계도 파악하기 쉽다.

셋째, 용량이 허용되는 조건하에서 비교적 어려운 문법 항목 사이에 상대적으로 쉬운 문법 항목을 끼워 넣어 단원별 복습 부분에 배치한다. 이

렇게 함으로써 문법 교수 내용을 리듬감 있도록 만든다. 예를 들면, 어떤 교
재의 제2권에서는 몇 개 과를 연이어 문법 항목을 다음과 같이 배치했다.

① '动作的进行', '呢'의 용법 정리
② 정태보어
③ 100 이상의 숫자 표현법
④ 결과보어

이해하기 어려운 문법 항목만 묶어 딱딱하게 가르치는 것보다 '呢'의
용법과 100 이상의 숫자 표현법을 끼워 넣음으로써 리듬감을 줄 수 있으
며, 학생들도 긴장과 이완을 조절할 수 있다.

- 문법 항목을 선후 순서에 따라 배치하는 것은 어떤 요소들에 의해서 결정됩니까?

- 문법 대강에서 문법 항목의 선후 순서를 규정할 필요가 있습니까? 그리고 규정하는 것이 가능합니까?

문법 항목의 해설

문법 항목에 대한 설명은 간단명료하고 이해하기 쉽고 실용적이어야 한다.

1. 정확성

정확성이란 문법 설명이 기준에 맞게 정밀하고 정확해야 함을 말한다. 설명의 정확성은 문법 교육의 전제 조건이다. 교사 자신이 정확하게 알지 못하는 상태에서 학습자들에게 정확성을 요구하는 것은 매우 위험한 일이다. 만약 교사의 해석이 잘못되었거나 정확하지 않으면 학습자를 잘못 지도하게 될 것이며, 심각한 결과를 낳게 될 것이다. 학생들에게 물 한 잔을 주려면 교사는 물 한 통이 필요한 것과 마찬가지이다. 그래서 교사는 어떤 문법 항목을 지도하기 이전에 반드시 먼저 관련 문헌들을 두루 살펴본 후, 가르치고자 하는 내용을 총체적으로 정확하게, 그리고 깊이 있게 이해해야 한다. 교재 혹은 문법 교재의 이론이 진부하고, 심지어 편협하거나 과학적이지 않을 때는 교사가 반드시 최신 연구성과를 적용하여 수정하거나 보충해야 한다.

다음은 의문문 문미에 사용하는 '呢'에 관한 한 교과서의 설명입니다. 그 설명이 타당한지 한번 볼까요?

'呢'는 의문문의 문미에 사용되며, 어기를 비교적 부드럽게 할 수 있다. 예를 들면 다음과 같다.

你打算去哪儿旅行呢?
你了解不了解那儿的情况呢?

'呢'는 위 문장 안에서 어떤 어기를 나타내는가? '어기의 완화'인가 아니면 '더 깊이 알고 싶어 묻는' 것인가? 만약 이 문법 항목*을 배운 후, 학생들이 공손함을 나타내려고 교사에게 질문을 할 때마다 문장 끝에 '呢'를 사용한다면 큰 문제가 된다.

사실 위의 해석은 정확한 것이 아니다. 우선 일괄적으로 '呢'를 의문문의 문장 끝에 시용 할 수 있다고 말해서는 안 된다. 왜냐하면 시비의문문의 뒤에는 분명히 '呢'를 사용할 수 없고, 정반의문문, 선택의문문, 특수의문문 뒤에 '呢'를 사용하는 것에도 일정한 조건이 있다. 아래 대화를 살펴보자.

교사: 这次教学旅行，你想去哪儿?

---

* 부드러운 어기 표시의 '呢'.

학생: 我……
교사: 你想不想去北京?
학생: 我不想去。
교사: 那么，是不是想去西安?
학생: 也不想去。
교사: 是吗?北京和西安都不想去? 那你想去哪儿呢?

위의 대화 안에서 '你想去哪儿'이 두 번 나온다. 첫 번째는 '呢'를 사용하지 않았고, 두 번째에는 '呢'를 사용했다. 일반적으로 정반의문문, 선택의문문, 특수의문문에는 '呢'를 사용하지 않는다. 통상 이러한 상황이 나타날 때는 이미 위 문장에서 특정한 배경 상황이 제공되고, 이러한 배경 상황으로 말미암아 화자가 어떤 곤혹함을 느낄 때 대개 '呢'를 붙인다(金立鑫 1996). 다시 말해, '呢'가 동반되면 '더 깊이 알고 싶어 묻는' 어투가 된다.

2. 간결성

간결성이란 문법 설명이 어려운 내용을 간결하고 명료하게 설명하는 것이다.

위에서 학생들에게 물 한 잔을 주려면 교사는 물 한 통이 있어야 한다는 말을 했다. 그러나 실질적인 교육 현장에서 교사가 학생에게 단지 물 한잔을 주려고 물 한 통 전부를 학생에게 모두 쏟아부을 수는 없다. 만약 그렇게 한다면 학생은 그야말로 '물에 빠진 생쥐' 꼴이 될 것이다. 정확하게 강의한다는 것은 결코 유창하게 말을 하거나 상세하게 논술하거나 심오하게 설명하는 것이 아니다. 오히려 외국어로서의 문법 교육은 너무 지나쳐도 안 된다. 반드시 간단명료하게 핵심을 찔러야 한다. 교재 안의 문법 설명은 간단하게 언급해야 한다. 교재에서 문법 설명이 충분히 되어 있으면 교사는 더 많은 문법 설명을 보충할 필요가 없다.

문법 설명의 간결성 원칙에는 두 가지 함의가 있다.

1) 문법 교육 체계의 간결성

학생들의 부담을 최대한으로 줄이기 위해서 문법 규칙과 문법 용어의 단일화에 힘써야 한다.

> 몇몇 교재에서는 '주술술어문'이라고도 하고 '목적어 전치문'이라고도 하며 혹은 '의미상 피동문'이라고도 하는데, 하나의 문법 항목으로 단일화할 수는 없을까요?

'주술술어문', '목적어 전치문', '의미상 피동문'은 각각 아래의 세 문장을 가리킨다.

① 北京公园很多，交通很方便，商店很漂亮。
② 这本书我看过。
③ 这本书卖完了。

문법 체계에서 만들어진 세 가지 문법 항목의 내부 모순은 잠시 접어 두기로 하자. 간단명료하게 설명하면, 위 세 문장은 '주제어'라는 용어로 통일해서 해석할 수 있다. '北京'은 주제어로, 다음의 세 문장을 총괄하고 있으며, 두 번째 문장의 '这本书'는 본래는 목적어지만 주제어로 충당될 수 있어서 문두에 두었으며, 세 번째 문장은 두 번째와 마찬가지로 단지 주어가 출현하지 않는 것에 불과하다.

2) 문법 설명의 간명함

문법 항목마다 모두 학생에게 일일이 해설해 줄 필요는 없다. 경우에 따라 어조나 표정, 손짓 등으로 학생들을 충분히 이해시킬 수 있다.

교재의 본문 안에 아래 문장이 있다고 합시다.

　怎么，你也来了？

그런데 교재 안에서 '怎么'의 의미와 용법에 관한 문법 항목이나 주석이 없다면, 교사는 어떻게 해야 할까요?

교수법에서 교사의 처리 방법은 여러 가지가 있을 수 있다. 첫 번째는 '怎么'의 여러 가지 용법에 대하여 상세하게 설명하고 연습을 해서 교재의 부족한 부분을 보충하는 것이다. 두 번째는 못 본 척하며 전혀 언급하지 않는 것이다. 이는 모두 적절한 처리 방식이 아니다. 전자는 너무 지나치고 후자는 너무 부족하다. 교재에서 이에 대한 설명을 하지 않았다면, 이는 편저자가 이것을 그 과의 교수 중점으로 삼지 않았음을 말한다. 이러한 상황이라면 사실 매우 간단하게 처리할 수 있다. 따라 읽기를 할 때 교사가 다소 과장된 어조로 읽거나 놀란 표정을 지으면 그것으로 충분하다. 왜냐하면 학생들은 그 의미와 용법을 체득할 수 있는 충분한 인지능력을 가지고 있기 때문이다.

3. 통속성

교사는 어려운 것을 이해하기 쉬운 언어로 설명해야 한다. 교육 대상의 언어 능력을 고려해서 복잡하고 어려운 교수법을 사용해서는 안 되고, 언어 수업을 문법 전문 수업으로 만드는 과오를 범해서는 안 된다.

가르칠 때 사용하는 언어는 반드시 학생들의 수준에 알맞아야 한다. 그러므로 가능한 한 전문용어를 적게 사용하고, 되도록 도표나 양식 등을 사용해서 실질적인 언어환경에 맞도록 해야 하며, 교구 등 보조수단을 이용하여 학생들의 이해를 도와야 한다. 입문 단계에서 만약 상황이 허락된다면 학생들의 모국어 혹은 매개 언어를 적당히 사용하여 해석하는 것도 무방하다.

아래 문장 안에서 '汉语'는 주어입니까, 목적어입니까? 학생들에게 이 통사 성분을 어떻게 설명할 것인가요?

① 他说汉语说得很流利。

> ② 他汉语说得很流利。
>
> ③ 汉语他说得很流利。

　두 번째와 세 번째 문장의 '汉语'가 주어인지 목적어인지에 대해서는 학계에서도 여러 견해가 있다. 그러나 교수법에서 학생들에게 '汉语'가 문장 앞으로 이동했기 때문에 주어가 되었다고 설명한다면 학생들은 이해하기 어려울 것이다. 게다가 이 세 문장 형식 사이의 연관성을 나타내기도 쉽지 않아, 학생들의 실제적인 문법 능력 향상에 도움이 안 된다. 상술한 세 개의 문장을 아래와 같은 세 종류의 형식으로 나타내는 것이 훨씬 유리하다.

> ① S ‒ V ‒ O ‒ V ‒ 得 ‒ C
>
> ② S ‒ O ‒ V ‒ 得 ‒ C
>
> ③ O ‒ S ‒ V ‒ 得 ‒ C

　이와 같이 나타낸다면, 삼자 간의 연관성과 변화가 일목요연해진다.

　때로는 문법 용어를 아예 사용할 필요가 없다. 존재를 나타내는 '有'자문은 다음과 같이 나타낼 수 있다.

> 장소 + '有' + 사람/사물

> 학생이 '可怕'와 '害怕'의 차이를 물으면 교사는 어떻게 대답해야 할까요?

학생에게 "'害怕'는 동사이고, '可怕'는 형용사다"와 같이 장황하게 설명한다고 반드시 좋은 효과를 거둘 수 있는 것은 아니다. 차라리 아래와 같이 전형적인 예를 제시하는 것이 훨씬 좋은 방법이다.

我害怕蛇，因为蛇很可怕。

학생들이 두 단어의 차이를 정확하게 설명할 할 수는 없어도 1분만 생각해보면 그 차이를 알게 될 것이다. 때로는 장황한 열 마디보다 좋은 예문 하나가 훨씬 도움이 된다.

4. 실용성

단순히 형식만을 설명하는 것으로는 부족하다. 반드시 사용 조건, 의미와의 결합, 언어환경과의 결합을 분명히 설명해야 하며, 의미와 화용의 설명에 주의해야 한다. 외국어로서의 중국어 문법 교육의 목적은 학생들이 한 문장의 문법 구조를 분석하는 것이 아니고, 그들의 실제적인 언어수준을 높이는 데 있다.

실용성에는 아래의 몇 가지 내용을 포함한다.

첫째, 예문과 연습은 반드시 실제로 사용할 수 있는 것이어야 한다. 어떤 문법 항목을 설명하기 위하여 제시된 예문은 반드시 실용적이어야 한다. 어떤 문법 항목에 맞추어 설계된 연습은 실제 언어생활과 서로 일치해야 한다. (언어유희를 제외하고) 반드시 실제와 부합해야하며 문화적 관습이나 화용 규칙에 어긋나서도 안 된다. 그렇지 않으면 실상에서 벗어나므로 의미가 없고 실용적이지 못하다. 이에 맞는 연습은 다음과 같다.

아래 문법 연습이 적당한지 한번 볼까요?

① 학생들이 서로 질문하고 답한다.
 "你有自行车吗?"
 "我有自行车"
 "你有几辆自行车?"
 "我有一辆自行车"

② 학생들이 서로 질문하고 답한다.
 "你多大?"
 "我十八岁"

위의 연습은 둘 다 적당하지 않다.

연습 ①은 '有'자문과 양사의 용법을 연습하기 위한 것이다. 만약 학생이 중국에서 학습을 한다고 가정한다면, 자전거 한 대를 사는 것은 가능하지만 다른 사람에게 몇 대의 자전거가 있냐고 물어보는 것은 매우 이상한 일이다. 왜냐하면 한 사람이 두 대 이상의 자전거를 가지고 있을 가능성이 매우 적기 때문이다.

연습 ②는 나이를 묻는 연습인데, 사실 서로 잘 모르는 사이에 상대방에게 나이를 묻는 것은 그다지 적합하지 않다.

위 연습을 다음과 같이 조금 바꾸면 가능해진다. 한 학생은 외국 사람이고 다른 한 학생을 중국 친구라고 가정하고, 두 사람의 대화를 다음과 같이 설계할 수 있다.

"你家有自行车吗?"
"有"
"你家有几辆自行车?"
"我家有三辆自行车"

중국에서는 한 집에 자전거를 두 대 이상 가지고 있는 경우가 허다하므로 이와 같이 설계하면 학생은 문법 연습과 더불어 중국의 사회문화를 학습하게 된다.

위의 ②는 어떤 사람이 운전면허증을 신청할 때 담당직원과 대화하는 상황으로 설계할 수 있다. 이때 학생에게 이것은 역할을 가정한 대화로 자신의 실제 나이를 말할 필요는 없다고 말해준다.

둘째, 통사 특징을 분명히 설명한다. 가능하다면 정확한 통사 구조를 제시하고 약간의 통사 조건을 나열하는 것이 가장 좋다. 물론 통사 조건을 너무 잡다하고 복잡하게 말해서는 안 되고, 학생들이 실수하는 부분에 초점을 맞추어 중요한 부분을 설명해야 한다.

초급 학습자들에게 '把'자문을 설명할 때 '把'자문이 나타내는 의미 이외에 격식 측면에서는 어떻게 설명하는 것이 좋을까요?

먼저 '把'자문의 구조는 아래와 같이 나타낼 수 있다.

S - 把 - O - V - 기타성분

'把'자문은 처치의 의미를 나타낸다. 위의 문법 격식과 문법 의미를 설명한 다음 몇몇 통사 조건을 강조하여 제시해야 한다.

• '把'의 목적어는 일반적으로 특정적인(한정적인) 것이다. 따라서 ①, ②와 같이 말할 수 있지만 ③과 같이 말할 수는 없다.

   ① 我把书买来了。
   ② 我把那本书买来了。
   ③＊我把一本书买来了。

• 동사 뒤에는 일반적으로 다른 성분이 있어야 한다. 따라서 다음과 같이 말할 수 는 없다.

   ＊ 我把书放。

아래와 같이 말해야 한다.

   ① 我把书放在书架上。
   ② 我把书放好了。……

• 시간관련 단어/구, 부정사, 조동사는 반드시 '把'자 앞에 두어야 한다.

   ① 他昨天把照相机还给我了。

② 他还没有把照相机还给我。

③ 他应该把照相机还给我。

셋째, 의미관계를 분명히 설명해야 한다. 문법 교육에 있어서 형식 면의 특징을 설명하는 것 이외에 필요에 따라 이와 관련한 의미관계를 적당히 분석해야 한다.

연동문의 통사 구조는 비교적 간단하여 몇 개의 동사를 연속하여 사용하면 된다. 영어처럼 술어 이외의 형식에 관해 고려하지 않아도 된다. 그래서 교수 중점은 형식이 아니라 의미에 있다. 따라서 반드시 의미의 관계에 치중하여 설명해야 한다. 연동문에서 강조해야 할 의미관계는 동작의 선후 순서(예를 들어 “他站起来开门出去。”)외에도 '방식-행위', '행위-목적'이 있다. 두 문장의 어휘가 서로 같더라도 어순이 다르면 나타내는 의미는 완전히 달라진다.

① 他坐车去人民广场。

② 他去人民广场坐车。

위 문장의 '坐车'는 '去人民广场'의 방식이며, 아래 문장의 '坐车'는 '去人民广场'의 목적이다. 어순이 변하면 의미관계도 변한다. 이 설명을 듣고 나면, 학생들은 “He goes to Beijing by plane”과 “他去北京坐飞机”가 아니라 "他坐飞机去北京"이라고 말해야 한다는 것을 알게 된다.

넷째, 화용 기능과 언어환경의 조건을 분명히 설명해야 한다. 어떤 문법 항목은 의미관계를 분명히 설명해야 할 뿐 아니라 사용할 때의 화용 기능과 언어환경의 조건 역시 반드시 강조해야 한다.

> 반어문 '不是……吗'를 교육할 때, 학생들에게 '不是……吗' = '是……'라는 설명 외에도 무엇을 중점적으로 설명해야 할까요?

반어문 '不是……吗'을 설명하면서 학생에게 단지 '不是 X 吗' = 'X'라고만 설명하는 것은 부족하다.

'不是……吗?'가 반어문이 될 때의 격식과 의미는 설명하기가 쉽다. 그러나 정작 중요한 것은 말투의 특징, 사용 상황을 학습자에게 설명하고, 이것을 학습자가 체득하고 응용할 수 있도록 해야 한다는 사실이다. 이 부분을 명확히 설명하여 학습자가 적절히 응용할 수 있도록 해야 한다. '不是……吗'는 대부분이 '이상하다고 느끼거나', '불만을 나타내거나' 혹은 '책망하는' 등의 말투를 나타낸다.

① 我不是已经告诉你了吗?(你怎么忘了?)
② 你不是今天上午去北京吗?(怎么还在这儿?)

> 정태보어의 사용 조건은 무엇입니까? 학생들이 정태보어를 이제 막 배우기 시작했을 때는 언제 정태보어를 사용해야 할지 잘 이해하지 못합니다. 그럴 때는 학생들에게 어떻게 설명하는 것이 좋을까요?

정태보어는 중국어의 특수한 문법 항목으로 초급 단계의 교육에서 이해하기 어려운 부분이지만 매우 중요한 부분이다. 학생들이 정태보어의 형식을 습득하는 것은 어렵지 않고, 정태보어를 '평가·판단·서술'로 해석하는 것 역시 어렵지 않다. 그러나 화용적 문제, 즉 정태보어를 언제 사용하느냐의 문제를 학생들이 가장 어려워 한다. 鲁健骥(1999)는 이와 관련해 다음과 같이 설명하고 있다.

> 정태보어의 출현은 모두 단일한 언어환경적 배경을 가진다. 그 배경은 정태보어가 평가하고, 판단하고 묘사하고자 하는 것이 이미 발생했거나 혹은 발생 중인 동작이나 사건 및 그 동작 혹은 사건과 관계가 있는 인물 또는 사물(행위자 혹은 수동자)이다. 바꾸어 말하면 동작 혹은 사건이 이미 발생했거나 혹은 발생 중인 것은 정태보어문 출현의 전제조건이다. 예를 들어 우리들은 어떤 사람이 뛰고 있는 것을 본 적이 있거나 보았거나 혹은 어떤 사람이 뛴 기록을 알아야만 비로소 그가 '跑得快'이거나 '跑得不快'라고 평가할 수 있다. 정태보어를 사용하는 조건이 정태보어문 사용상의 특징을 결정한다는 것이다. 즉 정태보어문과 어떤 전제조건을 서술한 문장은 서로 호응한다. 이 호응에는 명시적인 것과 비명시적인 것의 구분이 있어야 한다.

따라서 어떤 문법 항목에 대한 설명은 단지 문장 층위에만 국한하지 말고 텍스트의 층위까지 확장해야 한다. 하나의 문법 규칙을 문맥과 화용적 기능과 결합시켜 설명해 줌으로써 학생들이 이것을 언제 사용하고, 어떻게 사용해야 하는지 알도록 해야 한다.

교수법에서 한 문법 항목의 설명 안에는 일반적으로 네 가지 측면이 포함되어야 한다. 즉 통사 구조, 표현 의미, 화용 기능, 전형적인 예문 등이다. 아래는 赵淑华(2000)의 동태조사 '过'의 교수법 예문으로, 문법 항목 설명의 범례로 삼을 수 있다.

(1) 구조 특징: 주어 + 동사 + '过' + 목적어(순서에 따라 구조적 특징을 가진 부정식, 정반의문식 등을 열거한다)

(2) 표현 의미: 과거 한 번 혹은 여러 번 경험함을 나타낸다.

(3) 화용 기능:

① 관점 혹은 정황을 설명하는 담화에서 주로 사용하며, 동사 + '过'의 문장은 일찍이 어떤 일을 경험했음을 나타낸다. 후속 문장은 대부분 설명 혹은 해석하고자 하는 관점이나 정황을 나타낸다.

② 특정한 언어환경에서는 후속 문장이 나타나지 않으며, 언어 외적인 의미를 내포하기도 한다.

(4) 참고예시

① 甲: 他没学过中文，得去一班上课。你学过中文没有?

乙: 我学过(中文)，(理应会一些中文)不过(我的中文)都忘了。我也去一班吧!

② 甲: 到北京以后，我请你吃烤鸭。

乙: 我吃过烤鸭。(所以我知道烤鸭的味道)

[언어 외적인 의미는 "A不稀罕你的邀请", 혹은 "B还是请我吃别的吧"이다]

물론 특정한 문법 항목의 경우 교수법의 중점 설명 내용은 경우에 따라 달라져야 한다. 문법 항목마다 어려운 부분이 무엇인지 보고 나서 중점적으로 설명할 부분을 결정해야 한다. 격식이나 규칙의 설명에 중점을 둘 수도 있고 의미관계나 화용 기능에 중점을 두고 설명할 수도 있다.

- '了'와 관련한 교수법에서 언어환경과 텍스트를 연결하여 가르쳐야 하는 이유를 설명하시오.

- 중국어 교수법의 실천에서 중국어 자체 연구에 대한 기대와 요구가 무엇인지를 구체적인 예를 들어 설명하시오.

- 문법 교육에서 문법 용어의 사용을 어떻게 생각합니까?

문법 항목의 연습

외국어로서의 중국어 교육의 기본 원칙은 실천성이다. 어떤 의미에서 연습은 문법 교육의 성공 여부를 결정짓는 핵심이다. 이 책 제1장에서 언급한 것처럼 문법 실력은 배워서 느는 게 아니라 연습해야 느는 것이다. 물론 실력은 지식을 기초로 하고, 문법 규칙을 잘 알고 있으면 더욱 효율적이고 자율적으로 문법 실력을 기를 수 있다. 성인의 경우는 대부분 그렇다. 그러나 결국에는 반복해서 연습하고 또 연습해서 자동으로 나오는 정도에까지 이르렀을 때 문법 실력은 길러진다.

문법 항목의 연습을 설계하고 구성할 때 필요한 기본 원칙은 다양성, 효율성, 실행가능성이다.

1. 다양성

연습의 다양성은 다방면의 의미를 포함한다.

1) 기계적 연습에서 의사소통 중심으로

연습은 기계적 연습에서 의사소통 중심의 연습으로 점차 발전되어야 한다. 기계적 연습만으로는 부족하다. 또 의사소통 중심의 연습만 하고, 기계적 연습이 없어도 기대한 효과를 거둘 수 없다. 기계적 연습을 충분히 해야 기초를 다질 수 있고, 그렇게 잘 준비된 상태에서 의사소통 중심의 연습을 해야만 만족스러운 결과를 얻을 수 있다.

비교법의 기본 격식을 강의한 후, 곧 바로 학생들에게 자신이 익숙한 두 장소나 잘 알고 있는 두 사람에 대한 짧은 작문을 하도록 하는 것은 적당한 연습일까요?

이 연습설계는 두 가지 측면에서 문제가 있다. 첫째, 연습을 하기도 전에 교사의 지도와 사전 준비가 부족한 상태다 보니 학생들은 어떻게 시작해야 할지 난감해 한다. 둘째, 연습을 마친 후 학생들의 연습 결과에 잘못된 부분이 너무 많아서 어디부터 수정을 해야 할지 교사들이 난감해지는 경우이다. 비교법을 강의한 다음 먼저 기계적인 연습을 한 후 점차적으로 의사소통 중심 연습으로 넘어가는 것이 가장 좋다.

① 학생들에게 데이터 몇 개를 주고 '比'자문을 말하도록 한다. 학생들에게 "a比b P"를 "b没有a P"로 바꾸어 말하도록 한다.
② 학생들에게 두 장소를 비교하는 짧은 문장을 들려준 후, 문제에 대답하도록 한다.
③ 학생들의 고향과 현재 거주 도시에 대해 묻는 연습을 한다. 예를

들면 다음과 같다.

你家乡有没有这儿热？ 你家乡的人口是多少， 你知道不知
道X(所在城市)的人口是多少？ 哪一个城市人口大？ 你喜
欢……还是喜欢……？ 为什么?

④ 학생들에게 5분 정도의 준비시간을 준 후, 두 도시를 비교하여 구
술하도록 하고 교사는 강평한다.

⑤ 학생들은 수업을 마친 후 짧은 문장을 써서 두 도시를 비교한다.

이렇게 하면 마지막에 작문을 할 때, 학생들은 충분히 준비하여 작문
을 하게 되므로 부담이 적어지고, 잘못 쓴 부분도 줄어들어 좋은 효과를
거둘 수 있다.

2) 난이도 조정

연습을 할 때는 반드시 어려운 것도 있어야 하고 쉬운 것도 있어야 하
며, 쉬운 연습에서 어려운 연습으로 진행되어야 한다. 이때, 반드시 점차적
으로 난이도를 심화시켜야 한다. 처음부터 학생들에게 어려운 연습을 시
켜서 좌절감을 주면 안 된다. 쉬운 연습을 통해 학생들이 성취감을 느낄
수 있도록 해야 한다. 학생의 수준이 동일하지 않으므로 연습의 난이도가
달라야 하고, 학생의 수준에 적당한 연습을 시켜야 한다.

어떤 연습은 '바보'가 하는 수준이여서 누구나 할 수 있으며, 학생들
이 잘못한 부분도 거의 없다면 이러한 연습은 과연 필요한 것일까요?

우선, 설령 아주 간단한 연습이라도 하는 것과 안하는 것은 분명 다르다. 어떤 연습이라도 한번 해보면 인상이 깊이 남는다. 또 어떤 문법 현상은 형식이 매우 간단한데 너무 간단하기 때문에 학습할 때 대부분 등한시하지만, 이러한 연습은 주의를 집중시키는 효과가 있다. 연습의 목적은 다양하다. 어떤 연습은 정확성을 강조하여 학생들이 시간을 들여 생각해야만 할 수 있도록 한다. 또 어떤 연습은 숙련도에 중점을 두어 학생들이 생각하는 과정을 거치지 않고 빠른 속도로 완성할 수 있도록 한다. 그럴 경우 쉬운 문제의 연습도 의미가 있다.

3) 풍부하고 다채로움

연습의 방식에서 볼 때 반드시 다양하고 생동감 있고 활발해야 한다. 천편일률적이고 무미건조한 연습은 피해야 한다.

어떤 교재는 교재의 대표적 특징으로, 연습의 문제 유형이 어떠어떠한 나라의 시험 문제 유형과 유사하다고 광고합니다. 이러한 특징에 대해 어떻게 생각합니까?

연습의 문제 유형과 시험의 문제 유형이 완전히 일치할 필요는 없다. 연습과 시험은 서로 목적이 다르고 요구사항 역시 다르다. 연습은 배운 내용을 공고히 하여 능숙하게 하기 위한 것이고, 시험은 지식과 능력을 테스트하기 위한 것이다. 배운 내용을 공고히 하기 위해서 연습의 방식은 반드시 다양해야 하지만, 지식과 능력을 테스트하기 위해서 시험 문제는 반드시 객관적이고 표준에 맞아야 한다. 또한 연습은 보통 교사의 지도하에 진행되어 답안이 단일하지 않아도 되는 반면, 가능한 한 학습자의 주도성과 창조성이 발휘되어야 한다. 시험은 시험지라는 조건에 국한되어 있기 때문에 답안은 반드시 명확하고 표준에 맞아야 한다. 만약 연습이 단편적으로 시험과의 연관성만 강조한다면 '시험 위주'의 교육으로 치우칠 위험성이 있다.

2. 효율성

연습의 효율성은 두 가지 의미를 가진다. 첫째, 어떤 문법 항목에 초점을 둔 연습은 그 문법 항목의 해설과 일치해야 한다. 둘째, 연습의 결과와 연습설계의 목표가 일치해야 한다. 그렇지 않으면 연습은 효율성이 떨어지거나 아예 효과가 없게 된다. 효과가 없는 연습은 교육 자원과 학생 에너지의 낭비일 뿐 아니라, 학생들의 실증을 유발할 수도 있다.

1) 문법 해설과 일치해야 한다

문법 해설 부분에서 교사가 통사, 의미, 화용 등 다양한 각도에서 문법 항목에 대한 정확한 해설을 했더라도 설명만으로는 부족하며 대량의 연습이 필요하다. 연습의 목적은 교사가 이미 한 설명을 분명히 알게 하기 위한 것으로, 학생들은 연습을 통해 그 내용을 좀 더 잘 이해하고 파악할 수 있게 된다. 그래서 연습의 방식과 내용은 그 연습에 대한 해석이나 설명과 일치해야 하고, 연습의 중점과 어려운 점은 두드러지게 나타내야 한다.

정태보어를 가지고 어떻게 대화 연습을 설계할 것인가요?

앞 절에서 이미 鲁健骥(1999)의 견해를 인용하여 정태보어는 이미 발생했거나 발생 중인 동작 혹은 사건 및 관련된 사람 또는 사물을 평가ㆍ판단하거나 묘사하는 데 사용한다는 것을 언급했다. 그래서 설계할 때는 반드시 이러한 언어환경의 조건을 강조해야 한다. 鲁健骥는 다음과 같이 연습을 설계했다.

(두 사람이 올림픽 경기 TV 실황 중계를 보고 있다.)
甲: 那是刘易斯在跑吗?
乙: 对，你看，他跑得___

이와 같이, 문법 설명과 문법 연습은 상당히 일치되어 있다. 문법 연습은 정태보어의 언어환경적 조건과 관련한 문법 설명의 내용을 더 체득하기 쉽게 보강해준다. 이로 인해 학습자들은 문법 해설에 대한 내용을 더 잘 이해할 수 있으며, 강한 인상을 받게 되어 학습 효율이 높아진다.

의사소통 중심의 연습을 설계할 때는 언어환경의 설계가 매우 중요하다. 刘颂浩(2005)는 '把'자문 연습설계에 필요한 언어환경 문제를 논의했다. 그의 조사에 따르면 일부 영향력 있는 중국어 교재에 있는 '把'자문의 연습 내용은 언어환경 설계가 적절하지 않다. 또한 다른 부분의 연습에서 제공하고 있는 내용도 결코 자연스러운 언어환경이 아니다. 아래 질문을 보자.

北京有那么多汽车，你觉得汽车对空气有什么影响?

이러한 문제가 제시되었을 때, 일반적으로 중국인은 '把'자문을 사용하여 대답하지 않는다. 그럼에도 불구하고 수업에서 이 문제를 '把'자문 연습에 사용하면, '把'자문의 기능에 대한 교수법상의 설명을 할 수가 없다. 또한 학생이 '把'자문과 '把'자문이 아닌 것을 구별하는 데도 도움이 되지 않고, 학생을 잘못 지도하게 될 수도 있다.

2) 연습 목표와 일치해야 한다

모든 연습설계에는 "어떤 기능, 어떤 문법 항목, 어떤 단어/구를 연습할 것인가"에 대한 목표가 있어야 한다. 문법 연습도 이와 같다. 표면적으로 볼 때는 매우 훌륭해 보이더라도, 사실상 설계의 목적에 도달하지 못한다면 그 연습은 사실상 무효하다. 아래 예시를 보자.

알맞은 단어를 넣으시오.

1. 今天王平不 ____ 来上课了。
   A. 会　　　　B. 能　　　　C. 可能

2. 公园里不 ____ 骑自行车。
   A. 要　　　　B. 能　　　　C. 可以

이 연습의 목적은 조동사를 구별하는 것이다. 그러나 실제적으로 위의 두 문장에서 A, B, C 모두 정답이며, 단지 의미가 다를 뿐이다. 이 연습에 사용한 예시는 독립된 문장으로 특정한 언어환경과 연결되어 있지 않았기 때문에 학생들은 어떤 것을 골라야 할지 판단할 수가 없다. 연습의 의미가 없다.

틀린 문장을 고르시오.

① 我把文章写。

② 他把名片没给我看过。

③ 你不忘把书带来。

④ 你把雨伞借给我能吗?

⑤ 明天你把一本书带来，好吗?

위 내용은 한 과의 뒷부분에 나오는 연습으로, 해당 과의 중점 교육내용이 '把'자문이다. 분명히 위의 연습은 '把'자문의 용법에 초점이 맞추어져 있다. 그러나 세 번째 문장과 기타 문장은 서로 다르다. 세 번째 문장의 정답은 "你别忘了把书带来"이다. 이 문장에 '把'가 있지만 문제 출제의 초점은 부정 방식 및 '忘'의 용법에 맞춘 것으로 '把'자문의 용법 특징과는 전혀 무관하다. 그래서 이 연습은 '把'자문의 용법을 연습하고자 하는 목적과는 맞지 않다.

3. 실행 가능성

연습은 반드시 실행 가능해야 한다. 실행 가능성에는 적어도 다음 요소가 포함되어야 한다. 즉, 완성된 연습을 평가할 명확한 목표가 있어야 하고, 연습을 완성하도록 지도할 명확한 지침이 있어야 한다. 그리고 학생들이 그 연습을 충분히 해낼 수 있도록 현실적 조건을 갖추어야 한다.

아래 연습이 실행 가능한지 살펴보자.

[연습1]

다음 문장을 읽으시오.

你想知道我是怎么过双休日的吗?

好，现在我就给你讲讲。星期六我一般都是锻炼身体，打球，打太极拳，或者骑自行车去郊区玩儿。

星期天有时打扫房间，有时和朋友聊天，当然，有时也学习汉语。不过我最常做的事是去逛农贸市场。那儿有非常新鲜的水果，还有许多活的鱼、虾。

[연습2]

세 사람이 한 조가 되어 역할극을 한다.

세 사람은 각각 아버지, 어머니, 아이 역할을 맡는다.

주제: 父母亲批评孩子(부모님이 아이를 나무란다)

위의 두 연습은 모두 실행 가능성이 부족하다. [연습1]은 읽기 연습이다. 그런데 명확한 읽기 목표가 없다. 읽기를 마친 후 무엇을 해야 하는지 알 수 없으며, 명확한 요구도 없다. 만약 빨리 읽기라면 읽기 시간을 제시해야 한다. 글 밑에 문제가 없을 경우 학생이 읽었는지 읽지 않았는지 판단할 근거가 없다.

[연습2]는 회화 연습이다. 이 연습은 학생이 실력을 발휘할 무한한 공간을 제공하고 있다. 만약 상상력이 풍부하고 표현능력이 좋다면 한번 해볼 만하다. 그러나 대다수의 학생들은 너무 어렵다고 느낄 것이다. 실행 가능성이 낮다. 먼저 아이가 저지른 잘못을 구체적으로 제시하고, 부모님의 요구사항과 학생의 성격에 대한 설명이 있어야 한다. 그렇지 않으면 많은 학생들이 어디서부터 말을 시작할지 모르거나 아무렇게나 얼버무리게 된다.

- 교재 안의 연습은 많으면 많을수록 좋다고 하는데, 이 의견에 동의합니까?

- 어떤 학생이 HSK 모의문제를 많이 풀었는데 매번 시험성적은 그다지 좋지 않고 중국어 수준도 그다지 향상되지 않았습니다. 그 원인은 어디에 있다고 생각합니까?

마무리

가르치는 데 어떤 법칙은 있지만 '정해진 법칙'은 없다. 문법 교육에는 내재된 규율성이 있고, 문법 교육의 원칙은 바로 문법 교육의 규율의 반영이며, 요약이고 총괄이다. 교육활동은 반드시 이러한 교육 원칙을 준수해야하고, 구체적인 교육 방법은 교육 원칙의 지도와 분리될 수 없다. 또한 교육 원칙의 운용은 반드시 구체적 조건·정황과 결합해야 하며 구체적 분석을 진행해야 한다.

교육 원칙은 보편적이어야 하며, 교육 방법은 융통성이 있어야 한다. 교육 원칙에 대한 학습을 토대로 해서 다음 장에서는 중국어 문법 교육에서 자주 사용하는 방법과 테크닉에 대해 살펴보겠다.

IV

문법
교육의
방법과
기교

본 장에서는 문법 교육의 방법과 기교를 논의하겠다. 방법상으로는 종합법, 연역법, 유추법이 있다. 구체적인 실시 과정에서 이 방법들은 각각 서로 다른 방식의 기교를 다루고 있다.

문법 교육 과정은 대체로 도입, 전개, 연습이라는 세 가지 주요 단계로 나뉜다. 이 세 측면에서 교육의 방법과 기교를 구체적으로 다룰 것이다. 교육에는 '법칙'이 있지만 '정해진 법칙'이 있는 것은 아니다. 아래에 열거한 방법은 하나의 실마리나 샘플을 제공할 뿐이지 이 방법밖에 없다는 의미가 아니며, 어떤 한 언어 항목에 대한 교수법을 설명하기 위해서 반드시 이 방법을 운용해야 된다는 것은 더더욱 아니다.

제 **1** 절
문법 교육의 기본 방법

1. 종합법

먼저 학생들에게 구체적인 언어 현상을 접하게 하고 많은 연습을 하게 한다. 그 다음 구체적인 언어재료를 통해서 문법 규칙을 개괄한다. 이것은 구체적인 것에서 일반적인 것으로 가는 귀납 과정이다. 의문문을 예로 들면, 학생들에게 먼저 본문을 접하게 한 후 어느 정도 익숙해지고 나면 다시 총정리를 하여 규율을 찾는 방식이다.

[연습]

아래 문장을 보고 '吗'를 사용할 수 있는 문장과 사용할 수 없는 문장을 말해보세요.

你学习汉语?

你是哪国人?

你学习什么?

你是美国人还是英国人?

> 你学习汉语还是日语?
>
> 你是不是美国人?
>
> 你学习不学习汉语?

　끝으로 교사는 답안을 제시하고 의문문에 '吗'를 사용할 수 있는지 없는지에 대해 총정리를 해준다. 또 다른 예를 들면, 중국어의 기본 문형에 대한 정리에서도 아래 방식을 사용한다.

> [연습]
> 아래 문장을 보고 중국어 문장에는 반드시 동사가 있어야 하는지 한번 생각해보기 바랍니다.
>
> 我今天晚上去看朋友。
>
> 我很忙。
>
> 今天星期一。
>
> 他28岁。

　학생들에게 위의 문장에 근거해서 어떤 문장에 동사가 올 수 없는지에 대해 토론하게 한다. 끝으로 교사가 평가한다. 이것은 비명시적(암시적) 방식일 수도 있고 명시적 방식일 수도 있다. 즉, 교사는 어떤 설명도 하지 않고 충분한 예시만 제시하여 학생이 자연스럽게 그 규칙을 깨닫도록 하는 것이다.

교사는 반 학생들의 실제 상황과 결부시켜 말한다.

玛丽是美国人, 约翰也是美国人, 他们都是美国人。('也', '都'를 칠판에 쓴다)

金明洙不是美国人, 田中也不是美国人, 他们都不是美国人。

학생들이 이해하고 나면 교사는 학생들이 유사한 문장을 더 많이 말할 수 있도록 유도한다.

……, 也……, 都……

종합법은 학생들이 기존의 지식을 효율적으로 발휘할 수 있도록 하는 데 효과적이다. 그리고 학생들의 학습을 주도적으로 끌고 갈 수 있는 장점이 있지만, 때론 체계성과 완전함이 부족한 단점도 있다. 게다가 종합법을 운용할 때 교사는 문제를 제시하고 전개하는 데 신경을 써야하고, 교실수업의 효율성에도 주의해야 한다.

2. 연역법

먼저 문법 규칙을 설명하고 그다음 예문을 제시한다. 학생은 규칙에 따라 연습하고 운용한다. 이것은 일반적인 것에서 구체적인 것으로 가는 과정이다. 형용사 중첩의 교수법을 예로 들면, 대부분 다음과 같은 단계로 분석한다.

(1) 교사는 먼저 학생들에게 중국어에서 형용사는 중첩할 수 있다
는 사실을 알려주고 형용사 중첩 형식, 의미, 사용 조건을 설명
하고 몇 개의 예를 제시한다.

(2) 학생들이 형용사 중첩 형식으로 일부 대상을 묘사할 수 있도록
한다. 예를 들면, 학생들이 사진을 보고 그 사람에 대해 묘사하
도록 한다.

她的个子高高的，头发长长的，眼睛大大的。

(3) 형용사 중첩을 사용한 뒤에는 그 앞에 '很', '非常', '不' 등을 첨
가할 수 없다는 점을 학생들에게 강조해야 한다.

① 我喜欢吃不甜甜的月饼。（×）

② 他很慢慢地从马路对面走过来。（×）

③ 房间里比较安安静静的。（×）

또 '把'자문 교수법은 아래와 같다.

'把'자문 격식 'S-把-O-V……'과 그 의미를 설명하고 나서 일부 사
용 조건을 설명할 필요가 있다. 그중에 하나가 시간어구, 부정사, 조
동사는 '把' 앞에 놓아야 한다는 것이다.

(교사가 칠판에 쓴다)

시간어구

부정사 + '把' ……

조동사

학생들에게 문장을 조합하는 연습을 하게 한다.

> 교사: 他把我的照相机弄坏了。 ＋ 昨天
>
> 학생: 他昨天把我的照相机弄坏了。
>
> 교사: 你把这件事告诉他。 ＋ 别
>
> 학생: 你别把这件事告诉他。
>
> ……

　　연역법은 문법 교육의 체계성과 완전함을 강조한다. 그러다 보니 종종 형식적인 설명과 연습에 편중되어 의미적인 면의 교수가 부족하게 된다. 연역법을 사용할 때는 단순히 문법 지식만 주입하지 않도록 주의해야 한다.

3. 유추법

　　'문형법'이라고도 한다. 이것은 종합법이나 연역법과는 다르다. 문법 규칙을 문형으로 만들어 이 문형을 다시 하나의 샘플 문장으로 구체화한다. 학생들은 이 샘플 문장을 접하고 나서 모방, 유추, 연습을 통해 언어의 기능을 파악한다.

> '了'를 가르칠 때 먼저 본문 안의 대화를 부각시킨다.
>
> 　① 你们昨天赢了没有?
>
> 　② 没赢。

그 다음 학생들에게 대체 연습을 시킨다.

① 你们 昨天 <u>赢</u> 了 没有?	② 没 <u>赢</u>
看书	看
工作	工作
见面	见面

이 연습은 학생들이 '……了没有'라는 의문 방식 및 '没……'의 부정 대답을 익히게 하는 의도로 만든 것이다.

유추법은 비교적 직관적, 통속적, 실용적이지만 문법 지식이 체계적이지 못해 학생들이 문법 계통을 이성적으로 파악하는 데는 불리하다는 결점이 있다. 교수법 역사에서 연역법, 종합법, 유추법은 문법 교육 방법의 주류였다. 실제 교실수업에서 이 세 가지 방법은 대부분 서로 결합·보완 관계에 있다. 교사는 학생들의 특징과 교육 내용의 특징, 그리고 교육목표의 차이점에 근거해서 어떤 한 방법을 선택하거나 어떤 한 방법에 치중하여 가르쳐야 한다.

• 연역법, 종합법, 유추법은 각각 어떤 장점과 단점을 가지고 있습니까?

문법 항목의 도입 방식

1. 미리 제시하기

미리 제시하기는 엄격히 말해 문법 도입의 한 방식으로 볼 수 없다. 문법 항목을 제시하는 다음 단계와 긴밀히 이어져 있지 않기 때문이다. 그렇지만 그것은 교사가 어떤 문법 항목의 교수를 위해 심혈을 기울여 준비한 것임은 분명하다.

미리 제시하기란 정식으로 어떤 문법 항목을 가르치기 전에 학생들이 인식하지 못하는 상황에서 먼저 의도적으로 학생들이 관련 문법 현상을 접촉하게 만드는 것이다. 여기에는 시간 간격이 있는 제시와 시간 간격이 없는 제시가 있다. 시간 간격이 있는 제시는 어떤 문법 항목을 배우기 하루 내지 일주일 전, 혹은 훨씬 이전에 학생들이 관련 문법 현상을 접하는 것이다.

'把'자문을 가르치기 일주일 전에 의식적으로 계속해서 "请把书打开", "请把书翻到……页" 등을 사용한다. 이러한 제시는 중국어를 가르치는 첫날부터 시작할 수도 있다.

교사는 다음 주 월요일 '算了'라는 새로운 표현 방식을 가르치려 한
다. 그래서 수업을 마칠 때쯤 의도적으로 이 표현('삽입곡')을 설계
한다.

교사: 今天学习的内容大家都明白了吗?

학생: 明白了。

교사: 真的明白了? 好，我们明天考试。

학생: 可是……明天是星期六。

교사: 哦，明天是星期六，那……那就算了。

학생: ……?

학생들은 의문점을 다음 주 월요일까지 가져갈 수도 있지만 학생 스
스로 그 자리에서 의문을 해결하기도 한다.

시간 간격이 없는 제시는 문법 수업을 시작할 때부터 하나의 '삽입곡'
을 설계한다.

이번 수업에는 완성을 나타내는 '了'를 가르치겠다. 교사는 교실에
들어가자마자 한 학생에게 묻는다.

교사: XX昨天来了没有?

학생: 他昨天不来。

교사: 哦，他昨天没来。XX，你昨天去哪儿了?

　　　……

이 대화는 수업 전의 잡담 같지만 사실은 정식으로 '완성' 표지 '了'를 가르치기 전에 자리를 펴는 것이다.

2. 복습

이것은 사전에 배운 지식을 복습하는 것이다.

교사는 방향보어를 가르치기 전에 먼저 학생들에게 방향보어를 복습하게 한다.

교사: 여러분, 방향보어가 무엇인지 알고 있죠? 예를 들면 '来', '去' 외에 또 뭐가 있죠?

학생: 上, 下, 回……(교사는 방향보어를 서식 형식으로 칠판에 쓴다)

교사: 자, 이것들이 방향보어입니다. 이 단어들은 동사 뒤에 두었을 때 '방향보어'라 합니다. 예를 들면 (칠판에 쓴다) '带来, 带去, 拿出来' 등과 같은 것입니다. 여기서 '来, 去, 出来'가 바로 방향보어입니다. (교사는 관련 단어 아래에 밑줄을 친다)

3. 받아쓰기

    받아쓰기는 문법 항목의 도입에서 자주 사용하는 방식으로, 예습 점검과 결합시킬 수 있다. 받아쓰기에는 두 가지 방식이 있는데 듣고 문장 전체를 받아쓰는 것과 듣고 나서 빈 칸에 핵심 단어/구를 적어 넣는 것이다.

    '시간 · 장소 부사어의 위치'라는 문법 항목을 가르치기 전에 먼저 학생들에게 세 문장을 들려준다. 각각의 문장을 두 번 들려주고 2분 후에 받아쓰게 한다. 성적이 좋은 학생을 앞에 나오게 해서 칠판에 적게 해도 좋다.

    我明天不上课。
    我在学校门口等你。
    我今天晚上在学校门口等你。

    듣고 받아쓰기를 한 후에 교사는 정답을 제시하고 이 문장들에서 시간, 장소를 나타내는 단어/구의 위치를 학생들이 함께 분석해 보도록 한다.

※주의할 점: 듣고 받아쓰게 하는 활동은 단어 단위로 해서는 안 된다. 한 문장의 말을 다 듣고 이해한 후에 기억해서 적도록 해야 한다. 단어 하나를 듣고 바로 받아쓰게 할 경우 학생들이 감지한 것은 한 개의 고립된 단어/구이기 때문에 문장 전체의 의미를 전혀 이해하지 못하게 되며, 문장 전체의 구조적 특징에 대해서도 감을 잡지 못하게 된다.

아래는 듣기 활동 후 핵심 단어/구를 적어 넣는 예이다.

결과보어를 가르치기 전에 학생들에게 듣고 빈칸 채우기를 하게
한다.

① 我昨天去书店买词典，可是词典卖＿＿＿了，
我没买＿＿＿＿。
② 你说得太快，我没听＿＿＿＿＿。
③ 这个汉字你写＿＿＿了。

(① 我昨天去书店买词典，可是词典卖完了，我没买到。
② 你说得太快，我没听清楚。
③ 这个汉字你写错了。)

4. 문제 제시

학생이 평소 예습을 잘하고 학습 수준 또한 높다면, 교사는 문법 포인
트를 직접 학생에게 제시할 수 있다.

교사: 大家知道今天我们要学习什么语法吗？谁知道？
학생: 可能补语。

教师: 对， 今天我们要学习可能补语。大家知道什么叫可能补
语吗？能不能说出几个例子？

学生: 吃得完，吃不完……

5. 예문 인용

‘예문 인용’이란 과의 예를 직접 인용하여 문법 항목에 도입하는 것이
다. 물론 여기에는 하나의 전제가 있다. 그것은 바로 먼저 과의 내용을 배
우고 나서 문법을 가르치는 것이다. 교사가 직접 과 안의 예시를 인용할
수 있다.

教师: 我们看课文30页， 第三行， 这里有一个句子: 房间打扫
得很干净。(칠판에 쓴다)(문제 제시)王林打扫房间了没
有？

学생: 打扫了。

教师: 对， 打扫了。刚才房间不太干净， 现在， 王林打扫了房
间， 现在房间怎么样？

学생: 很干净。

教师: 对， 所以说: 房间打扫得很干净。这里，"打扫"是一个
动词，"很干净"是补语， 是说明"打扫得怎么样"的。
(칠판에 쓴다) V + 得 + 보어

또한 학생들에게 관련 예를 찾아보도록 할 수도 있다. 정태보어의 예를 들어보자.

교사: 同学们，刚才我们学习了课文，今天的课文里有很多 "得"，请大家把有 "得" 的句子找出来，好吗？一个同学说一句。

학생들은 과의 관련 문장을 읽고 교사는 문장 안의 동보구를 칠판에 쓴다.

6. 정의

가장 직접적인 방식으로는 가르치고자 하는 문법 항목의 명칭을 소개하면서 해석하는 방식이 있다.

교사: 今天我们要学习 "把" 字句。('把'자문을 칠판에 쓴다)
　　　"把"字句的格式是这样的: S 把 O V - …… (칠판에 쓴다)
　　　例如: 我们把桌子搬出去。(한 학생에게 반복해서 읽도록 한다)
학생: 我们把桌子搬出去。
교사: (반복한다) 我们把桌子搬出去。(말하면서 이 문장의 단어/

구와 위에서 제시한 '把'자문 격식에서의 성분과의 대응 관계를 표시해보도록 한다) 언제 '把'자문을 사용해야 할까요? 만약에 우리가 '(알고 있는)이 탁자(这张桌子)'와 같은 하나의 물건에 대해 '탁자를 옮기는(搬桌子)' 일을 해야 하는 경우, 탁자를 옮긴 후에는 이 탁자가 바깥으로 위치 이동을 하는 변화가 생기게 됩니다. 이때 '把'자문을 사용해서 "把桌子搬出去"라고 표현할 수 있습니다.

7. 실제 상황

실제 물건이나 교구, 실제 상황, 멀티미디어 등을 통해 대화에서 문법 항목을 도입한다.

(교사는 그림을 제시한다)

교사: 他们现在在干什么?

학생: 打篮球。

교사: 对，他们在打篮球。

  (붉은 분필로 '在'에 표시)(교사는 또 다른 그림을 제시한다)

교사: 他在干什么?

학생: 他在打电话。

교사: 对，他在打电话。他在给朋友打电话。

　　　(붉은 분필로 '在'에 표시)

　　실제 언어환경을 운용해서 소유관계를 나타내는 'P/N的N'을 가르칠 수 있다.

교사: (학생들의 물건을 몇 개 갖다놓고, 학생들에게 묻는다)

　　　这是谁的书?

학생: 这是玛丽的书。(교사가 칠판에 쓴다)

교사: 这是谁的笔?

학생: 这是马丁的笔。

　　　(교사가 칠판에 쓴다)(교사는 붉은 분필로 '的' 자 밑에 표기

　　　한다)

• 여러분은 가르칠 때 어떤 방식으로 문법 항목을 도입합니까? 본 절에서 제
시한 방식 외에 다른 방식이 있습니까?

제3절

문법 항목의 전개와 기교

문법 항목의 전개와 기교에는 대비법, 직관법, 간결법, 돌출법, 예시법, 상황법 등이 있다.

1. 대비법

큰 차이나 특징이 있는 것은 대비를 통해 잘 드러난다. 적당한 대비는 학생들의 관심을 끌 수 있다.

중국어의 형용사술어문을 가르칠 때 학생의 모국어가 영어일 경우 중국어와 영어를 대비해 가르칠 수 있다.

She is ■ beautiful.

她 ■ 很 漂亮

학생들에게 두 문장의 차이를 관찰하도록 한 다음 이같이 설명한다. "영어에서는 형용사 앞에 'be' 동사가 있으나 중국어에는 없다. 중국어 문장에는 '很'이 있으나 영어에는 이에 상응하는 단어 'very'가 없다." 그 다음 교사는 한 단계 더 나아가 다음과 같이 설명한다. "(1) 중국어에서는 형용사가 술어로 사용될 경우 '是'를 필요로 하지 않는다. (2) 서술문에서 형용사 앞에는 대부분 수식성분이 있다. 수식성분이 없을 경우 대비의 의미를 지니기 때문이다. 여기서 '很'은 정도를 나타내는 의미는 약하기 때문에 꼭 'very'의 의미만으로 볼 수는 없다."

언어 내 대비는 중국어 내부에 있는 서로 비슷한 두 가지 표현 방식이나 혼동하기 쉬운 구조, 단어/구를 대비하는 것이다.

'有点儿'과 '比较'를 비교해 봅시다.

'有点儿'은 정도가 심하지 않음을 나타내고, 일반적으로 불쾌하거나 좋아하지 않는 일에만 사용합니다. 아래 표를 봅시다.

	有点儿	比较
贵	这儿的东西有点儿贵。	这儿的东西比较贵。
便宜	—	这儿的东西比较便宜。

'비싼 것(贵)'은 사람들이 좋아하지 않고, '싼 것(便宜)'은 사람들이 좋아합니다. '比较贵', '比较便宜'는 둘 다 표현이 가능합니다. 그러나 '有点儿便宜'라고 표현할 수는 없고 '有点儿贵'라는 표현만 가능합니다.

대비 결과는 교사가 직접 학생들에게 알려줘야 한다. 하지만 그 전에 먼저 학생들이 관찰하고 분석하고 토론해서 본인이 문제를 발견하고 해결할 수 있도록 해주는 것이 가장 좋다.

2. 직관법

초급 단계의 학생들은 중국어 수준이 낮기 때문에 규칙을 설명할 때 중국어를 지나치게 많이 사용해서는 안 된다. 그것은 듣고 이해하는 능력이 부족하기 때문이다. 따라서 직관적인 수단을 사용해서 가르치는 내용을 형상화하고 확실히 드러나게 하는 것이 중요하다. 공식이나 도표, 교구 등과 같은 형상화할 수 있는 수단의 사용은 모두가 직관적 교수법에 해당한다.

공식이나 서식을 이용하면 대부분은 규칙을 일목요연하게 만들 수 있다.

'一点儿'은 어떤 경우에 사용하고 '有点儿'은 어떤 경우에 사용할까요? 아래 3가지 조별 문장을 보세요.

(1) '有点儿' + Adj.

① 东西有点儿贵。

② 房间有点儿脏。

③ 他今天有点儿不高兴。

(2) Adj. + '(一)点儿'

④ 这件比那件贵一点儿。

⑤ 房间脏了一点儿。

⑥ 请说得慢一点儿。

(3) V. + '(一)点儿'(+ N.)

⑦ 桌子上有(一)点儿水。

⑧ 他今天买了(一)点儿菜。

⑨ 随便吃(一)点儿吧。

이 외에도 강조를 표시할 때는 '一点儿……也……'를 사용합니다.

一点儿也不贵　　　　一点儿水也没有

一点儿也不脏　　　　一点儿菜也没买

위의 예는 중급 단계에서의 문법 항목을 총정리할 때의 상황이다. 초급 단계에서는 (1)과 (2)를 비교하는 것으로 충분하다.

또 시간이나 장소를 표시하는 부사어를 가르칠 때는 다음과 같이 개괄한디.

Subj. – Time – Place – V…

'的', '地', '得'를 구별할 때도 학생들에게 다음과 같이 기억하게 한다.

> ……的 + N.
>
> ……地 + V.
>
> V./A. + 得 + C.

　　정태보어를 지닌 '比'자문을 가르칠 때도 '比b'의 위치를 말하고 나서 하나의 격식을 제시한다.

> a - V - O - V - 得 - C
>
> 　　　　　　比b
>
> (예: 他起床比我起得早。 / 他起床起得比我早。)

　　물론 격식을 제시한 후에는 예문을 열거하고 연습하는 것이 필요하다. 그림 제시는 훨씬 직관적인 방식이다.

> '的'자 구조를 가르칠 적에 교사는 칠판에 크고 작은 두 개의 컵을 그린다.
>
> 
>
>
> 그 다음에는 두 개의 그림을 가리키면서 다음과 같이 말한다.
>
> 这是大的，这是小的。大的是我的，小的是他的。

또 다른 예를 보자. 영어가 모국어인 학습자에게 방위사를 가르칠 때 방위사의 위치 설명은 어려운 점 중 하나다. 이들은 '桌子(的)上面'을 '上面的桌子'로 표현하기도 한다. 이 현상에 초점을 두고 교사는 두 개의 그림을 설계할 수 있다.

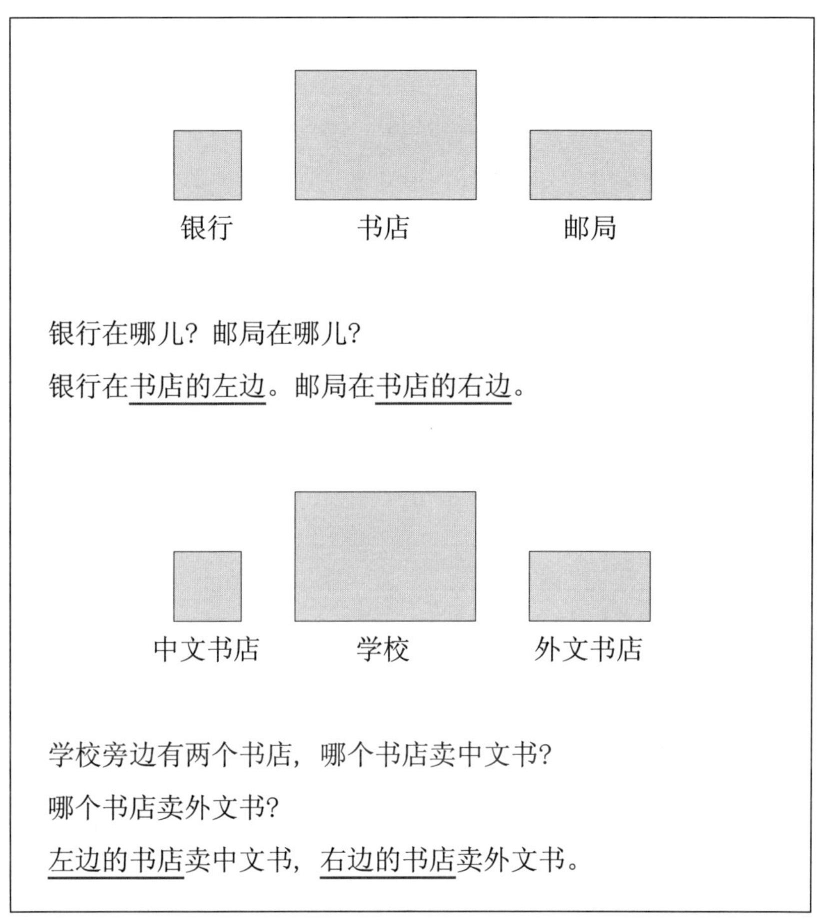

3. 암시법

　일부 내용은 상세히 설명할 필요 없이 어기와 표정을 통해서 학생들이 이해하고 받아들일 수 있으면 된다.

학생들이 처음 중국어를 배우기 시작한 첫날 혹은 그 다음 날 교사는 "休息一下"라는 교실수업 용어를 사용할 필요가 있다. 만약 어떤 세심한 학생이 '一下'가 뭘 의미하는지 물을 경우 교사는 어떻게 대답해야 할까? 이때는 중국어로 학생에게 설명하기가 어려울 것이다.
- 제스처 사용: 교사는 "现在我们休息"라고 말하면서 손을 위에서 아래로 잽싸게 흔든다. "现在我们休息一下"라고 말하면서 교사는 손을 좌에서 우로 온화하게 움직인다. 이렇게 해서 '부드러운 어기'란 의미를 학생에게 전달한다.

아래 대화에서 '对了'의 의미를 어떻게 해석해야 할까?

　　A: 那就这样吧。明天见。
　　B: 明天见。哦，对了，还有一个问题，……

학생들에게 본문의 문장을 따라 읽게 하다가 교사는 "哦，对了！" 부분을 읽을 때 머리를 탁 치면서 '갑자기 기억날 때'의 상황을 표현한다.

4. 간략법

　　학생들의 중국어 수준은 한계가 있기 때문에 문법 의미를 해석할 때는 최대한 알기 쉽게 설명해 줄 필요가 있다. 자주 사용하는 방법으로는 옛 것(배운 것)으로 새로운 것을 해석하고 추상적인 문제를 형상화하고 일반적 현상을 개별화하는 것이다.

　　'옛 것으로 새로운 것을 해석한다'는 말은 학생들의 현재 수준을 충분히 활용해서(즉, 이미 배운 문법 현상의 의미를 가지고) 새로운 문법 항목을 설명하는 것을 뜻한다.

> '能'을 배운 적이 있으면 가능보어의 의미를 '能不能'으로 표시할 수 있습니다.
> '听得懂'의 의미는 '能听懂'이고 '听不懂'의 의미는 '不能听懂'입니다. 'V得/不C'의 의미는 '能不能VC'의 의미입니다.

　　학생들은 이러한 해석 방법을 비교적 쉽게 이해한다. 물론 학생들에게는 이것이 대략적인 설명일 뿐이라는 점을 말해야 하며, 교사는 적당한 시기에 이 두 기지의 차이점을 설명해 주어아 한다.

　　추상적인 문제의 형상화란 추상적인 이치를 형상의 직관적 방식으로 표현하는 것이다.

> 비교: 热闹起来/胖起来/亮起来安静下来/瘦下来/暗下来
>
> 여기서 '起来'와 '下来'는 둘 다 '시작/계속'의 의미를 표시한다. 그

렇지만 전자는 '起来'를 사용하고 후자는 '下来'를 사용한다. 이때
교사는 칠판에 의미를 표시하는 그림을 그린다. 그러고 나서 다시
손동작을 하면서 중국인(한족)의 느낌으로 '热闹', '胖', '亮'은 '상
향'이고 '安静', '瘦', '暗'은 '하향'임을 설명한다.

↑热闹/胖/亮　　　　　↓安静/瘦/暗

일반적인 현상을 구체화한다는 것은 개별적인 예를 통해서 학생들이
격식의 일반적 의미를 깨닫도록 하는 것이다.

비교: 'V得起'와 'V得到'

교사는 여기서 '起', '到'의 일반적 의미에 대한 설명을 거치지 않고
동사를 구체화하여 구체적인 예를 통해 학생들이 '起', '到'의 일반
적 의미를 깨닫도록 한다.

교사: 如果商店里有，那么你"买得到"，如果商店里没有，你
　　　"买不到"如果你有很多钱，那么你"买得起"，如果你没
　　　有钱，你"买不起"。

이렇게 말한 후 다시 대화를 확대한다.

교사: 在中国，你吃得到泰国菜吗?有个饭店的菜非常贵，才
　　　一点点菜，要1000元，你吃得起吗?

5. 돌출법

어떤 문법 특징이나 두 문법 항목의 차이에 대해서 예시 문장의 의미를 과장하거나 차이점을 돌출하게 하여 인상을 깊게 만드는 것이다.

> '就'와 '才'의 구별에서는 의미상 비교적 극단적인 예를 들 수 있다.
> 她15岁就结婚了。
> 她50岁才结婚。
>
> '都'와 '才'의 구별에서도 마찬가지이다.
> 都凌晨2点了，可是他还没睡！
> 才晚上8点，他就已经睡觉了！

6. 예시법

예시를 들어 보여줌으로써 규칙을 강화하고 규칙의 의미를 드러낸다.

> 비교문 교수법
>
> 비교문 격식 중 하나인 'A比B P一点儿'. 교사는 격식을 칠판에 쓴 다음 한 조의 수치를 제시하면서 학생들에게 이에 상응하는 '比'자 문을 말하도록 한다.

今天	30℃		昨天	29℃
小王	60公斤		小张	56公斤

……

학생: 今天比昨天热一点儿。

小王比小张重一点儿。

……

그 다음 두 번째 'A比B P得多' 격식을 소개한다. 교사는 앞서 말해 본 수치를 바꾼다.

今天	35℃		昨天	20℃
小王	100公斤		小张	50公斤

……

학생: 今天比昨天热得多。小王比小张重得多。

……

그 다음 세 번째는 'A比B还/更 P' 격식을 소개한다. 교사는 앞서 말한 수치를 바꾼다.

今天	42℃		昨天	40℃
小王	200公斤		小张	180公斤

……

학생: 今天比昨天还热。小王比小张更重。

……

교사가 수치를 바꾸는 과정에서 학생들은 자연적으로 관련 격식의 의미를 의식하고 받아들이게 된다. 물론 여기에는 전형적인 예시를 만드는 것이 중요하다. 일정한 언어환경을 제공하거나 적당히 과장하는 것도 예시의 전형성을 높이는 방법이다.

일부 구조 규칙은 기억하기가 쉽지 않기 때문에 하나의 전형적인 문장을 설계하여 학생들이 이 전형적인 문장을 기억하도록 만드는 것이 좋다.

복잡한 관형어나 부사어의 순서를 설명하기 위해 교사는 학생들이 한두 개의 예를 기억하도록 한다.

我那条昨天刚买的漂亮的红色丝绸短裙

他立刻就机灵地在后面用力推了我一把

7. 상황적 교수법

언어환경을 접목한 교수법은 학생들이 문법 항목의 용법과 기능을 정확하게 이해하도록 도와준다. 그리고 학생들의 적극성과 분위기를 끌어내는 데 유리하다. 여기서 말하는 언어환경에는 정태적 언어환경과 동태적 언어환경, 그리고 교실 내 언어환경과 교실 외 언어환경이 있다.

교실 내 언어환경

방위사 교수법

교실 안에 있는 사람과 물품의 위치를 설명한다.

　　玛丽在格林的后面。

　　田中在玛丽的左边。

　　……

　　你带词典了吗?

　　带了。

　　在哪儿?

　　我的词典在包里。

　　……

방위사 교수법에서 마찬가지로 교실 외 언어환경을 활용할 수 있다.

방위사 교수법

학생의 집을 소개해보세요.

　　我家前面有一条河, 我家后面有一个山……

　　我家南面是一个学校, 我家北面是一个银行……

교실 외 언어환경은 주로 회상과 상상을 통해서 이루어진다. 물론 그림이나 멀티미디어를 사용할 경우 효과가 훨씬 크다. 학생들을 교실 바깥으로 데리고 가서 직접 현장에서 언어활동을 해보도록 할 수도 있다.

지금까지 말한 것은 정태적 언어환경으로, 묘사적인 것이다. 동태적 언어환경에서 교사는 동작을 표시하면서 말한다. 학생도 들으면서 말하거나 말하면서 동작을 표시한다.

'V1着V2' 격식을 가르칠 때 교사는 다음과 같이 연기할 수 있다. 교사는 손에 책 한 권을 들고 천천히 교실에 들어온다. 학생들이 교사의 손에 쥔 책에 주목하도록 한다.

교사: 我怎么走进来的?

학생: ?

교사: 我拿着书走进来的。 (교사는 책을 찻잔으로 바꾸고 천천히 움직이는 모양을 취한다)

교사: 那现在呢?

학생: 老师拿着茶杯走过来。

교사는 다시 '笑着走过来', '哭着走过来'와 같은 동작을 각각 나누어 연기한다. 그리고 학생들이 이에 해당하는 문장을 말하도록 이끈다. 그렇게 함으로써 학생들은 구체적인 언어환경을 통해서 이 격식 중의 'V1着'가 '동작 수반'이라는 문법 의미를 이해하게 된다.

학생을 참여시킬 경우 분위기는 더욱 활기를 띤다.

‘把’자문 교수법

교사는 사전에 가방을 하나 준비한다. 그 안에는 장난감 개, 신문 등이 들어 있다. 교사는 가방을 한 학생에게 건네준다.

　　교사: 把包打开。

　　　　(학생은 가방 속에 장난감 개가 들어 있음을 알고 놀란다)

　　교사: 把包里的小狗拿出来。把小狗扔给YYY。

　　　　(학생은 그 장난감 개를 YYY에게 던져 준다)

　　　　(교사는 또 다른 학생에게 묻는다)

　　교사: 刚才XXX干什么了？

　　학생(교사의 유도하에): 刚才XXX把小狗扔给YYY。

‘把’자문 교수법

- 이 절에서 제시한 방법 외에 또 다른 보완 방법이 있습니까?

제4절

문법 항목의 연습 형식

문법 항목의 연습 형식은 세 가지로 나눌 수 있다. 즉 연습 유형, 연습 방식, 연습의 구체적 실시이다.

1. 연습 유형

문법 항목의 연습은 기준에 따라 유형을 달리할 수 있다.

1) 연습 중점에 따른 분류

연습의 형식과 내용 중에 어느 것에 중점을 두느냐에 따라 기계적 연습과 반기계적인 연습으로 나눌 수 있다.

기계적 연습은 녹음을 따라서 반복하거나 어휘 교체연습을 하는 것 등을 말한다. 이러한 연습은 한정된 내용만을 가지고 학생들이 문법 항목의 구조 형식을 완전히 파악하도록 훈련하는 것을 목표로 한다. 그러나 기계적 연습을 할 때 학생들이 구조 형식의 의미를 등한시할 수 있으므로 주의해야 한다.

반기계적인 연습에는 문장 완성하기, 틀린 부분 고치기, 순서 배열하기 등이 있다. 학생이 의미를 이해하고 있다는 전제하에서 주어진 언어 자료를 일정한 형식으로 가공하는 것이다. 이 연습을 통해 문법 항목의 구조 형식을 더 확실하게 학습할 수 있다. 그러나 연습 내용은 여전히 제약이 많다 보니, 연습 단위는 대부분 언어환경을 벗어난 고립된 문장이다.

의사소통에 준하는 연습에는 역할극, 그림보고 말하기, 본문의 내용 다시 말하기 등이 있다. 학생들에게 텍스트 단위로 연습 활동을 진행하도록 한다. 그러나 내용적인 측면에서 여전히 큰 제약이 따라서 의사소통의 진실성은 다소 떨어진다.

의사소통 중심의 연습에는 프리토킹, 토론, 사회언어실천(교실 밖에서의 언어 연습) 등이 있다. 사회언어실천을 제외하고 보통의 경우 교실 안에서 사회 속의 실제 의사소통 환경을 모방하여, 텍스트 단위로 의미 있는 활동을 전개한다. 이때 내용에는 제약을 받지 않으며, 학생들은 공간을 자유롭게 가정할 수 있어서, 언어 능력뿐만 아니라 의사소통 능력까지 기를 수 있다.

2) 맞춤성에 따른 분류

문법 연습의 맞춤성에 따라 초점형 연습과 비초점형 연습으로 나눌 수 있다. 초점형 연습은 전문적으로 하나의 문법 항목 혹은 몇 개의 문법 항목에 초점을 맞추어 설계하기도 하고, 연습에서 학생들에게 반드시 어떤 문법 항목을 사용하도록 명확하게 요구하기도 한다. 비초점형 연습은 그 목적이 학생들의 문법 실력을 향상하도록 하기 위한 것이지만, 연습의 설계가 특정한 문법 항목에 초점이 맞추어진 것도 아니고 연습 과정에서 학생들에게 어떤 문법 항목을 사용하도록 명확히 규정한 것도 아니기 때문에 연습 중 혹은 연습 후에 구체적 정황에 따라 임의로 학생들의 문법적 오류를 교정해야 한다.

초점형 연습은 초급 단계에서 비교적 많이 사용하고, 비초점형 연습은 고급 단계에서 비교적 많이 사용한다. 전자는 대체로 기계적 혹은 반기계적 양식으로 나타나며, 후자는 대체로 의사소통 중심적 혹은 준 의사소통 중심적 연습으로 나타난다.

3) 다른 언어 기능과의 결합에 따른 분류

다른 언어 기능과의 결합을 통한 문법 연습에는 이해 연습과 표현 연습이 있다. 이해 연습에는 듣기와 결합된 연습, 읽기와 결합된 연습이 있고, 표현 연습에는 말하기와 결합된 연습, 쓰기와 결합된 연습이 있다. 이해 기능적 연습에는 듣기 연습과 읽기 연습이 포함되며, 표현 기능적 연습에는 말하기 연습과 쓰기 연습이 포함된다.

듣기와 관련된 문법 연습에는 듣고 고르기, 듣고 괄호 완성하기 등이 있다. 읽기와 관련된 문법 연습에는 읽은 후 괄호 넣기, 괄호 안에 형식 완성하기 등이다. 단순한 듣기 연습이나 읽기 연습과는 달리, 이러한 방식으로 문법 연습을 하는 목적은 학습자에게 자료를 입력하는 방식에 관심을 갖도록 하고, 텍스트 측면의 문법 능력을 기르도록 하기 위한 것이다.

말하기 연습에는 회화, 강연, 토론 등이 있다. 쓰기 연습은 작문이다.

여기서 말하는 말하기 연습과 쓰기 연습은 듣기/읽기와 연관성이 없는 독립적인 표현 기능적 연습일 수도 있고, 듣기/읽기의 기초 위에서 진행되는 표현 기능적 연습일 수도 있다. 말하기와 쓰기 연습은 특정한 문법 항목의 훈련에 중점을 두고 있으며, 표현 기능 활동을 통해 문법 실력을 기르고 발전시키는 데 목적이 있다.

4) 언어 자료 기반 여부에 따른 분류

입력 언어 자료의 관점에서는 입력 언어 자료에 기반한 연습과 입력 언어 자료에 의존하지 않는 연습이 있다. 입력 언어 자료에 기반한 연습이란 '들은 후 말하기', '읽은 후 말하기', '들은 후 쓰기', '읽은 후 쓰기' 등을 말한다. 입력된(듣거나 읽은) 언어 자료를 먼저 이해한 다음에 어떤 형식으로 표현해보도록 하는 연습으로, 표현 과정에서 관련된 문법 형식에 주의를 기울이고 관련된 문법 항목을 더 확실하게 파악하고 응용할 수 있다.

입력 언어 자료에 의존하지 않는 연습도 있다. 직접 학생들에게 하나의 화제와 관련해서 한 단락 정도의 말을 하거나 글을 쓰도록 하는 것이다.

2. 연습활동 모형

아래 제시한 연습모형은 교수법에서 비교적 자주 사용하는 것들이다. 이 교수법은 한 가지 표준에 따라 구분한 것이 아니기 때문에 하나의 방식에 여러 가지 기능이 있고 다양한 방식이 혼합되어 있다. 각각의 내용은 다음과 같다.

1) 교체

먼저 학생들에게 하나의 문장을 듣거나 읽도록 한다. 듣거나 읽을 때, 학생들에게 문법 격식에 특히 주의를 기울이도록 한 다음, 관련 단어/구를 제공한다. 학생들은 문장 안의 단어/구를 교체할 부분에서 단어/구를 교체하는 연습을 한다. 그렇게 함으로써 가르치고자 하는 문법 격식(고정된 부분)을 더욱 부각시킬 수 있다.

틀 안의 단어를 사용하여 밑줄 친 부분을 교체 연습하시오.

A. 你们 昨天 <u>赢</u> 了 没有?   B. 没 <u>赢</u>

   看书   看

   工作   工作

   见面   见面

위 연습 목적은 학생들이 '……了没有'의 의문 방식과 부정의 대답 '没……'를 학습하도록 하기 위한 것이다.

교체 연습의 목적은 학생들이 관련된 문법 구조를 깊이 생각하지 않아도 저절로 입에서 나오는 정도까지 숙련되도록 하기 위한 것이다. 실제적으로 교체연습을 할 때 일반적인 방법은 학생들이 책을 보면서 책에서 제공된 교체 단어/구에 따라 하나씩 말해보는 것이다. 이것은 비교적 쉬운 방식이다. 사실 교사가 구두로 교체 단어를 말해주고 학생들은 책을 보지 않고 문장을 완성하도록 해도 된다. 이렇게 하면 연습의 난이도를 높일 수 있다. 만약 반응 시간 동안 학생에게 다른 요구를 할 수 있으면 난이도는 더욱 높아질 것이다.

이 연습 방식은 학생들이 어떤 문법 구조를 숙지하는 데는 유익하지만, 학생들이 교체 연습 과정 중에 의미 파악을 등한시한 채 기계적으로 과제를 완성하는 폐단이 있다. 과다한 교체 연습은 학생들을 지루하고 피곤하게 한다. 게다가 앞뒤 문장이 부족하여 학생들이 문법 구조의 기능을 이해하는 데 도움을 주지 못한다.

2) 변환

한 형식을 다른 형식으로 바꾸는 것이다. 대표적인 변환 연습으로 문장의 어순과 관련 단어/구는 바꾸고 기타 성분은 바꾸지 않는 것이다.

아래의 '把'자문을 '被'자문으로 바꾸시오.
  ① 他把我的自行车借走了。
  ② 汽车把那位老人撞倒了。
  ③ 我把钱包忘在出租汽车上了。

이 연습은 두 형식 사이의 연관성을 제시하는 데 매우 유용하다. 그러나 두 개의 상관된 형식이 언제나 서로 연계되어 있고 구분이 있어서, 이 연습을 설계할 때는 반드시 두 형식의 변환조건에 주의해야 한다. 예를 들면 다음과 같다.

아래의 '有'자문을 '在'자문으로 바꾸시오.
① 我家前面有一个饭店。
② 桌子上有一本书

만약 사조건을 설명하지 않으면 학생들은 '一个饭店在我家前面'과 같은 비문을 말할 것이다. 이는 분명히 학생을 잘못 지도한 것이다. 사전에 '有'자문에서 '有'의 목적어는 반드시 확정적인 것이 아니어야 하고, '在'자 문에서 '在'앞의 주어는 반드시 확정적인 것이어야 한다. 그래서 '在'자문 으로 바꿀 때는 '一个'를 사용할 수 없다는 점을 강조해야 한다. 이러한 연 습은 두 형식 사이의 관련성을 나타낼 수 있을 뿐 아니라 두 형식의 차이를 제시하는 데도 매우 유용하다. 변환에 속하는 또 다른 연습으로는 문장의 어순과 핵심 단어뿐만 아니라 다른 관련 단어/구도 바꾸는 연습이 있다.

3) 선택

선택 연습은 사실 다양하다. 적합한 단어 선택, 정확한 문장 선택, 정 확한 문법 위치 선택 등이 있다.

적합한 단어/구를 선택하시오.
1. 这封信寄 ______ 哪儿去？

    A.给   B. 到   C. 在

2. 这么容易的问题 ______ 三岁的孩子也能回答。

    A.就   B. 连   C. 又

적합한 문장을 선택하시오.

    A. 我们决定，这个任务由你来完成。

    B. 我们决定，这个任务被你来完成。

    C. 我们决定，这个任务把你来完成。

괄호 안의 단어를 알맞은 위치에 두시오.

    1. 我以前不会说汉语 A，现在会 B 说 C。（了）

    2. 今天早上我没吃 A 别的，只喝 B 一杯牛奶 C。（了）

4) 빈칸에 알맞은 말 넣기

적당한 단어를 빈칸 혹은 괄호 안에 넣도록 한다.

적당한 양사 넣기

一（　）电脑	一（　）词典	一（　）自行车
一（　）朋友	一（　）地图	一（　）房间
一（　）书	一（　）录音机	一（　）衣服

빈 칸에 알맞은 말 넣기는 선택 연습과 결합하여 아래와 같이 연습할 수 있다.

다음의 단어를 사용하여 빈칸에 알맞은 말을 넣으시오.
了 / 着 / 过 / 的
    1. 他们是昨天从西安坐飞机来 ____。
    2. 这个人我以前在电视上见 ____。
    3. 房间里的灯开 ____，可是里面一个人也没有。
    4. 我学 ____ 两年汉语了。

단순한 빈칸 채우기와 비교하면 연습의 난이도는 낮다. 빈칸 채우기와 선택은 모두 구 층위, 문장 층위, 텍스트 층위 등 여러 층위에서 다루어질 수 있다. 다음은 텍스트 층위에서의 빈칸 채우기 연습이다.

近四五十年来， 中国社会发生了很大的变化， 中国姑娘选择对象的标准 ____ 发生了几次大的变化。
从五十年代到七十年代初，中国姑娘选择对象的时候，总是政治条件放在第一位。她们希望找到一个政治条件好一点的男人。 ____，结婚以后可以过上太太平平的日子。

위의 빈칸 채우기 연습은 비교적 어렵다. 이 연습을 완성할 때에는 먼저 텍스트 전체의 의미를 이해한 다음 앞뒤 문장과의 결속성과 연관성을 고려해야 하기 때문이다. 이 연습의 답안 역시 하나만 있는 것은 아니다. 위 연습 문제를 조금 바꾸어 빈칸에 넣을 수 있는 선택항목 자료를 제공해 주면 연습의 난이도는 낮아진다.

近四五十年来，中国社会发生了很大的变化，中国姑娘选
择对象的标准 __1__ 发生了几次大的变化。
从五十年代到七十年代初，中国姑娘选择对象的时候，总是
__2__ 政治条件放在第一位。她们希望找到一个政治条件好
一点的男人。__3__ ，结婚以后可以过上太太平平的日子。

    (1) A. 就　　　　B. 也　　　　C. 又　　　　D. 还

    (2) A. 对　　　　B. 给　　　　C. 把　　　　D. 从

    (3) A. 这样　　　B. 所以　　　C. 为了　　　D. 而且

5) 보충하기

'보충하기'와 '빈칸에 알맞은 말 넣기'는 서로 비슷하다. '빈칸에 알맞
은 말 넣기'는 넓은 의미에서 '보충하기'이지만 '빈칸에 알맞은 말 넣기'는
보충할 단어/구의 위치는 정해져 있지만, 보충할 내용은 정해져 있지 않
다. 그러나 보충하기는 보충할 단어/구의 위치가 전혀 정해지지 않았다
(이 점에서 '선택'과 구분된다).

선택과 같이 보충하기는 문장 층위에서 사용할 수 있고, 텍스트 층위
에서 사용할 수도 있다.

다음의 문장에서 '了'가 필요한 곳에 '了'를 넣으시오. 어떤 문장
은 '了'가 필요 없을 수도 있고, 어떤 문장은 '了'가 여러 개 필요
할 수도 있습니다.

1. 我是留学生。

2. 他常常生病。

3. 我昨天买一本词典。

4. 他现在不在家，他去朋友家。

5. 明天吃饭我们一起去看电影，怎么样?

6. 他昨天没来上课。

7. 他刚才让我给小王打一个电话。

8. 我们昨天骑自行车去参观一个工厂。

9. 我已经喝两瓶，不能再喝。

위의 내용은 문장 층위에서의 연습이다. 그러나 도대체 어떤 문장에서 '了'가 필요한지 판단하기가 어렵다. 위 문장들이 언어환경을 떠나 있기 때문이다. 학생들에게 문장이 아닌 텍스트 안에서 이 연습을 하도록 하면, 학생들은 문법 형식의 텍스트 기능과 의사소통의 가치를 더 잘 이해할 것이다. 예를 들면 아래와 같다.

아래 단문을 읽고 필요한 곳에 관련 단어/구와 조사 '了'를 넣으시오.

昨天早上我起床以后吃早饭，去图书馆借书。走进图书馆，我去找书。找到要借的书，我来到柜台。我问柜台的小姐书可以借几天，她说可以借一个星期。办完手续，我回宿舍。
[昨天早上我起床以后先吃早饭，然后就去图书馆借书。一走进图书馆，我就去找书。找到(了)要借的书，我就来到

柜台。我问柜台的小姐书可以借几天， 她说可以借一个星
期。办完了手续，我就回宿舍了。]

위의 연습은 다른 각도에서 처리할 수 있다. '필요한 성분 보충하기'
를 '불필요한 성분 삭제하기'의 방식으로 바꾸는 것이다.

아래 내용에서 필요 없는 '了'를 찾아 삭제하시오.

昨天早上我起床以后吃早饭了， 然后去图书馆借书了。走
进图书馆我就去找书了。找到了要借的书了， 我就来到柜
台去借书了。我问了柜台的小姐书可以借几天， 她说可以
借一个星期。办完了手续了，我就回宿舍了。

6) 틀린 부분 고치기

틀린 문장을 바르게 고치는 연습이다.

아래 문장에서 틀린 부분을 고치시오.

    1. 他放花儿在桌子上。

    2. 他学习汉语在北京。

    3. 明天我要见面一个朋友。

초급 단계에서는 학생들이 아직까지 정확한 문법 구조에 대한 인식이 부족하기 때문에 이 연습은 신중하게 실시해야 한다.

7) 확장

'확장'은 문장의 줄기에 가지를 덧붙이는 것이다. 이 연습은 내용적인 측면에서는 상대적으로 자유로워서 그 답안은 무한하다.

> 这是他的朋友。
>
> → 这是他的美国朋友。
> → 这是他新认识的美国朋友。
> → 这是他昨天新认识的从北京来的美国朋友。

관형어와 부사어, 보어 등을 학습할 때 이 연습은 유용하다. 이 연습을 통해 학생들은 하나의 문장이 어떻게 복잡한 문장으로 변화하는지에 대한 과정을 알 수 있다.

8) 문장 완성하기

문법 연습의 유형 중, 학생들에게 빈칸 채우기를 시키는 부분은 대부분 문장 구조에서 핵심이 되는 성분이다. 이 연습은 내용면에서 상대적으로 자유롭고 여러 가지 답안이 나올 수 있다.

문장을 완성하시오.

1. 他唱歌唱得 __________, 跳舞跳得 __________。
2. 他骑自行车骑得 __________。
3. 今天他吃得 __________。
4. 他汉语说得 __________。
5. 他今天起得 __________。

위의 내용은 정태보어를 지도하기 위한 연습이다. 이를 통해 학생들은 보어가 여러 가지 각도에서 동사와 관련된 내용을 평가하고 서술하는 기능을 가지고 있다는 것을 알게 된다.

9) 순서 배열하기

순서 배열하기는 어순과 관련된 문법 연습이다.

아래의 단어를 정확한 어순으로 연결하여 문장을 완성하시오.

1. 我家/商店/前面/是
2. 一个/院子/小/有/我家
3. 很/树/多/里/院子/有

일반적으로 제시된 단어/구가 지나치게 많아서는 안 된다. 왜냐하면 난이도가 너무 어려워져서 중점을 파악할 수 없게 되기 때문이다. 또한 앞 뒤 문장이 없어서 답안이 여러 개일 수 있다.

10) 듣고 받아쓰기

문법 연습에서 듣고 받아쓰기를 하는 주된 목적은 학습자들에게 어순과 허사 등의 형식에 주의를 기울이게 하기 위해서이다. 여기에는 구체적으로 두 가지 방법이 있다. 하나는 문장을 듣고 받아쓰는 것으로, 들은 후 문장 전부를 쓰도록 하는 것이고, 다른 하나는 한 단락씩 듣고 그 단락의 대강의 뜻을 쓰게 하는 것이다.

아래의 문장을 듣고 받아쓰시오.

1. 他唱歌唱得很好听。
2. 他跳舞跳得很优美。
3. 他起床起得很早。

이 연습의 목적은 학생들에게 'VOV得C' 구조를 지도하기 위한 것이다. 이 연습은 문법 해설 전에 도입 방식으로 사용할 수 있고, 문법 해설 후 문법 구조 강화 수단으로도 사용할 수 있다. 한 단락을 듣고 받아쓰는 것은 다음과 같다.

다음 내용을 들은 후 그 내용을 최대한 기억하여 적어보세요.

(녹음원본)

张山是我的朋友。他高高的， 胖胖的， 每天睡得很早， 起得很晚， 吃得很多。他说他以前睡得很少， 吃得很少， 所以很瘦， 现在睡得多了， 吃得多了， 所以就胖了。

위 내용 안에는 세 가지 문법 항목이 비교적 두드러지게 나타난다. 즉 형용사의 중첩, 정태보어, 변화를 나타내는 '了'이다. 학생들이 기억에 근거하여 내용을 적은 후, 교사는 듣기 대본을 학생들에게 나눠주고 대조하도록 한다. 이 연습은 표현 내용과 문법 형식을 통제할 수 있기 때문에 텍스트가 잘만 갖추어져 있으면 문법 연습의 초점에 가장 잘 맞는 교수법이다. 학습자는 연습에서 연습 목적과 연관지어 말할 수 있다.

경우에 따라서는 학생들이 원문과 비교하면서 어떤 문법 형식의 의미와 용법을 스스로 토론하도록 할 수도 있다.

11) 번역

번역 연습에는 중국어로 된 문장을 학생들의 모국어로 번역하는 것과 학생들의 모국어를 중국어로 번역하는 두 가지가 있는데, 후자의 연습 방식이 더 많다.

아래 문장을 중국어로 번역하시오.

1. She sings very well.

2. He gets up early every day.

3. You are dressed so beautifully today.

외국의 교실수업과 외국에서 사용하는 교재는 이런 유형의 연습문제를 많이 다루고 있지만 중국 내에서는 이 연습을 잘 실시하지 않는다. 교수법에 대한 생각 차이도 있지만 중국 내에서 중국어 수업을 받는 학생들이 대부분 여러 언어권에서 온 학생들이기 때문에 이 연습을 실천할 수가 없다.

번역 연습을 통제하여 운용하면 학생들이 두 언어의 대비를 통해 표현 형식과 표현 기능의 차이를 스스로 깨달을 수 있다. 그러나 번역 연습의 폐단 또한 없는 것은 아니다. 특히 두드러진 점은 일부 오류가 '번역'이 유도한 것이라는 점이다. 중국어의 일부 표현 방식은 사실 외국어로 정확하게 표현하기 매우 힘들다. 번역에 과도하게 의지하면 학생들이 중국어 사유로 표현하는 습관을 기르는 데 방해가 된다.

그러나 고급 단계의 번역 수업은 또 다르기 때문에 위에서 언급한 '번역'과는 구분되어야 한다. 고급 단계 번역 연습의 목적은 학생들이 두 언어의 형식 구조와 표현 방식의 차이를 구분하고, 번역 연습을 통해 중국어 구사 능력을 향상하는 것이다. 즉, 고급 단계의 번역 수업은 학생들의 번역 기교와 번역 능력을 기르는 것이다.

12) 사실대로 묻고 답하기

예를 들어 시간 표현 방식을 가르치면서 '중국어에서 시간 표현은 반드시 동사 앞에 두어야 한다'는 규칙을 강조한다. 그 다음 학생들이 일상생활 습관에 근거해 대답하도록 유도한다. (교사와 학생 간, 혹은 학생들 간에 대화)

다음 문제에 답하시오.

你每天几点起床?

你一般几点睡觉?

你一般几点吃晚饭?

이 질문들은 사실에 근거한 것이기에 대답이 서로 다를 수 있지만(정보의 차이가 있을 수 있다), 일부 문제는 주의해야 한다. 예를 들어, 학생에게 "我们几点上课"라고 물을 경우, 모든 학생들이 수업시간을 알고 있기에 반드시 중국어로 표현할 필요가 있는 것은 아니다. 이런 문답은 사실(일상생활)에 근거한 문답이 아니다. 교실 환경에서는 어느 정도 제약이 있기 때문에 몇몇 문법 항목의 경우는 사실대로 묻고 답하도록 설계하는 데 곤란한 경우도 있다. 게다가 이런 질문을 설계할 때는 반드시 개인의 사생활이 노출되지 않도록 주의해야 하고, 문화의 차이도 고려해야 한다.

13) 이어 말하기

    이어 말하기에는 두 가지 종류가 있다. 첫 번째는 특정 문법 항목에 초점을 두고 교사가 앞부분을 말한 후 학생이 이어서 말하도록 하는 것이다. 예를 들어, '连……也/都……'의 격식 연습은 다음과 같다.

교사: 他很忙，没有时间玩儿，没有时间休息，没有时间睡觉，——

학생: 连吃饭也没有时间。

교사: 他的记性不好，出门常常忘了带钥匙，忘了朋友的生日，有的时候甚至——

학생: 连自己家的地址也忘了。/连自己的生日也忘了。/……

    또 다른 종류는 교사 혹은 한 학생이 시작하면 나머지 학생들이 한 명에 한 구절씩 이야기를 이어간다. 사전에 그 누구도 이야기의 결말을 예측할 수 없다. 스토리가 잘 전개될지 그렇지 않을지는 참여한 학생들의 집중 정도에 달려 있다.

A: 从前有一个孩子

B: 他很聪明

C: 有一天，他在河边走

D: 这时，从河里跳上来一条龙

……

이 연습은 보통 텍스트 연습에 적용된다. 특정한 문법 항목만을 겨냥한 것이 아니다. 이 연습을 할 때는 반드시 학생들에게 앞뒤 문장의 구조적 결속성과 의미적 연관성에 주의하도록 해야 한다.

14) 그림 보고 말하기

예를 들면 아래의 세 그림을 보고 무엇을 하고 있는 것인지 말해본다.

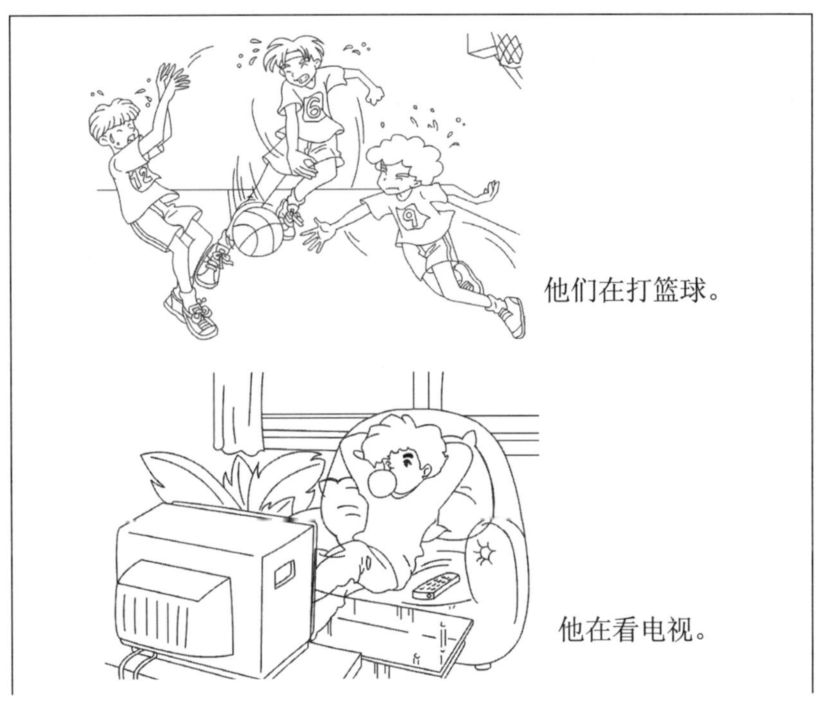

위 내용은 진행태의 표현 방식을 연습하는 것이다.

15) 문장을 연결하여 단락 만들기

텍스트 표현능력을 향상시키는 방식이다.

아래의 문장을 적당한 순서대로 연결하여 내용을 완성하세요. 연결 과정에서 몇몇 성분들은 생략할 수 있으며, 동시에 연결 기능을 하는 단어/구를 보충할 수 있습니다.

1. 为了给大女儿齐文娟选一个才貌双全的女婿，齐太尉决定在中秋节的晚上，邀请全诚的才子到家里来赏花灯。
2. 让齐文娟借这个机会选一个她满意的人。
3. 齐太尉有三个女儿，她们长得都很美。
4. 齐家一再派人去请赵旭之。
5. 赵旭之是全城最有名的人。

6. 赵旭之勉强来到齐家。

7. 赵旭之到齐家。

8. 赵旭之被齐文娟选中了。

(齐太尉有三个女儿，她们长得都很美。为了给大女儿齐文娟选一个才貌双全的女婿，齐太尉决定在中秋节的晚上，邀请全诚的才子到家里来赏花灯，同时，让齐文娟借这个机会选一个她满意的人。赵旭之是全城最有名的人。齐家一再派人去请他，他才勉强来到齐家。赵旭之一到齐家，就被齐文娟选中了。）

16) 다시 말해보기

아래의 이야기를 예로 들고 학생들에게 다시 말해보도록 지도한다.

很久以前，杭州有一个叫许仙的小伙子。有一天，许仙路过西湖，突然下起了大雨，许仙看见两位姑娘没带雨伞，就把自己的雨伞给了她们。两位姑娘被许仙的行为感动了，其中穿白衣服的那位姑娘爱上了许仙。后来两个人结了婚，生活很幸福。
有一天，许仙家来了一个老和尚，名字叫法海。法海偷偷儿地告诉许仙，他的妻子是一条白蛇变成的。许仙不相信，法海就让他在端午节那天劝妻子喝酒，看看会发生什么事。
端午节中午，许仙按照法海的话劝妻子喝酒。他妻子本来
不肯喝，但是许仙一定要她喝。妻子没办法，只喝了一杯
就说不舒服，回房间睡了。过了一会儿，许仙走进房间一
看，发现床上躺着一条白蛇。
许仙吓坏了，躲进了法海的金山寺。白蛇去金山寺要丈夫，
和法海打了起来，她不是法海的对手，最后让法海压在西
湖旁边的雷峰塔下面。这个故事后来被改编成了京剧《白
蛇传》。

(《当代中文》제3권, 华语教学出版社, 2003年)

다시 말하기는 대체적으로 두 가지 방식으로 나눌 수 있다. 하나는 어떠한 제시나 도움말도 제공하지 않고, 학생들에게 본문의 내용을 다시 말해보도록 하는 것이다. 물론 다시 말하기는 외워 말하는 것과 달리, 표현 방식이나 사용 단어/구 혹은 격식이 본문과 다소 달라도 된다. 그러나 만일 본문이 한 개 혹은 여러 개의 문법 항목에 초점을 두고 있고 언어 표현도 자연스럽다면, 다시 말하기에서는 반드시 이와 관련된 문법 표현 방식을 사용해야 한다. 예를 들어, 위의 이야기로 다시 말하기 연습을 한다면 반드시 '把'자문, '被'자문, 존현문 등을 사용해야 한다.

자주 사용하는 또 다른 방식은 학생들에게 준비할 시간 몇 분을 주고 교사가 본문 안의 핵심 단어를 칠판 위에 쓴 후 학생들에게 칠판을 보면서 본문의 내용을 다시 말해보도록 하는 것이다. 예를 들어서 위의 이야기를 다시 말하게 할 때 교사는 아래와 같은 핵심 단어/구를 제시할 수 있다.

很久以前，杭州……。有一天，许仙……，突然……，许仙
看见……，就……。两位姑娘……，其中穿白衣服的那位姑
娘……。后来……。
有一天，许仙家……。法海偷偷儿地告诉许仙……。许
仙……，法海就……。
端午节中午，许仙……。他妻子……，但是许仙……。
妻子……，只……就……。过了一会儿，许仙……，发
现……。
许仙……。白蛇……，和法海……，她……，最后……。这
个故事后来……

선택된 핵심 단어/구는 모두 기본적으로 모든 문장의 주어부에 위치
한다. 다시 말하기 방식은 앞의 방식에 비해서 엄격한 제한이 있어서 학생
들이 자유롭게 문장을 구사할 공간은 훨씬 좁아졌지만 난이도는 훨씬 쉬
워진다. 교사가 칠판에 적은 핵심 단어는 많아도 되고 적어도 되며, 학생들
의 수준과 준비 정도에 따라 달라질 수 있다. 처음에는 핵심 단어를 많이
제공했다가 학생들이 순서대로 다시 말하기를 하는 과정에서 점점 축소하
여 마지막 학생에게는 가장 적은 단어만을 제공하면 더 효과적이다.

17) 역할극

학생들에게 본문의 대화에서 역할을 정해 무대에서 역할극을 하도록
하는 것이다. 예를 들면 아래의 대화와 같다.

경찰: 怎么回事?

행인: 他撞了我。

경찰: 你骑车的时候没看到她要过马路吗?

리치: 我穿着雨衣，没看清楚。

행인: 他骑得很快，右手还拿着东西。

경찰: 你过马路的时候，没看见他骑自行车过来吗?

행인: 我打着雨伞，没看清楚。

경찰: 结果呢?

리치·행인: 我们都摔倒了。

리치: 我的自行车摔坏了。

행인: 我的眼镜摔破了。

경찰: 摔伤了没有?

행인: 不知道。背上有点儿疼。

경찰: 这样吧，（리치에게)你陪她去医院检查一下身体。检
查完以后，你陪他去修自行车。

행인: 可是，我要去上班……

리치: 我要去上课……

경찰: 那你们就——

리치·행인: 再见吧!

(《当代中文》第2册)

위 내용에서는 결과보어가 강조되고 있다. 본문을 학습한 후 학생들
은 준비 과정을 거쳐 무대에 올라 한 사람은 경찰 역할을 하고, 한 사람은
리치 역할을 하고, 한 사람은 행인 역할을 한다. 활발한 분위기의 언어환경

으로 인해 학생들은 본문의 내용을 더욱 정확하게 이해할 수 있다.

일부 교사들은 학생들에게 억지로 본문을 외우도록 하고 있으며, 외워서 발표하는 것이 외국어 학습의 기본이자 가장 중요한 방법이라고 생각하고 있다. 그러나 일률적으로 본문의 암기를 강요하면 학생들의 적극성이 떨어질 것이다. 특히 서양권 학생들은 본문을 외우는 것에 익숙하지 않다. 그래서 교사는 반드시 여러 가지 전략을 세워야 한다. 어떤 의미에서 다시 말하기와 역할극은 학생들에게 부지불식간에 본문을 외우게 하는 하나의 방편이 될 것이다.

18) 표현 모방

본문의 문법과 단어를 학습한 후 학생에게 본문과 관련된 하나의 화제를 가지고 연습(대화, 진술, 토론 등의 방식)을 하도록 한다. 아래는 한 사람을 소개하는 내용으로, 정태보어 문장을 많이 사용하고 있다. 학생들은 이 글을 모방하여 구두로 표현하는 연습을 할 수 있다.

> 아래 글을 모방하되 정태보어를 사용하여 한 친구를 소개하시오.
>
> 张山是我的朋友。他高高的, 胖胖的, 每天睡得很早, 起得很晚, 吃得很多。他说他以前睡得很少, 吃得很少, 所以很瘦, 现在吃得多了, 睡得多了, 所以就胖了。他平时穿得随随便便, 一件T恤, 一条短裤, 可是去跟女朋友约会的时候, 穿得特别漂亮。他爱骑自行车。每次都骑得特别

快，快得让人害怕。他喜欢唱歌，跳舞，不过，他唱得不太好听，跳得不太优美。他不喝酒，因为他现在还不可以喝，明年就可以了。

연습 활동에는 여러 방식이 있다. 극히 기계적인 '죽은' 연습이 있고, 융통성이 있는 '살아있는' 연습이 있다. 두 종류의 연습은 사실 모두 다 필요하다. 기계적인 연습은 기초 과정에서 실시되는데, 이러한 '죽은' 연습에만 머물러 있지 않고 점차 융통성 있는, '살아있는' 연습으로 넘어가야 한다. '살아있는' 연습이란 실제 언어환경에 맞는 연습으로, 의사소통 중심의 연습이다. 문법 교육의 최종 목표는 응용에 있다. 문법 규칙만을 기억하여, 시험에만 대비하는 것은 교육의 목표가 될 수 없다.

의사소통 중심의 연습을 통해 '把'자문을 가르치려면, 어떻게 연습을 설계하는 것이 좋을까요?
일부 교사는 '把'자문을 가르친 후 학생들에게 '把'자문을 사용하여 자기의 방을 어떻게 꾸몄는지 소개하도록 합니다. 이러한 연습은 적합하다고 봅니까?

'把'자문을 의사소통 중심의 교수법으로 설계할 때 가장 중요한 것은 '把'자문이 '처치'의 의미를 가진다는 점이다. 만약 '把'자문의 '처치'의 의미를 추상적으로 설명하여, 학생들이 그 의미를 이해하지 못한다면(설령 학생의 모국어를 사용해도), 교사들은 전형적인 상황을 제시하여 '把'자문의 '처치'의 의미를 형상화하여 직관적으로 보여주어야 한다. '처치'에는 특정한 대상, 특정한 대상에 초점에 둔 행위, 그 행위로 인해 야기된 결과라는 세 가지 요소가 포함된다. 위에서 언급한 연습 활동, 즉 '학생에게 방을 어떻게 꾸몄는지를 소개하도록 하는 것'에는 큰 결함이 있다. 이것은 정태적 묘사로, 특정 대상에 대한 '처치'에 초점을 맞춘 것은 아니다. 사실 자연적인 상태에서 이미 꾸며놓은 방을 묘사할 때에는 '把'자문을 사용할 수가 없다. '靠门放着一张床', '床边是一个衣柜…' 등과 같이 말할 뿐이다.

위 연습은 다음과 같이 바꿀 수 있다.

'把'자문은 명령문(祈使句)에서의 사용 빈도가 비교적 높다. 행위 대상과 행위 결과의 특정성 때문에 '처치'라는 문법의미를 비교적 효과적으로 구현할 수 있으며, 자연스럽게 '把'자문을 사용하는 확률을 높일 수 있다.

3. 연습 시행

교사의 입장에서 보면, 연습은 이미 만들어져 있다.

중국어 교재에 이미 연습이 제공되어 있고, 교사는 단지 학생들에게 연습을 시키면 된다. 때로 교사는 학생들에게 연습을 완성하도록 과제를 주고 수업시간에는 학생들에게 답을 알려주기만 하면 된다.

그러나 더 적극적으로, 교사는 학생들의 구체적인 특징과 학습내용 파악 정도에 따라 연습을 선별하여 학생들에 지도하고, 나아가 학생이 부족한 부분을 보충할 수 있는 연습을 하도록 해야 한다. 또 교사는 주동적이고 능동적으로 연습의 방식이나 내용을 적당히 조정하거나 바꾸거나 혹은 확장하여 전개해야 한다. 구체적인 방법은 다음과 같다.

1) 적당하게 바꾸기

예를 들면 교체 연습이 있다.

A: 你昨天<u>买</u>了什么?	B: <u>买</u> 了 <u>一些日用品</u>。
参观	参观　一个博物馆
学习	学习　第一课
吃	吃　　鸡肉和米饭

일반적인 방법은 학생들이 본문을 따라 읽는 것이다. 그러나 이 방법

은 지루하고 재미가 없어 학생들의 흥미를 유발할 수 없다. 또 학생들이 본문을 읽을 때 입으로만 읽지 진정으로 이해하지 못한다. 그래서 학생들의 흥미를 환기할 수 있도록 연습의 방식을 적당히 수정해야 한다.

먼저 학생들에게 책을 보지 못하도록 하고 칠판에 하나의 대화를 쓴다.

    A: 你昨天＿＿＿＿＿了什么?

    B: ＿＿＿＿＿了＿＿＿＿＿。

그런 다음 학생들에게 녹음을 들려 준 후 빈칸 메우기를 시킨다.

    A: 你昨天买了什么?

    B: 买了一些日用品。

학생들이 이 대화를 읽은 후, 교사는 구두로 단어/구를 제시하고, 학생들이 연습에 답하도록 한다(학생은 교과서를 보지 않고 녹음에서 나온 문장의 틀을 기억해야 하고, 교사가 제시하는 교체 항목을 분명히 들어야 한다).

    ① 参观 / 一个博物馆

    ② 学习 / 第一课

    ③ 吃 / 鸡肉和米饭

이렇게 하면 학생들의 주의를 집중시킬 수 있고, 좋은 효과를 거둘 수 있다.

2) 형식 선택

동일한 연습도 다양한 형식으로 진행할 수 있다. 예를 들면 다음과 같다.

(1) 수업시간에 연습을 할 것인지 숙제로 할 것인지
(2) 구두 숙제로 할 것인지 필기 숙제로 할 것인지
(3) 반 전체로 연습을 할 것인지 조를 나누어 할 것인지
(4) 각자 연습할 것인지 한 학생이 나와서 시범을 보이도록 할 것인지

연습이 끝난 다음에 교사는 정확한 답안을 제시해야 한다. 답안을 제시하는 방식도 매우 다양하다. 예를 들면 다음과 같다.

(1) 교사가 직접 정확한 답안을 말해준다.
(2) 학생 스스로 답을 평가하도록 한다.
(3) 학생들에게 서로 바꾸어 답안을 평가하도록 한다.

3) 연습량 조절

학생들의 상황에 따라 필요한 경우에는 보충 연습을 한다. 반대로 연습이 너무 어렵거나 너무 쉽거나, 수업 시간이 너무 부족하거나 혹은 기타 원인으로 적당하지 않으면 연습을 빼도 된다.

4) 효과적인 운용

연습 과정 역시 효과적으로 운용해야 한다.

긴 시간동안 한사람만 문제에 대답을 하면 다른 사람들은 긴장이 풀어지거나 지루할 수 있다. 학생들이 돌아가면서 연습할 기회를 주어야 한다. 여기에도 규율이 있다. 예를 들면 시계방향으로 돌아가면서 연습하거나 무작위로 실시한다.

한 학생이 대답을 마친 후 다른 학생이 중복해서 그 학생이 한 답을 말할 수 있다. 지목한 학생이 대답을 바로 못해도 조금은 기다려주어야 한다. 교사가 인내심 없이 학생이 생각하는 동안 바로 다른 사람으로 바꾸면 그 학생은 자존심이 상하게 될 것이며, 학생의 수준 향상에도 도움이 안 된다. 그렇지만 오래 기다려도 학생이 대답을 못할 경우에는 분위기가 어색해질 것이다.

연습 과정에서 한두 마디의 '사족'을 적당히 섞어 이야기하면 분위기를 조절하는 데 도움이 된다.

5) 적합한 해석

답안을 제시한 다음 만약 학생이 잘못한 부분을 발견한다면 간단명료하게 요점을 설명해주어야 한다.

• 문법 연습에서 자주 사용하는 것으로는 어떤 연습이 있습니까? 그 이유는?

마무리

　본 장에서는 문법 교육의 기본 방법을 소개하였다. 또한 문법 항목의 도입, 전개, 연습이라는 세 부분을 통해 가르치는 기교를 논의하였다.

　언어 교육은 과학이며 예술이다. 이러한 과학성과 예술성은 결국 가르치는 행위에 대한 교사의 선택에서 구현된다. 구체적인 방법과 기교는 무한하고 다양하기 때문에 교육을 실천하는 과정에서 이것을 끊임없이 보완해서 새롭게 해야 한다. 그러나 어떠한 방법과 기교든 간에 특정한 목적을 위해 있는 것이고, 특정한 원칙과 지도하에 진행하는 것이며, 특정한 대상에 따라 선택적으로 사용한다는 점을 명확히 해야 한다.

V

문법
교육에서의
상호 관계의
처리 문제

앞의 몇 장에서는 외국어로서의 중국어 문법 교육의 성질 · 목표 · 내용과 중점, 그리고 문법 교육의 원칙 · 방법 · 기교를 논의하였다. 이 장에서는 문법 교육에서의 일부 관계에 대해 심도 있게 탐구해보려 한다. 이 탐구는 문법 교육의 성질과 특징을 깊이 있게 이해하는 데 도움이 될 것이고, 어느 정도 이론적 깊이를 갖추고 문법 교육의 방법과 기교를 이해하는 데도 도움이 될 것이다.

문법 교육은 고립적인 것이 아니다. 문법 교육과 어휘 교육의 관계는 더더욱 밀접하다. 문법 교육에서 형식과 의미의 관계, 입력과 출력의 관계, 맞음과 틀림의 관계, 집중 교육과 분산 교육의 관계, 정확성 · 유창성과 복잡성의 관계, 교사와 학생 혹은 교사와 교재의 관계, 교육 기술의 응용 등등, 이 모든 것이 문법 교육에서 깊이 논의해야 할 문제들이다. 이 장에서는 앞에서 언급한 관계를 전면적으로 논의할 수도 없고 최선의 해결 방법을 제시할 수도 없다. 다만 문제 제기에 의미를 두고 더 나은 생각을 해보고자 한다.

제1절

문법 교육과 어휘 교육

언어 학습에서 보면 일부는 기억에 기반하고 일부는 규칙에 기초하며, 이 둘은 서로 보완관계에 있다. 교육의 각도에서 보면 문법 교육과 어휘 교육 역시 명확히 구분되지 않고 서로 밀접하게 관련된다. 어떤 언어 현상들은 어휘 문제로 볼 수도 있고 문법 교육의 내용으로 볼 수도 있다. 그래서 어떤 현상들은 처리하는 방식이 다르면 그 효과도 다를 수 있다.

1. 문법 교육과 어휘 교육의 관계

문법의 특징은 개괄성과 추상성이다. 일반적으로 개괄성을 이용해 학생들을 교육시키면 언어 교육의 효과를 높일 수 있다고 한다. 예를 들면, 형용사술어문의 교육은 초급 단계의 중요한 문법 교육 항목인데, 그 주요 내용은 형용사술어의 앞에 '是'를 사용하지 말 것을 강조하는 것이다(영어를 모국어로 하는 학습자를 대상으로 할 경우). 이 규율은 아주 간단해서 이해하기도 쉽고 기억하기도 좋다. 이치대로라면 이 규칙을 학생들에게 가르치면 많은 문장을 통제할 수 있어 효율이 매우 높을 것 같지만 이 것이 학습자의 습관이 되어버리면 도리어 좋지 않다. 이 규칙을 배우고 나 서도 여전히 학습자가 "她是漂亮"처럼 말하기도 한다. 가르칠 때는 실천 적 원칙을 따라서, 구체적인 형용사를 하나하나 사용하는 것에서 시작해 서 점차적으로 습관을 길러가야 한다. 즉, 처음부터 추상적인 규율을 언급 해서는 안 된다. '漂亮'을 가르칠 때, "她是很漂亮"이라고 해서는 안 되며 "她很漂亮"이라고 해야 한다고 분명히 말해야 한다. 뒤이어 '高兴'을 가 르칠 때, "我是很高兴"이라고 해서는 안 되며 "我很高兴"이라고 해야 한 다고 강조한다. 다시 '干净', '便宜' 등을 가르칠 때는 학습자들이 자연스 럽게 "房间是干净", "东西是便宜"라고 말해선 안 된다는 것을 알 것이다. 왜냐하면 학습자가 자연스럽게 '漂亮, 高兴, 干净, 便宜' 등을 같은 부 류로 귀납시킬 수 있기 때문이다. 학습자는 이처럼 범주화 능력과 유추 능 력을 지니고 있고, 이는 타고난 것이다. 어린 아이는 이렇게 모국어 문법을 습득한다. 성인의 인지능력은 더욱 강해서 이런 범주화와 유추 능력을 더 잘 운용한다. 물론 범주에는 중심적 구성원, 비일치 구성원, 주변적 구성원 이 있다.* 주변적 현상에 부딪힐 때는 오류가 생길 수도 있는데, 이때는 수 시로 자신의 가설을 조정할 필요가 있다.

형용사를 가르칠 때 늘 나타나는 "她是漂亮"이라는 오류에 맞 추어 국외의 일부 중국어 교재에서 '漂亮', '高兴' 등을 '상태 동 사(stative verb)'로 표기하고 형용사라고 부르지 않습니다. 그러나 교육 효과에서 보면 이렇게 처리한다고 해서 학생들이 똑같은 오 류를 피할 수 있는 것은 아닙니다. 이건 뭘 의미하는 것일까요?

---

* 역주: 인지문법의 원형 모델을 말한다. 예를 들어 '駝鳥'는 원형인 '鳥'와 일치하지 않는 개체로, 비일치 구성원이다. '想'은 심리동사로 원형인 동사의 주변적 구성원이다.

위의 이치대로라면 '漂亮', '高興'이라는 단어들을 상태 동사로 표시한 후 학생들은 "她是漂亮"과 같은 부류의 잘못을 범해서는 안 된다. 더 나아가 교재에서 관련 문법 설명조차도 취소할 수 있다. 이것이 동사라면 너무나 당연히 앞에 '是'를 덧붙일 필요가 없기 때문이다. 이렇게 처리하면 교육의 효율성이 크게 향상될 수 있을 것 같지만 실제 사례에서는 그렇지가 않다. 이런 교재를 사용하는 외국의 일부 중국어 교사들에 의하면 학생들이 여전히 상당 시간 "她是漂亮"이라는 문장을 말한다고 한다. 이는 언어습관이 하나하나의 구체적인 단어/구의 용법에서 쌓여지는 것임을 증명하는 사례다. 규칙의 개괄적 설명을 가지고 탐색하는 것도 필요하지만 습관을 기르기 위해서는 구체적이고 개별적인 단어에서 출발하고 구체적인 사용에서 학습하고 용법을 파악해야 한다.

외국어로서의 중국어 교육계에서는 한동안 초급 단계의 교육 중점은 문법이고, 중급 단계의 교육 중점은 어휘라는 것이 주된 관점이었다. 그러나 요 몇 년간 일부 학자들은 초급 단계의 교육에 대해 새로운 견해를 제기하였다. "초급 단계에서는 어휘 교육을 교육의 중점 내용으로 삼아야지 문법 교육을 지나치게 강조하는 것은 옳지 않으며, 더욱이 직접적으로 학생들에게 문법 규칙을 강조해서는 안 된다. 감성에서 이성으로, 개별성에서 개괄성으로, 구체적인 하나하나의 용법에서 추상적인 규칙으로 나아가야 한다"고 주장한다. 학생이 중급 단계에 도달한 후 많은 감성지식을 쌓아 어느 정도 어감이 생긴 다음에 교사는 학생들에게 문법 지식과 관련된 선택과목을 개설하여 중국어 문법에 관한 전체적인 인식을 심어준다면 더욱 효과가 있을 것이다.

어떤 단어(실사)의 용법 규율은 어휘문제이고, 어떤 부류 단어의 용법 규율은 문법 문제이다. 문법 현상으로 가르치든 어휘문제로 가르치든 간에 실용적 각도에서 보면 단지 개괄 정도의 문제일 뿐이며, 교육 방법의 각도에서 보면 귀납법 교육인지 아니면 연역법 교육인지의 문제인 것이다.

문법의 어휘화 교육(혹은, 문법 교육의 어휘화)은 문법 교육의 책략 중 하나로, 문법 현상과 문법 규칙의 교육을 어휘 교육의 방식으로 바꾸어 진행하고, 어휘 교육으로 문법 교육을 대체하고, 어휘 교육으로 문법 교육을 대동한다(吳勇毅, 2002).

문법 규칙은 본래 글자 하나하나의 용법에서 개괄해낸 것으로, 교육에서는 규칙을 구체적인 하나하나의 글자로 환원시켜도 무방하다. 문법 교육의 어휘화에 있어 그 핵심은 바로 일반성 · 개괄성의 규율을 구체화 · 개별화하는 것이다.

2. 문법 규칙의 생성과 어휘 단위의 제한성

사람들은 언어를 학습할 때 늘 고효율을 추구한다. 고효율에 다다를 수단은 바로 문법 규칙을 파악하는 것이다. 왜냐하면 문법 규칙은 생성성을 가지고 있기 때문이다. 문법 규칙을 파악하고 나면 이것으로 여러 가지를 유추할 수 있다. 'S + 把 + O + V + 결과보어'라는 격식에 익숙해지고 나면 아래의 문장을 만들어낼 수 있다.

我把酒喝完了。
我把酒喝光了。
我把酒喝干了。

그러나 문법 규칙에는 늘 조건이 따르는데, 이는 특정한 적용 범위가 있다는 말이다. 만약 조건을 보지 않고 과잉유추할 경우 '과잉일반화'가 일어난다.

我把酒喝完了。
我把酒喝光了。
我把酒喝干了。
＊ 我把酒喝醉了。

적용 범위가 좁을수록 생성 능력이 부족해지고 유추 실행성도 낮아진다.

吃食堂	＊ 吃饭店	＊ 吃餐厅
＊ 喝食堂	__________	__________
＊ 睡食堂	__________	__________

문법에서는 일반적으로 '吃食堂'을 동사 + 장소목적어로 분석한다. 그러나 여기서 사용한 목적어나 동사를 바꾸어서 유추한 구조는 절대로 받아질 수 없다는 제한성의 일면을 볼 수 있다. 그러나 구조적 제한성과 유추 불가는 바로 어휘 단위의 한 특징이 된다. 교수법에서 보면 '吃食堂'을 문법 단위로 간주하기보다는 어휘 단위로 보는 것이 낫다.

3. 문법 교육 어휘화의 몇 가지 표현

1) 교육문법 체계의 간소화

문법 교육을 통한 어휘화 처리는 문법 교육의 부담을 크게 경감시켜 교육문법 체계를 더욱 간명하게 할 수 있다.

> 교재 몇 권의 문법 항목을 비교해 보면, 어떤 교재의 문법 항목은 특별히 많고, 어떤 교재의 문법 항목은 특히 적다는 것을 발견하게 됩니다. 그건 왜 그럴까요? 그럼 문법 항목이 특별히 적은 교재는 언어 현상에 대한 처리가 부족한 것일까요?

단순하게 문법 항목의 많고 적음을 가지고 언어 현상에 대한 처리가 전면적인가 그렇지 않은가를 살펴서는 안 된다. 이는 문법 항목의 대소와 관련이 있어 똑같은 하나의 언어 현상을 어떤 교재는 하나의 문법 항목으로 삼아 처리하고 있으며, 또 어떤 교재는 몇 개의 문법 항목으로 나누어 처리하고 있다. 또 어떤 교재는 하나의 언어 현상을 문법 항목으로 처리하나 어떤 교재는 어휘문제로 처리한다.

예를 들어 '好极了', '累死了', '好得很' 등과 같은 부류를 '정도보어'로 보기도 하고, 정태보어(상태보어)에 포함시켜야 한다고 주장하기도 한다. 하지만 둘 다 처리 방식이 치밀하지 못하다. 사실 이런 부류의 보어는 많지 않아서 다 열거할 수 있다. 문법 교육에서 융통성 있게 처리해도 무방하며, 어휘표에 '……极了'·'……死了'·'……得很'을 열거하면 되기에 문법 항목으로 처리할 필요는 없다. 문법이론으로 보더라도 '……极了'

· ‘……死了’ · ‘……得很’ 등은 결코 구조 성분이 아니다.

또 다른 예는 능원동사이다. 능원동사 각각의 개별성이 공통성보다 크다. 그 공통점(동사 앞에 위치함)은 더 이상 설명이 필요 없지만 난점은 개별성이다. 어떤 능원동사, 이를 테면 ‘应该’의 경우 간단한 편이어서 번역하기만 하면 된다. ‘能’, ‘会’, ‘可以’의 용법이 비교적 복잡하고 서로 교차하기도 한다. 이 때문에 교육의 열쇠는 이 세 개의 어휘를 비교하는 데 있다. 이것은 학생들이 ‘知道’, ‘认识’, ‘熟悉’의 부류를 구별하는 것과 마찬가지로 완전히 어휘문제로 처리할 수 있다. 그럴 경우 ‘능원동사’라는 문법 항목은 취소할 수 있다. 능원동사를 ‘취소’한다는 말은 문법 체계에서 ‘능원동사’를 포함하지 않겠다는 뜻이 아니라 교수 배열에서 ‘능원동사’를 문법 교육 항목에 넣지 않겠다는 뜻이다. 즉, 문법 교육을 중시하지 않는 것이 아니라 문법 교육의 책략을 달리한다는 것이다.

2) 어휘구

언어에서 구조가 비교적 고정되어 있고 내부관계가 비교적 복잡한 격식들은 잠시 분석을 미루고 어휘 단위, 즉 ‘어휘구(Lexical phrase)’로 삼아 처리할 수 있다. 이는 실제로 ‘문법 교육의 어휘회’의 한 방법이기도 하다.

Nattinger&DeCarrico(1992)에 의하면 학습자들은 거의 이런 습득의 과정을 거치게 되는데, 이 과정에서 그들은 특정한 언어환경에서 분석을 거치지 않은 ‘미리 만든’ 틀(板块)을 대량으로 사용한다. 모국어 습득자가 최초 단계에서 습득한 것이 바로 이런 틀이다. 그들은 나중에 유사하면서도 변화가 있는 틀을 더 많이 접촉함에 따라서 점차 이런 틀이 더욱 작은 단위(단일 단어로까지)로 분석될 수 있다는 것을 의식하게 된다. 이로써 통사의 일반적인 규칙을 발견한다. 성인의 습득 규율도 이와 비슷하다.

이전의 교수법을 보면 양극단을 치닫는 것 같다. 구조법은 난이도에 따른 문법 구조의 단계별 순서를 지나치게 강조하느라 구체적인 언어환경에서의 사용을 경시하였고, 의사소통법은 언어의 의사소통 기능을 지나치게 중시하여 언어 구조 교육에서 임의성을 초래하였다. 문법의 어휘화를 통해 일부 구와 문법 격식을 어휘단위로 처리하는 것은 모순을 해결하는 한 방법이다. 어휘구라는 단위를 통해 문법 교육을 어휘화하면 구조를 중심으로 하는 교수법과 기능을 중심으로 하는 교수법 사이에서 하나의 평형점을 찾을 수 있다.

> 교재의 제1과는 하나같이 "你好"로 시작합니다. "你好"는 형용사술어문입니다. 그러나 형용사술어문이라는 이 문법 항목은 보통 제4, 5과에서 가르치게 됩니다. 학생들이 형용사술어문을 배우기도 전에 "你好"를 배울 수 있을까요?

당연히 배울 수 있다고 대답할 것이다. 어째서 '당연히 배울 수 있는 것'일까? 사실상 이것은 문법 교육 어휘화의 전형적인 예이다.

학습자가 중국어를 학습하는 첫날에 바로 "你好"를 말할 수 있고, 심지어 중국어를 정식으로 배우기 전에 이미 "你好"를 말할 수 있다. 이때 학습자 대부분은 이것을 전체로 간주해서 이 말의 기능을 "hello"와 비슷한 것으로 이해한다. 교사는 형용사술어문을 가르치지 않았다고 해서 "你好"라는 말을 회피할 수는 없고, 학생들도 형용사술어문을 배우지 않았다고 해서 "你好"라는 말을 배워 사용할 수 없는 것은 아니다.

교재 편찬에서 하나의 언어 현상을 정식으로 가르치기 전에 먼저 한 번 '시도해보는' 문제에 대해서는 관점이 서로 다르다. 어떤 학자는 학생들에게 어느 한 언어 현상을 접촉시켜 약간의 감성적 인식이 생겨나면 그때 '정식'으로 가르쳐야 한다고 주장한다. 어떤 학자는 문법 항목을 교육하기 전에 엄격하게 과의 내용을 통제하여 이 문법 현상이 나타나는 것을 피해야 한다고 여겼다. 필자는 앞의 관점에 찬성한다. 가능보어를 가르치기 전에 과의 내용에 '听得懂', '听不懂' 등이 먼저 나타나면 어휘로 보고 처리해도 무방하다고 했다. 학습자는 처음에는 그것들을 분석할 수 없는 전체로 보고 그 용법을 파악한다. 그 다음에는 아래 예시와 같은 '구조(构式)'를 조금씩 더 많이 배우면서 이들 구조가 'V得/不C'로 분석될 수 있음을 의식하기 시작하고, 더불어 이와 관련한 생성 능력이 생기게 된다. 학습자가 '결과보어의 가능식'이라는 문법 항목을 습득한 것으로 볼 수 있다.

听得见/听不见
听得清楚/听不清楚
听得明白/听不明白
……
看得见/看不见
看得清楚/看不清楚
看得明白/看不明白
……

'把'자문은 중국어에서 사용빈도가 매우 높은 격식으로, 문법 교육에서 가장 어려운 부분이다. 아마도 시작 단계에서 '把'자문의 사용을 피하기는 어려울 것이다. 문법 교육의 어휘화 원칙에 근거해 '把'자문의 교육은 우선 '把书打开'라는 한 마디부터 가르치기 시작하여 점차적으로 '把书打开' → '把X打开' → '把X打开/坏/破/倒/……'처럼 유형화할 수 있다. 일부 교사들의 교육 실험에 의하면 이러한 방식은 교수법에서 적절하고 실행 가능하다고 한다(郭鹏, 2004). 문법 교육의 어휘화의 각도에서 보면, '把X打开'가 바로 어휘구 단위의 하나이고, '把X打Y'도 어휘구 단위의 하나이다.

3) 교재 편찬에 대한 제시

교재 편찬은 문법 교육의 어휘화의 방법에 따라 다음 몇 가지 방면에서 시도해볼 수 있다.

지금 교재에서 어휘표(词语表)의 내용은 하나같이 '단어/구·병음·품사·번역'으로 되어 있다. 이런 항목들의 바탕에 새로운 단어의 관련 어구를 열거할 필요가 있다고 본다. 특히 일부 부사, 조사 등은 번역하기가 쉽지 않은데 굳이 번역해서 학습자를 잘못 이끄느니 차라리 번역을 하지 않는 것이 더 낫다. 중요한 것은 반드시 용례(구나 문장)를 제시해야 한다는 점이다.

漂亮	piàoliang	(형용사) beautiful, pretty	她很漂亮
			一个漂亮的女孩
太……了	tài … le		太贵了！太便宜了！
			这个地方太漂亮了！
就	jiù	(副词)	他十二岁就上大学了。
			八点上课，可他七点钟就来了。

일부 학습자들이 조합 관계에서 쉽게 실수하는 단어/구에 대해 그것을 동반비율이 비교적 높은 단어와 함께 두어 하나의 단위로 삼을 수 있다. '见面'과 같은 경우에 학생들이 늘 "我见面他"라고 말하는데, 만약 어휘표에 직접 '跟……见面'을 쓴다면 사후 학생들에게 "'见面'은 이합사이다"라고 말해주는 것보다 훨씬 효과적일 것이다.

의미가 비교적 공허해서 이해가 쉽지 않은 일부 단어/구는 가능하다면 먼저 구조 속에 두어 실사와 함께 나타낼 수 있다. '已经'은 '了'와의 동반비율이 비교적 높다. '已经'을 사용하지 않고 '了'만 사용한 문장에 '已经'을 보충해 강조를 나타낸다(예를 들면, 你吃了吗? 我吃了。 / 我已经吃了。). '了'의 용법을 학습하기 전에 학습자가 먼저 '已经……了'를 접촉하도록 하면 '了'의 '완성' 의미에 대한 이해에도 도움이 될 것이다.

비교적 특별한 용법의 격식은 어휘구로 나타나도 무방하다. "把X看成Y(X를 Y로 보다)"는 '把'자문이지만 결코 전형적인 '把'자문은 아니며, 의미상에서 처치를 나타내는 전형적인 '把'자구와 거리가 있다. 문법 항목의 교수법에서 '把'자문의 하위 부류로 삼아 문법 항목 안에서 교육하는 것보다 독립된 어휘단위의 하나로 처리하는 것이 낫다.

중급 단계에서 단어/구의 용법은 갈수록 복잡해져 한 개의 단어/구가 여러 의미항과 용법을 가진다. 위에서 언급한 어휘표에서 용례를 제시하는 방법으로는 감당할 수가 없다. 이때 본문 뒤에 '어휘 학습'란을 두고 약간의 상용 단어/구를 선택하여 그 용법을 설명하고 전형적인 예문을 제시해도 된다. 이 방법은 일부 중급 교재에서 이미 성공한 경험이 있으니 여기서는 더 이상 언급하지 않겠다.

- '어휘구'는 어떤 유형을 포괄합니까?

- 여기서 말하는 것은 '문법 교육의 어휘화'입니다. 그러면 '어휘 교육의 문법화'가 존재합니까?

제2절
형식과 의미

형식과 의미의 결합은 너무나 당연한 이야기인 것 같다. 그러나 교육 실천에서 이것은 언제나 복잡하고 해결하기 힘든 문제다. 하나의 문법 항목은 그 자체로 형식과 의미가 있기 때문에 가르칠 때는 문법 항목의 구조 형식뿐만 아니라 그 문법 의미도 분명하게 말해야 한다. 이것은 앞 장에서 이미 상세하게 언급했기 때문에 여기서는 좀 더 광범위한 의미에서 형식과 의미 문제를 논의하려고 한다.

1. 형식과 의미란?

평면(平面)이 다를 경우 이에 맞는 이론적 틀을 가지고 형식과 의미를 논의해야 한다. 삼개평면(三个平面) 문법관에 근거하면 '통사론·의미론·화용론'이 각각 그 형식과 의미를 가지고 있다(范晓 1996). 외국어로서의 중국어 교육의 '구조·기능·문화'가 서로 결합한 원칙으로 보면 구조는 형식이고, 기능과 문화는 의미이다. 의사소통 활동에서 언어는 형식이고, 일정한 언어환경에서의 내용은 의미이다.

> A: 这是什么？
> B: 这是书。

　　이 대화는 언어 형식상 아주 정확하며 의미도 모두 이해된다. 그러나 교실수업에서 사용하면 늘 '재미없다'는 평가를 듣는다. 이는 바로 내용이 없다는 뜻이다. 이런 대화는 확실히 실제 내용이 부족하며, 가능한 언어환경의 도움도 부족하다(가치를 지닌 어떤 언어환경을 찾아낼 수도 있겠지만 적어도 이런 언어환경을 접하기란 쉽지 않다).

어떤 사람이 "日本在中国的西面"이라고 말했다면 이는 맞는 말일까요?

　　사람들은 틀림없이 "이 말은 틀렸다"고 할 것이다. 이 말이 나타내는 내용이 틀렸기 때문이다. 사실 "이 말은 맞다"고 말할 수도 있다. 언어 형식이 완전히 정확하고 뜻도 이해할 수 있기 때문이다. 다시 말해 언어 형식으로 보면 틀렸다고 할 수 없으나, 우리가 평소에 관심을 갖는 것은 의미이지 형식이 아니므로 대부분 "이 말은 틀렸다"고 말할 것이다.

　　여기서 말하는 '형식'은 실제로는 언어를 가리키고(그 자체로 형식과 의미를 포함한다), '의미'는 실제로 언어 표현의 내용이나 언어의 '가치'를 가리킨다. 그것은 반드시 텍스트에 속하고, 특정한 언어환경을 가지고 있으므로 언어의 사용과 관련된다. 이를 '내용' 혹은 '가치'라고 표현하는 것이 더욱 정확하지만 일반 문헌이나 흔히 쓰는 표현에 따라 여기서도 '의미'

라는 술어를 채택한다. 형식과 의미의 관계란 여기서도 언어와 내용의 관계를 말한다.

이 때문에 형식에 관심을 갖는다는 것은 그 자체로 통사론, 의미론, 화용론을 포함하고 있으며, 형태소, 단어, 구, 문장, 텍스트라는 층위를 포함하고 있다.

2. focus on forms, focus on form, focus on meaning

그렇다면 우리는 실제 교육에서 형식에 더 많은 관심을 가져야 할까, 아니면 의미에 더 관심을 가져야 할까? 여기서는 우선 focus on forms, focus on form, focus on meaning이라는 세 개념에 대해 논의하겠다.*

> focus on forms, focus on form, focus on meaning의 기본 원칙은 각각 무엇입니까?

focus on forms는 초기의 종합 교육법을 가리킨다. 그 기본 원칙은 개별 언어성분의 누적식 교육이다. 현재 세계 대부분의 외국어 교육은 여전히 종합법을 사용하고, 종합성의 대강을 기초로 한다(그중에서도 구조의

---

* 역주: focus on forms, focus on form, focus on meaning을 중국어 번역에서는 '形式点焦点', '形式焦点', '意义焦点'으로 표현하였다. focus on forms는 '형식에 초점 맞추기'로, focus on meaning은 '의미에 초점 맞추기'로 번역한다. 그러나 focus on form의 경우 우리말 번역이 어려워 원어 용어를 그대로 사용하였다. forms에서 's'가 빠진 것에 불과하지만 교수 방법에 차이가 있다. focus on form에는 의사소통 중심 교수법을 담고 있다.

대강을 위주로 함). 종합법이란 바로 언어를 발음 · 어휘 · 문법 · 의미 · 기능으로 분석하는 것인데, 모든 부분이 크고 작은 단위로 구성된다. 이런 단위들은 사용 빈도와 난이도 등의 배열순서(대부분 직관에 의존)에 따라 이산(離散)의 방식으로 학습자에게 나타내고, 학습자는 이런 언어 형식 항목들의 점진적인 누적을 통해 마지막으로 전체 언어의 구조 체계를 건립함으로써 의사소통에 사용한다. 다시 말해서 '종합'이란 학습자 자신이 언어 체계를 최종적으로 종합하여 만드는 것이다. 사실 언어 현상의 교육은 이산의 방식으로 진행한다. 교수 자료와 교수 과정은 대강에 규정된 언어 항목을 제시하고 훈련하기 위함이다. 이것이 바로 focus on forms 교수법이다. 문법-번역법 · 청화법 · 침묵법 · 전신반응법 등이 모두 이 부류에 속한다.

전통적 관점에서의 언어 학습이란 바로 해당 언어의 어휘와 구조 체계를 학습하는 것이다. 목표언어를 파악하는 과정은 학습자의 목표언어의 형식 체계에 관한 지식이 점진적으로 발전하고 완전해지는 과정이다. 이 때문에 형식을 중시해야 하는 학습은 세월의 누적을 통해 하나의 체계를 구성한다. 구체적 교수 방식은 명시적일 수도 있고 비명시적일 수도 있다.

그러나 언어습득 방면의 연구 성과를 통해서도 알 수 있듯이 언어의 습득 과정은 결코 모든 개별 언어 항목(어휘 · 문법 · 의미 기능)의 점진적인 누적의 과정이 아니다. 언어의 발전은 단방향이 아니다. 게다가 어떤 언어 항목에 대한 습득도 단번에 완성되는 것이 아니라 대부분 톱니 모양이나 U자형으로 표현되며, 심지어 일시적인 퇴보 현상도 나타난다.

focus on forms 교육이 언어환경과 의사소통을 벗어나 단순하게 언어 형식만을 가르치기 때문에 학생들의 언어 사용 능력이 대부분 만족스럽지 못하다. 원인은 언어 형식면의 지식을 지나치게 중시하고 정확성을 일방적으로 강조하다보니, 실제로 언어를 사용할 기회가 부족해서 최종적으로 자동화되기가 어렵다. 게다가 단순히 형식을 중시하고 의미를 소홀히 했기 때문에 언어 학습을 무미건조하게 만들어 학생들의 적극성을 끌어내지 못하고 학습 효과도 떨어진다.

그래서 일부 연구자와 교사는 'focus on meaning'이라는 극단으로 치달았다. 그들은 "제2언어의 장악은 모국어의 장악과 마찬가지로 목표언어를 운용하여 의사소통 활동을 하면서 점차 경험을 축적하는 과정이다. 즉 의사소통 활동 과정에서의 잠재의식의 산물이다. 외국어는 습관적으로 익히는 것(acquired)이지 배워서 얻는 것(learned)이 아니다"라고 여겼다. 그들은 교육에서 분석성 대강('분석'이라는 것은 학습자가 잠재의식 속에서 입력 자료를 분석하는 것을 말한다. 그리고 입력된 자료가 바로 종합 형식이다)을 사용한다. "언어를 이산의 단위로 분석하는 것은 쓸데없는 일인 만큼 학습 목적 및 목적에 의해 결정되는 언어 행위에 따라서 대강을 만들어야 하고, 자연적이고 내용에 기반한 학습을 강조해야 한다. 언어 습득 과정에 그 자체의 규율이 있는 만큼 교사의 역할은 학습자가 그 '내재하는 대강'을 발전시키도록 돕는 것이지 그들에게 외재하는 대강을 강화하는 것이 아니다"라고 보았다. focus on meaning 교수법에는 자연 교수법 · 상황 설정 교수법 · Immersion 교수법* 등이 포함된다.

그러나 제1언어의 습득이 확실히 완전히 자각하지 못하는 상황에서 완성되는 것이라 한지라도, 제2언어 교육도 반드시 그럴 것이며, 그렇게 습득될 수밖에 없다고 입증된 것은 아니다.

첫째, 제2언어가 자연환경에서 습득될 성공률은 분명히 제1언어만 못하다는 것은 이미 많은 사실들이 증명하고 있다. 어쩌면 언어 습득은 확실히 하나의 중요한 시기가 있는지도 모른다.

둘째, 교실 교육에서 제1언어의 습득 과정을 간단하게 모방하는 것은

---

*   역주: Immersion은 외국어만 사용하는 교수법을 말한다. 중국어에서는 '沉浸法'으로 번역하였다.

불가능하다. 먼저 교육 효율 면에서 불가능하다. 대부분의 제2언어/외국어 학습자가 목표언어에 투자하는 시간은 한계가 있기 때문이다.

셋째, 많은 상황에서 언어 형식의 오류가 의사소통에 영향을 미치지 않을 때 사람들은 의사소통에서 형식의 정확성에는 거의 관심을 갖지 않는다. 더군다나 의미의 획득은 다양한 의사소통 전략에 의존할 수 있다. 제2언어 습득의 과정에서 의미, 의사소통의 성공에만 주목하고 형식에는 주목하지 않는다면 언어 교육의 근본적인 목적인 목표언어의 능력 향상은 잊어버리게 되고, 아울러 대량의 '화석화 현상'을 초래할 것이다.

최근에 서방의 제2언어 교수법 연구자들은 형식에 주목할 필요는 분명히 있지만 형식과 의미의 균형을 추구해야한다는 점을 새롭게 인식하였다. 일부 학자들은 focus on form(혹은 FonF)의 교육관을 제기하였다(Long 1991). focus on form이란 의미를 기본 초점으로 하는 활동에서 학생들이 관심 있게 언급했던 언어 형식을 알맞게 끌어들이는 것을 가리킨다. 그들은 "의미상에서의 의사소통 활동에만 초점을 둘 경우 제2언어 학습이 충분하지 않다. 총결의 활동을 거쳐 focus on form을 현행의 제2언어 의사소통 활동에 유기적으로 결합시킬 필요가 있다"고 여겼다.

3. 형식과 의미의 균형

교수 설계는 '특정 언어 형식에 맞춘 교수 활동'과 '특정 언어 형식에 맞추지 않은 교수 활동'으로 나눌 수 있다.

전자는 예견성이 있는 것으로, '사전 초점(事前焦点, proactive)'이다. 전통적 문법 교수설계는 일반적으로 모두 '사전 초점'이다. 편집한 본문 내용의 배열을 통해 가르칠 문법 항목을 부각하고 이 문법 항목과 연관된 일련의 연습을 설계하는 것이다.

후자의 형식 초점은 임의적인 것으로, '사후 초점(事后焦点, reactive)'이다. 그것은 오로지 교수 과정에서 교사와 학생 간의 상호작용, 학생과 학생 간의 상호작용(그중 한 쪽의 목표언어 수준은 높은 편이다)을 통해, 그리고 갖가지 전략을 통해 학습자가 형식에 주의하도록 하고, 교사는 실제로 나타나는 여러 문제에 맞추어 임의적인 지도를 한다. 후자는 교사에 대한 요구가 높은 편이고, 전자는 설계자에 대한 요구가 높은 편이다.

특정 언어 형식의 교수 설계(즉, 사전 초점)에 맞출 경우 형식과 의미의 결합 정도에 따라서 세 부류로 나눌 수 있다(Loschky & Bley-Vroman 1993).

첫째, 구조가 자연스러운 활동. 의사소통 활동에서 어떤 구조의 사용은 자연스럽게 자주 나타난다. 그러나 이 구조를 사용하지 않는다면 더 쉽게 이 활동을 진행할 수 있다.

둘째, 구조가 유익한 활동. 의사소통 활동에서 어떤 구조를 사용하지 않는 것도 가능하다. 그러나 이 구조를 사용하면 의사소통 활동을 더욱 쉽게 진행할 수 있다.

셋째, 구조가 필요한 활동. 의사소통 활동에서 어떤 구조는 반드시 사용해야 하는 기본적인 것이다. 그렇지 않으면 의사소통 활동은 성공할 수 없다. 이러한 활동은 설계하기가 어렵다. 여기에 해당하는 예를 보자.

[활동1]
전화로 상대방에게 커피를 마시자고 말한다. 쌍방은 전화로 시간과 장소를 정한다.

[활동2]

2인 1조로 먼저 주택의 설명도를 본다.

한 학생이 받은 임무는 이렇다. 지금 당신은 이 집으로 이사할 것이다.
이삿짐센터에서 이미 당신의 가구를 모두 옮겼다(명세서를 본다).
당신은 짐꾼들을 지휘해서 가구들을 적합한 장소에 두도록 한다.
다른 학생 1명은 지령에 따라 가구를 안전하게 둘 위치를 평면도에
그린다.

[활동3]

책 · 지도 · 신문 · 잡지 · 필기구 등을 꺼내 보여준 후 학생에게 뒤
돌아서게 한다. 교사는 상술한 물건들을 서로 다른 곳(가방 속, 교
과서 아래, 오른쪽의 책상 위, 의자 위, 호주머니 안 같은 곳)에 숨긴
후 학생에게 이 물건들이 어디에 있는지를 맞춰보게 한다.

첫 번째 활동을 완성할 때 학생은 '시간부사어 + 동사'의 구조를 사용
할 것이다. 영어가 모국어인 학생은 이 활동이 '동사 + 시간부사어'의 실수
를 교정하는 데 도움이 된다. 그러나 학생은 '시간부사어 + 동사' 구조를
반드시 사용하는 것만은 아니다. 학생들은 이렇게 말할 수 있다. "我们去
喝咖啡好吗?", "好。现在吗?", "不， 晚上", "几点钟?", "六点钟", "在哪
儿?"……. 이런 대화도 지극히 정상적이다. '시간부사어 + 동사'라는 이런
완전한 구조를 사용하는 것이 자연스럽지만 형식을 생략하는 방법을 사용
하는 것도 가능하다. 이것이 '구조가 자연스러운 활동'이다.

두 번째 활동 중에 가구가 이미 확정되고 아울러 눈앞에 있기 때문에
'지휘자'는 '把'자문을 사용하기에 가장 좋다. 물론 '把'자문을 사용하지 않

는 것도 가능하지만 여기서는 '把'자문을 사용하는 것이 가장 간결하고 자연스럽다. 이것이 '구조가 유익한 활동'이다.

세 번째 활동 중에 학생은 '명사 + 방위사' 구조를 사용하지 않을 수 없다. 이 때문에 '명사 + 방위사' 구조의 연습이라는 이 목적으로 보면 이 것은 '구조가 필요한 활동'이다.

> 본문의 언어 일부가 자연스럽지 못하거나 실생활과 거리가 먼 교재가 많습니다. 이런 본문이 만들어지는 이유는 대부분이 저자가 온갖 지혜를 짜내어 사전에 계획했던 구조 형식을 본문 내용에 편집해 넣고 싶기 때문입니다. 또한 저자가 본문에서 어떤 구조 형식이 아직 충분히 부각되지 못했다고 여겨 온갖 방법으로 재현, 강화하려 하기 때문입니다. 따라서 부자연스럽고 실생활을 반영하지 않은 언어가 본문에 나타날 수밖에 없습니다.

문법 구조 대강으로 엮은 전통적인 교재는 본문이 언제나 어떤 하나 혹은 몇 가지 문법 교수 중점에 초점을 맞춘 것이다. 이런 맞춤식을 구현하고 교수 중점을 강조하기 위해서 저자는 온갖 방법을 짜내어 이에 상응하는 문장을 본문 속에 만들어 넣어야 한다. 그러다 보면 본문의 언어가 실생활과는 거리가 멀게 될 때도 있다.

> 메리: 哦，是大卫，有什么事吗?
> 데이비드: 我想借本词典，行吗?
> 메리: 行，你要借什么词典?
> 데이비드: 英汉词典。

메리: 在书架上放着，你自己拿吧。

데이비드: 书架上没放着英汉词典。

메리: 没放着?哦，对了，在床上放着呢，你瞧。

데이비드: 床上还放着一本汉英词典，能不能也借我用一下?

메리: 怎么，你两本都要借?

데이비드: 是的，我要写一篇文章。

메리: 你自己的词典呢?

데이비드: 玲子用着呢。她正在翻译一篇文章。

메리: 你什么时候换给我?

데이비드: 下星期一，行不行?

메리: 行。大卫，你看墙上挂着的那张照片拍得怎么样?

데이비드: 拍得好极了。这张照片什么时候拍的?

메리: 十年以前。

데이비드: 站着的那个小女孩是谁?

메리: 我妹妹。你说，坐着的那个呢?

데이비드: 那还用说，当然是你玛丽小姐了。

경험이 있는 교사는 위의 본문이 '着'의 교육을 위해 편집한 것임을 한눈에 알아볼 수 있다. 편집자는 의식적으로 동작의 진행이나 상태의 지속을 나타내는 '着'가 들어간 문장을 많이 사용했다. 어떤 문장들은 '교실 언어'라는 의심을 피하기 어렵다.

실제 교육에서 가능한 한 필요한 구조나 구조에 도움이 되는 본문 내용과 연습을 설계해야 구조가 자연스럽다. 구조를 억지로 본문 내용에 끼워 넣어서는 안 된다.

교육의 실시 과정에는 의미와 형식이 언제나 유기적으로 결합되어 진행되는 것이 있고, 형식이 먼저고 의미가 나중인 방법이 있다. 전자는 전체 패턴이라고 부를 수 있고, 후자는 순서 패턴이라고 부를 수 있다. '사전 초점'은 순서 패턴을 통해 실현할 수도 있고, 전체 패턴을 통해 실현할 수도 있다. '사후 초점'은 반드시 전체 패턴과 상응해야 한다.

상호작용 과정에서 학생들이 상황에 맞게 언어 형식에 주의하도록 하기 위해서는 어떻게 해야 할까요? 일반적으로 어떤 방식이 있습니까?

상호작용(interaction) 및 상호작용 중의 의미협상(negotiation for meaning), 그리고 과제 후의 피드백은 전체 패턴을 실현하는 주요 절차이다. 다음은 상호작용 과정에서 학습자에게 형식에 주의하도록 하는 흔한 방식이다.

① 이해할 수 없음을 표시하여 다시 대답하게 한다.
　학생: 我昨年来了。
　교사: 啊?
　학생: 去年，我去年……。

② 분명히 표현하도록 유도한다.
　학생: 我不买火车票。
　교사: 你没买，还是不打算买?
　학생: 哦……我没买。我明天买。

③ 반복 서술(recast)

　학생: 我去北京明天。

　교사: 哦，你明天去北京。

④ 제시('문법 언어' 수단을 사용함)

　학생: 我去北京明天。

　교사: 先说 "明天"，"我明天去北京"。注意：时间要放在动词
　　　前面。

이 수단들은 모두 간단명료하여, 의사소통 활동에 영향을 주지 않고 학생들이 의미에 주의하도록 하는 것을 전제로 한다. 이들 의미의 상호작용 과정에서 학생들의 목표언어 체계는 점차 자리를 잡아간다.

- 교수법 발전의 관점에서 형식과 의미의 지위 및 상호작용은 어떤 발전과정을 거쳤습니까?

- 어떤 문법 항목에 맞춘 교육목표에는 자연스러운 활동, 구조가 유익한 활동, 구조가 필요한 활동이 각각 설계되어 있어야 한다.

제3절
입력과 출력 및 상호작용

　　언어습득에 있어 입력과 출력의 역할과 언어 교육에서의 의미는 학계에서 줄곧 중점적으로 논의해온 문제이다.

1. 입력과 출력

1) 입력과 출력

　　입력(input, 언어 자료)과 출력(output, 언어 산출물)의 개념은 이해와 표현과는 다르다. 전자는 언어습득 과정으로 말한 것이고, 후자는 언어의 의사소통 기능으로 말한 것이다. 이 때문에 양자는 결코 완전히 같지 않다. 이해 능력과 표현 능력을 입력 능력과 출력 능력이라고 말할 수는 없다. 언어 교육에서 입력은 학습자가 접촉했던 제2언어를 가리키는 것으로, 실생활의 의사소통 중에 접촉했을 수도 있고, 교실에서 언어 교육을 위해 의식적으로 만들어졌을 수도 있다. 학습자에게 입력한 내용이 모두 학습자에게 이해되는 것은 아니다. 마찬가지로 학습자에게 언어 출력을 하도록 촉진하는 목적은 그 언어 능력을 발전시키기 위한 것으로 출력한 내용이 모두 학습자가 정말로 표현하고 싶은 것이 아닐 수도 있다.

2) Krashen의 입력 가설

Krashen(1981, 1985)은 제2언어 능력을 발전시키는 가장 중요한 요소가 바로 입력이라고 여겼다. Krashen의 입력 가설에 근거하면 학습자가 이해 가능한 입력에 직면했을 때 바로 언어 습득이 일어난다는 것이다. 여기서 이해 가능한 입력이란 학습자의 현재 언어 능력보다는 바로 한 단계 위의 입력으로서, 학습자가 어떤 특정 상황의 맥락이나 기타 배경지식을 동원하여 자신의 현재 언어 능력으로 충분히 이해할 수 있는 정도의 외국어 지식을 의미한다. Krashen은 그것을 $i + 1$로 개괄하였다.[*]

사실상 경험 많은 교사들은 '풀쩍 뛰어 사과를 따는' 이치를 잘 알고 있다. 다시 말해서 교수 내용에는 어느 정도의 도전 정신도 있어야 하고, 목표를 지나치게 높게 정해서도 안 된다. 따려는 '사과'가 뛰어서 손이 닿을 수 있는 높이에 있어야 가장 이상적인 교육 효과를 얻을 수 있다. 이 점에서 Krashen의 가설이 옳다는 것은 의심할 여지가 없다. 그러나 문제는 Krashen이 '$i + 1$' 속의 i와 1을 어떻게 측량할 수 있는지는 알려주지 않았다는 것이다.[**]

---

[*] 역주: 여기서 i는 학습자가 갖고 있는 현재의 학습능력을 의미한다.

[**] 역주: 입력 가설은 여러 가지 측면에서 많은 학자들의 비판을 받았다. 예를 들어 'i'나 '$i + 1$'의 개념이 불분명하다는 것이다. 학습자의 수준을 정확하게 판단한다는 것도 불가능하고, 그것보다 한 단계 위의 입력이라는 것이 무엇인지 애매모호할 수도 있다는 것이다(홍종배, 《영어교수법》, 2006에서 인용).

여기서 몇 가지 개념을 구별할 필요가 있다. 즉 이해 가능한 입력(comprehensible input), 이해된 입력(comprehended input), 흡수(intake)라는 개념이다. 이해 가능한 입력이 학습자가 입력 내용을 이해할 수 있다는 가능성만을 가진 것이라면, 이해된 입력이야말로 현실성이다. 가능성은 현실성과 같지 않다. 게다가 설사 입력의 내용이 확실히 학습자에게 이해되었다 하더라도 학습자가 이런 내용을 담는 언어 형식을 충분히 흡수할 수 있는지 여부는 여전히 미지수이다.

이 때문에 교사의 입장에서는 주의력을 입력에만 두는 것으로는 부족하다. 학생들은 입력하는 대로 파악하고, 입력한 만큼 흡수하며, 입력이 없으면 분명 그에 상응하는 출력이 없을 것이라고 본다면, 이는 사람의 두뇌를 완전히 컴퓨터와 동일시하여 사람의 인지 요소와 정감 요소를 무시한 것이다. 사실 학생이 어떤 언어 현상을 습득했는지 못했는지는 학습자가 이에 상응하는 형식에 주의했는지 못했는지, 그 용법을 연습할 충분한 기회가 있었는지 없었는지, 그리고 최종적으로 이런 용법들을 기억했는지 못했는지, 이런 모든 것과 밀접한 관계가 있다. 일부 현상들은 입력되었다고는 하나 학습자에게 경시되었거나 '여과'되었거나 잊혔을 것이다. 반대로 일부 현상들은 입력된 적은 없으나 학습자가 유추, 가설 등을 통해 창조해낼 수 있다.

3) Swain의 출력가설

Krashen의 입력가설에 대응하여 Swain은 출력가설을 제기하였다. Swain(1985)의 관점에 근거하면, 입력의 과정에서 사람들은 종종 의미의 이해에만 관심을 가지며, 의식적으로 표현의 형식 면에 관심을 갖는 경우는 매우 적다고 한다. 출력 과정을 통해야만 학습자들이 단순한 의미 면의 처리에서 언어 형식 면의 처리로 나아가도록 재촉할 수 있다.

사람들은 종종 다음과 같은 경험을 한다. 상대방의 말을 이해했지만 만약 어떤 사람이 여러분에게 한 글자도 틀리지 않고 상대방의 말을 반복하도록 요구한다면 곤란할 것이다. 사람들이 들을 때는 통상적으로 상대방의 담화 내용을 이해하는 데 주의력을 집중하기 때문이다. 사전에 고지된 것이 아닌 이상, 들은 말을 반복하도록 요청받았을 경우 여러분은 들을 때 의미에만 관심을 쏟지 않고 부분적이나마 주의력을 언어 형식에 두게 될 것이다.

이런 경험도 있을 것이다. 여러분이 외국 친구가 보낸 영문 편지 한 통을 읽고, 그 편지의 뜻도 완전히 이해하였다. 그리고 며칠 후에 그 내용과 비슷한 영문 편지를 한 통 발송하기 위해 바로 며칠 전 그 영문 우편물에서 보았던 표현법을 사용하고 싶었다. 하지만 지금 아무리 생각해도 생각이 나지 않는다면 그 당시에 그 표현법을 노트에 기록해 두지 않은 것을 무척 후회할 것이다. 그것은 그 당시 주의력을 편지 내용을 이해하는 데만 집중했기 때문이다.

그래서 하나의 언어를 학습하려면 단지 피동적으로 입력을 받아들이는 것만으로는 충분치 않다. 학습자는 반드시 입력된 자료를 의미 있게 운용해야 한다.

언어습득을 촉진시키는 출력 작용은 다음 세 가지로 개괄할 수 있다.

첫째, 출력은 학습자가 의사소통의 필요성 때문에 새로운 언어 형식을 시도하도록 만든다. 그럼으로써 어떤 표현 형식이 유효하고 무효한 것인지, 그리고 부족한 것인지를 추측할 수 있다.

둘째, 출력은 학습자가 짝이나 자신보다 수준이 높은 사람에게 새로운 것을 배우도록 하고, 학습자가 자각적으로 관련 언어의 형식 문제를 토론하도록 만든다. 이로 인해 중간언어의 발전을 촉진시킨다.

셋째, 출력은 학습자가 자신의 언어 수준과 필요한 표현 사이의 격차를 깨닫고 의식적으로 자신의 언어 수준을 높이고 보완하도록 만든다.

2. '강화식' 입력

'강화식(加强式)' 입력은 바로 입력 과정 중에 학습자가 언어의 형식적인 면에 관심을 갖게 하는 것이다.

대량 입력, 즉 'input flood'는 고품질의 출력을 보장하는 중요한 요소이다. 그것은 입력에서 어떤 언어 현상의 빈도가 높을수록 학습자의 주의를 끄는 효과도 뛰어나다는 데 근거한다. 이 때문에 본문을 엮을 때 저자는 본문에서 교육의 중점이 되는 언어 현상을 애써 두드러지게 한다. 다음 대화 내용을 살펴보자.

> 경찰: 怎么回事?
>
> 행인: 他撞了我。
>
> 경찰: 你骑车的时候没看到她要过马路吗?
>
> 리치: 我穿着雨衣，没看清楚。
>
> 행인: 他骑得很快，右手还拿着东西。
>
> 경찰: 你过马路的时候，没看见他骑自行车过来吗?
>
> 행인: 我打着雨伞，没看清楚。
>
> 경찰: 结果呢?

리치 · 행인: 我们都摔倒了。

리치: 我的自行车摔坏了。

행인: 我的眼镜摔破了。

경찰: 摔伤了没有?

행인: 不知道。背上有点儿疼。

경찰: 这样吧, (리치에게)你陪她去医院检查一下身体。

　　　(보행자에게)检查完以后，你陪他去修自行车。

행인: 可是，我要去上班……

리치: 我要去上课……

경찰: 那你们就……

리치 · 행인: 再见吧!

(《当代中文》제2권，吴中伟 主编，华语教学出版社，2003년)

분명 이 본문은 결과보어를 가르치기 위해 만든 것이다. 결과보어를 포함하고 있는 문장을 많이 사용하고 있는 걸 봐서 저자가 결과보어라는 문법 현상을 두드러지게 하려고 고심했음을 알 수 있다.

일부 학자들은 단지 대량의 입력(Input flood)만으로는 부족하니 '강화식' 입력(input enhancement)'을 수반할 필요가 있다고 한다. 바로 약간의 기술적 처리를 통해 언어 형식에서의 특징을 더욱 두드러지게 하는 것이다. 예를 들면, 인쇄된 글자체, 글자의 번호, 색깔 등을 하나의 글로 취급하는 것이다. 위 본문 속의 모든 '동사 + 결과보어'구도 글자를 짙게 표시할 수 있다.

경찰: 怎么回事?

행인: 他撞了我。

경찰: 你骑车的时候没**看到**她要过马路吗?

리치: **我穿着雨衣, 没看清楚。**

행인: 他骑得很快, 右手还拿着东西。

경찰: 你过马路的时候, 没**看见**他骑自行车过来吗?

행인: 我打着雨伞, 没**看清楚**。

경찰: 结果呢?

리치 · 행인: 我们都**摔倒**了。

리치: 我的自行车**摔坏**了。

행인: 我的眼镜**摔破**了。

경찰: **摔伤**了没有?

행인: 不知道。背上有点儿疼。

경찰: 这样吧, (리치에게) 你陪她去医院检查一下身体。

　　　(행인에게)**检查完**以后, 你陪他去修自行车。

행인: 可是, 我要去上班……

리치: 我要去上课……

경찰: 那你们就……

리치 · 행인: 再见吧!

약간의 허사들은 실제적인 뜻이 없기 때문에 이해할 때 무시되곤 한다. 이때 '강화식' 입력은 특별한 의미가 있는 것처럼 보인다.

　　我昨天来的。

‘的’를 없애도 문장의 의미를 이해하는 데는 조금도 영향을 주지 않을 것이다. 만약 내용 이해만을 위해서라면 ‘的’의 존재를 무시해도 된다. 하지만 만약 제공한 언어 자료가 학생들의 언어 습득을 촉진시키기 위해서라면 학생들이 ‘的’의 존재에 주의하도록 깨우쳐줄 필요가 있다. 이런 이유로 이곳의 ‘的’ 글자를 짙게 표시해야 한다.

我昨天来**的**。

이 밖에 형식상의 오해를 둘러싸고 생기는 이야깃거리도 매우 좋은 자료이다.

3. 상호작용

교수법에서 통상적인 방법으로는 먼저 ‘입력’하고 나중에 ‘출력’하는 것이다. 쉽게 말해서 먼저 ‘입 안에 넣고’ 나중에 ‘토해내는’ 것이다. 통상적인 교수 패턴은 먼저 어휘와 문법을 가르친 후 본문을 가르치는 것으로, 따라 읽기와 해석 등을 포함한 것이 바로 입력의 과정이다. 이렇게 한 다음 학생들에게 본문 낭독이나 연습 등을 요구한다. 이어서 학생들에게 본문 다시 말하기, 그리고 본문 내용을 기초로 한 역할 연기, 개인 진술, 웅변 등을 하게 한다. 출력 단계에 진입한 것이다. 학생들의 출력이 기본적으로 정확하다면 교사는 입력 내용이 이미 학습자에 의해 파악되어 ‘소화’되었다고 본다. 성과가 나타나면 다음 과로 넘어간다.

입력과 출력을 기계적으로 이해하여 이 두 단계를 확연히 대립시킨다면 가르칠 단원의 앞 단계는 모두 교사가 강의하고 뒤 단계는 학생이 연습하는 현상을 만들게 될 것이다. 외국어로서의 중국어 교육사에서 한때 교과과정을 강의과목과 연습과목으로 나눈 교수설계가 있었는데, 어느 정도 이런 사고방식이 반영된 것으로 볼 수 있다.

사실 입력과 출력은 결코 칼로 자르듯 두 단계로 나누어지는 것이 아니기 때문에 입력과 출력은 합쳐질 수 있다고 생각한다. 이 두 가지가 결합된 입각점이 바로 상호작용인 것이다. 입력과 출력은 상호작용 과정에서 변화하여 통일을 이룬다.

Long(1985)은 Krashen의 '입력 가설(The Input Hypothesis)'을 기반으로 해서 '상호작용 가설(The Interaction Hypothesis)'을 제기하였다. 그는 상호작용식 입력은 비상호작용식 입력보다 더 중요하고, 상호작용에서 입력이 가장 쉽게 흡수된다고 여겼다. 언어 발전에서 지극히 중요한 일환은 학습자와 다른 화자의 상호작용이며, 특히 학습자보다 수준이 높은 화자와의 상호작용 및 일부 서면텍스트와의 상호작용이다. 상호작용에서 생기는 '의미 협상(negotiation for meaning)'은 특히 중요하다. 이로 인해 생기는 회화구조의 상호작용은 학습자가 새로운 언어 현상을 접할 수 있도록 해주고, 입력의 이해 가능한 정도를 향상시키고, 더불어 목표언어의 형식과 기능 관계에 관한 중요한 정보도 제공한다.

다음에는 문법 항목의 하나인 '비교법'을 예로 삼아 교사가 사용할 수 있는 두 가지 방식을 비교해보자.

[방식 A]
1. 단어/구 학습
2. 본문 학습(본문의 내용은 상해와 북경의 사계절 기후 비교이다)

3. 교사: 昨天我们学习了课文，知道了上海和北京的天气
　　　　有什么不一样。有什么不一样呢? 大家能说一下
　　　　吗? (학생들은 본문의 관련 문장들을 말한다. 교사는
　　　　이 문장들을 칠판에 쓴다)

4. 교사는 그중의 격식을 설명한다. ……

5. 교사는 학생들이 격식에 맞게 문제에 대답하고 문장을 짓도
　　록 한다.

6. 교사는 학생들에게 5분 후에 고향의 날씨가 현지와 무엇이
　　다른지를 비교하는 내용을 발표하도록 준비시킨다.

[방식 B]

어느 겨울날 오전에 교사와 학생이 날씨에 관해 이야기한다.

　　……

　　교사: 你家乡冬天冷吗?

　　학생: 我家乡冷 than here.

　　교사: 我家乡比这儿冷。(比 bi, than를 칠판에 쓴다)

　　학생: (학생은 매우 유용하다고 생각한 단어를 배워서 즐거워
　　　　하며)
　　　　哦, "比"……, 呃, 我家乡冷比这儿。

　　교사: 啊, 你家乡比这儿冷。那么, 夏天呢?

　　학생: 夏天, 我家乡凉快比这儿 ——

　　교사: 比这儿凉快。

　　학생: 比这儿凉快。

　　교사: 大概多少度?

　　학생: 大概20度。

교사: 真凉快。这儿夏天的最高温度有35度呢。

학생: (놀라며) 啊!

교사: 所以，你家乡的夏天比这儿凉快，凉快多了——

　　　much cooler, 对吗?

학생: 对对，凉快 —— 凉快多了。

(교사는 '……多了'를 칠판에 쓴다)

방식 A는 선 입력 후 출력으로, 단어/구와 본문 학습이 입력 단계이다. 학생들에게 두 지역의 날씨를 비교하도록 한 것이 출력 단계이다. 입력과 출력이라는 두 단계가 비교적 명확하다. 그러나 방식 B는 입력과 출력을 하나로 융합한 것이다. 이것은 상호작용의 과정인데, 상호작용 과정에는 '입력'도 있고 '흡수'도 있고 '출력'도 있다. 출력 과정에서 입력하고 출력의 필요에 따라 입력 내용을 선택하고, 상호작용에서 '입력-이해-흡수-출력'을 실현한다. 이로써 교수 내용에 대한 습득이 실현되면서 교사와 학생이 하나가 되고, 학생들은 적극적인 능동성과 참여성을 갖게 된다.

• 입력과 출력의 관계를 어떻게 이해합니까?

• 교실에서 교사와 학생의 상호작용을 어떻게 강화할 것입니까? 학생과 학생의 상호작용은 습득에 어떤 의미가 있습니까?

제4절
집중과 분산

한 문법 항목의 다른 측면이나 서로 관련되는 몇 개의 문법 항목을 한 과나 한 단계에 모아서 가르칠 것인가, 아니면 몇 개 과나 몇 단계로 분산시켜 가르칠 것인가? 이것이 바로 집중 교육과 분산 교육의 문제이다.

1. 집중 교육과 분산 교육

총체적으로 말해서 필자는 폭풍과 폭우 같은 방식의 문법 교육을 반대하고, 따스한 바람과 보슬비 같은 방식의 문법 교육을 주장한다. 이것이 문법 항목을 세분할수록 좋음을 의미하는 것은 아니지만, 구체적인 어떤 문법 항목을 가지고 말할 때 집중이냐, 분산이냐는 논의할 필요성이 있다.

하나는 집중 대비의 방식이다. '了1'의 교수 방법을 보자.

‘了1’을 가르칠 때는 처음부터 세 문장을 제시합니다.

(1) 看，汽车来了。
(2) 昨天我买了一辆自行车。
(3) 明天吃了晚饭来一下我的办公室。

이렇게 배치하는 목적은 학생들에게 처음부터 바로 ‘了’는 과거시태의 표지가 아니라 완성을 표시한다는 것을 명확히 해두기 위해서다. (1)은 현재 시간이고, (2)는 과거 시간이고, (3)은 미래 시간이다.

‘的’, ‘地’, ‘得’의 교수법은 다음과 같다.

‘的’, ‘地’, ‘得’의 순서에 따라 교재에서 몇 과에 걸쳐 연속으로 다 가르치고, 그 다음 한번에 복습하도록 배치하여 세 가지 de를 구별하는 연습을 설계한다.

제1과: 관형어와 ‘的’
제2과: 부사어와 ‘地’
제3과: 정태보어와 ‘得’
제4과: 총괄. de의 세 가지 용법 비교

대부분 대비를 통해 사물의 특징을 인지하기 때문에 학생들은 의식적인 대비를 통해 세 가지 de의 용법 차이에 대해 강한 느낌을 갖게 된다.

다른 한 종류는 하나의 단계를 구축하고 나서 그 다음 단계로 진입하는 점진적 학습 방식이다. 마찬가지로 위에서 제시한 '了1'의 교수 방법이다.

> 세 과와 두 단계로 나누고 차례로 상술한 '了1'을 가진 세 가지 문장을 제시한다. 제1단계에서는 (1), (2)의 '了1'만 가르치고 두 과로 나누어 배치한다. 한 학기가 지난 다음에 (3)의 '了1'을 가르친다.

이렇게 처리하는 이유는 세 번째 용법의 난이도가 비교적 높은데다가, 만약 함께 묶어 가르친다면 학생들은 아래 '了'의 두 가지 위치에 곤혹스러워 할 것이기 때문이다.

① 昨天我们去参观了一个农民家庭。
② 昨天我们看了电影就回家了。

문장 ①에 맞추어 교사는 학생들에게 "만약 두 개의 동사 V_1, V_2가 있다면 '了'는 두 번째 동사 뒤에 둔다"라고 말할 것이다. 그러나 이 말이 아직 귓가에 맴도는데 문장 ②에서 '了'가 첫 번째 동사 뒤에 오는 상황이 나타난다. 물론 교사는 양자의 차이점을 설명해줄 수 있지만 학생들이 이해하기가 어렵다. 규칙이 너무 많고 복잡한 것 역시 학생들을 쉽게 지치게 만든다. 교사는 학생들이 앞의 용법을 완전히 파악했을 때 뒤의 용법을 가르치는 것이 좋다.

또 다른 예 '的', '地', '得'의 교육설계를 보자.

세 단계로 나누고 일부 과에서 이것을 가르친다. 첫 단계는 '的'를 가르치는 것으로, 여기에는 '的'를 사용해야 하는 상황과 '的'를 생략할 수 있는 상황이 포함된다. 두 번째는 보어를 가르치는 것으로, '得'를 자연스럽게 언급한다. '地'의 경우는 일상 회화에서 출현 빈도가 높지 않기 때문에 세 번째 단계에서 가르쳐도 된다. 세 단계는 간격을 둬서 학생들이 혼동하지 않도록 해야 한다.

2. 집중과 분산의 결합

사실 가장 좋은 것은 집중과 분산을 결합하는 것이다.

일반적으로 문법 교육은 정독 과목에서 맡는다. 전통적으로 초급 단계의 정독 과목은 거의 문법 교육을 위해 쓰이며, 내용은 문법을 요목으로 해서 배치한다. 이런 상황에서 문법 교육의 집중과 분산에는 두 가지 길이 있다.

하나는 선 집중 후 분산의 방식으로, 현재 많은 교재에서 사용하고 있는 편집 방법이다. 먼저 문법 항목의 전모를 학생들에게 제시하고, 그런 다음 이 항목을 다시 몇 개의 작은 문법 항목으로 분해하여 몇 개 과에 분산시켜 가르친다.

'把'자문을 가르치는 한 방식은 먼저 '把'자문의 기본 의미와 특징을 소개한 다음 뒤쪽의 몇 개 과에 걸쳐 있는 '把'자문의 소분류를 가르치는 것이다.

다른 하나는 선 분산 후 집중의 방식이다. 먼저 관련되는 문법 항목을 몇 개 과에 분산시켜놓고 적당한 때 다시 이 몇 개의 문법 항목을 모아서 마무리 설명을 해준다. 이 방식은 학생들이 문법 항목을 전체적으로 이해할 수 있도록 해준다.

보어의 경우, '정태보어 · 결과보어 · 방향보어 · 가능보어 · 수량보어' 등을 가르친 후에 중국어의 보어 체계를 총괄적으로 가르친다. 또 다른 예로, "시간단어/구는 동사 앞에 둔다", "장소 단어/구는 동사 앞에 둔다", "전치사구는 동사 앞에 둔다" 등을 먼저 말한 후에 중국어에서 "부사어는 동사 앞에 둔다"는 규칙을 개괄하여 가르친다. 선 집중 후 분산이든 선 분산 후 집중이든 간에 학생들이 나무도 보고 숲도 볼 수 있기를 바란다.

집중과 분산의 상호 결합을 다른 각도에서 살펴볼 수도 있다. 바로 과목에 따른 문법 교육의 분리와 배합이다. 문법 교육은 지금도 정독 과목에서 주로 하고 있으나 다른 과목으로 적당히 분산시킬 수도 있다. 일부 구어 특유의 문법 현상은 회화 과목에서 가르칠 수 있고, 일부 서면어의 풍격이 짙은 문법 현상은 독해 과목에서 가르칠 수 있다.

• 문법 교육에서 과목에 따른 분배와 배합에 대해 여러분의 생각을 이야기해보
세요.

정확성, 유창성, 복잡성

앞에서 언급했듯이 출력할 때 학습자는 언어의 구조와 형식, 즉 문법 쪽에 더 많은 신경을 써야 한다. 이해성 활동과는 달리 표현성 활동에서는 문법의 정확성이 훨씬 더 중요하다. 그러나 문법 능력과 언어 표현의 평가에서는 정확성 외에도 유창성과 복잡성을 보아야 한다. 이 때문에 표현성 활동에서는 반드시 문법 정확성의 목표를 적합한 지위에 두고서 정확성, 유창성, 복잡성의 관계를 잘 처리해야 한다.

1. 언어 표현의 평가지표

언어 표현의 평가지표는 정확성(accuracy), 유창성(fluency), 복잡성(complexity)*이라는 세 측면을 포괄한다.

먼저 구두 언어 표현의 상황을 분석해보기로 하자. 정확성과 복잡성

---

* 역주: '복잡성'은 통사적 복잡성(단순한 통사-복잡한 통사)과 사용 어휘의 범위(제한된 어휘-확장된 어휘) 등을 의미한다.

은 화자가 사용하는 언어 형식이 어느 정도 정확하고 복잡한지를 가리키고, 유창성은 화자가 표현할 때 불필요한 멈춤과 망설임이 있는지 없는지를 가리킨다.

한 사람의 주의력은 제한적이어서 학습자는 많은 사물을 동시에 신경 쓸 수 없다. 주의력의 유한성으로 인해 실제 언어사용에서 학습자는 항상 어떤 한 측면을 발전시키기 위해 다른 한 측면을 희생시킨다. 다음과 같은 것들이 여기에 속한다.

첫째, 실수를 하지 않거나 실수를 덜 하기 위해서 학습자는 약간의 복잡한 언어 형식을 피하고 자신이 알고 있는 비교적 간단한 언어 형식을 선택하려는 경향이 있다. 문법의 정확성이 높아지면 복잡성은 낮아진다.

둘째, 정확성을 추구하기 위해 언어 형식에 지나치게 신경을 쓰다 보니, 생각하는 데 시간이 많이 걸린다. 그래서 표현 중에 휴지가 지나치게 많고, '嗯嗯啊啊'와 같은 부류의 말이 나오고, 말의 속도도 너무 늦고, 의미의 연관성도 끊어버린다. 문법의 정확도가 높으면 유창성은 떨어진다.

셋째, 일부 학습자는 청산유수로 말하지만 자세하게 들어보면 그 말 속에 문법적 실수가 가득하다. 심한 경우에는 무슨 말인지 전혀 알아듣지 못한다. 유창성은 높지만 정확성이 매우 낮다 보니 표현의 질과 의사소통의 효과가 떨어진다.

> 말하기 시험에서 이런 학생이 있다고 가정합시다. 학생 A는 간단한 문법 형식을 사용하여 어떤 문법적 실수도 나타나지 않았습니다. 학생 B는 상대적으로 복잡한 문법 형식을 사용했지만 실수가 나타났습니다. 우리는 이 두 학생의 성적을 어떻게 평가해야 할까요?

언어 표현 수준에 대한 평가는 정확성, 유창성, 복잡성이라는 세 지표를 종합적으로 고려해야 한다. 물론 특정한 시험 성적의 판정에 대해서는 구체적으로 분석해야 한다. 예를 들면 학생 A가 사용한 문법 형식이 어느 정도로 단순한가, 의사 표현을 분명히 했는가? 학생 B가 사용한 문법 형식이 어느 정도로 복잡한가? 표현 내용으로 봐서 이런 복잡한 문법 형식들을 사용할 필요가 있는가? 전형적인가, 아니면 과시성인가? 나타난 오류가 어느 정도로 심각한가? 이런 판정들은 모두 어느 정도 주관적인 요소를 띨 수밖에 없다.

서면 표현에서도 똑같이 정확성과 복잡성의 문제가 존재한다. 유창성의 경우, 서면 표현에서는 주로 서면 표현 과제를 완성하는 속도에서 나타난다. 30분 만에 써낸 것은 꼬박 하룻저녁을 소비해 써낸 것과는, 설사 정확성과 복잡성에서는 서로 비슷하다고 해도 표현된 언어 수준이 다르다.

2. 단계별 지도하기, '정'과 '다'의 결합, 구분하여 지도하기

기왕에 사람들의 주의력이 제한적이라면 언어 학습자, 특히 초·중급의 언어학습자의 경우 언어 표현의 훈련 과정에서 정확성, 유창성, 복잡성을 동시에 고려하기는 어렵다. 그래서 평소 교육에서 다른 방식을 채택하여 맞춤식으로 학습자의 표현의 정확성, 유창성, 복잡성을 향상시킬 필요가 있다. 이와 관련한 훈련 방식을 단계별 지도, '정'과 '다'의 결합, 구분하여 지도하기로 개괄할 수 있다.

1) 단계별 지도

　　학생들이 언어 표현을 완성하는 활동/연습을 준비할 때는 전체 교수 과정을 서로 다른 단계로 구획하여 먼저 정확성과 복잡성의 문제를 해결한 후 다시 유창성의 문제를 해결해야 한다. 구두 표현 과제이든 서면 표현 과제이든 모두 내용을 작은 단락 내지 중요 격식과 문장으로 나누어 지도와 연습을 진행한다. 교사는 학생들이 기본적으로 숙달되었다고 판단되면 학생들에게 전체적으로 표현하도록 한다.

　　교사가 사전에 교수안을 세밀하게 설계하지 않아 학생들이 충분히 준비하지 못하고, 간단하게 하나의 주제만 정해 '5분 말하기'나 '500자 쓰기'를 하게 했다고 가정하자. 만약 과제의 난이도가 높은 편이라면 수업 진행이 어렵다. 학생이 말하거나 써낸 것에 잘못된 것들이 너무 많기 때문이다. 설사 힘들게 교정해도 학생들이 이것을 소화할 능력이 안 된다. 도리어 학생들의 자신감과 적극성에 영향을 미친다.

　　그러나 늘 치밀한 교수안이 필요한 것은 아니다. 때로는 학생들이 자유롭게 활동하도록 놔둬도 무방하다. 이것이 바로 아래에 언급할 '정'과 '다'의 결합이다.

2) '정'과 '다'의 결합

　　독해 지도는 정독(精读, intensive reading)과 다독(泛读, extensive reading)으로 나눌 수 있고, 듣기 지도는 'intensive 듣기 활동'과 'extensive 듣기 활동'으로 나눌 수 있는 것과 같이, 말하기 지도와 쓰기 지도도 사실 '정(intensive, 精)'과 '다 (extensive, 泛)' 두 종류로 나눌 수 있다. 쓰기 지도를 예로 들면, 학생들에게 어떤 주제로 문장 한 편을 쓰게 하고, 쓰기 전에 학생들이 세심하게 준비할 수 있도록 도와주고, 다 쓴 후에는 자세하게 평가해준다. 이런 쓰기 지도가 '정교화'인데, 주로 정확성에 공을 들여 질적 향상을 꾀한다. 또 다른 방식으로 학생들에게 매일 15분 정도의 시간을 이용해 짧은 문장을 쓰게 할 수도 있다. 이 방식은 주로 학생들이 민첩하게 생각해서 빨리 쓰도록 하는 능력을 배양하기 위한 것이다. 이 연습은 문제가 좀 쉬워야 하고 정확성에 대한 요구도 적당히 낮춰야 한다. 이런 '광범위한' 방식의 쓰기 지도는 주로 유창성을 고려하여 양적 향상을 꾀한다. 언어 표현능력 향상에는 이 두 가지 측면이 다 필요하다.

3) 구분하여 지도하기

말하기 지도나 쓰기 지도를 할 때 학생들에게 평가하는 중점—정확성, 유창성, 복잡성—중에서 어느 것으로 할 것인지를 명확하게 알려줘야 한다. 매번 학생들이 이들 중 어느 한쪽에 의식적으로 주의를 집중할 수 있도록 유도한다. 평가의 중점을 교체하고 변환하는 것을 통해 학생들이 정확성, 유창성, 복잡성을 고루 갖출 수 있도록 한다.

만약 복잡성에 치중한 지도라면 학생들에게 구두 표현이나 서면 표현에서 사용해야 할 단어/구와 격식들을 명확히 제시해야 한다. 유창성에 치중한다면 학생들에게 반드시 몇 분을 말해야 하는지, 반드시 규정된 시간 안에 몇 자를 적어야 하는지를 명확하게 정해주어야 한다. 주어진 시간이 너무 길어도 안 된다. 정확성에 치중한다면 '하나의 문법 오류가 있을 때마다 약간의 점수를 깎는' 기준에 따라 점수를 매길 수 있다.

학생들마다 부족한 부분이 다를 수 있다. 어떤 학생은 정확성에서 차이가 나고, 어떤 학생은 유창성이 부족할 것이다. 교사는 학생들의 부족한 부분을 극복할 수 있도록 맞춤식으로 도와주어야 한다.

- 정확성과 유창성이 균형을 갖추기 위해서는 어떻게 해야 합니까?

- 학생들이 복잡한 문법 형식의 사용을 회피하는 문제에 대해서는 어떻게 대
  처해야 합니까?

제6절

맞음과 틀림

여기서 언급하는 문법 '오류(error, 偏误)'는 학습자가 목표언어의 문법 규율을 정확하게 파악하지 않았기 때문에 발생한 오류이지 의사소통에서 우연히 나타나는 말이나 글의 '오류(mistake)'가 아니다.

학습자의 오류를 어떻게 보느냐, 학습자의 오류를 교정해야 하느냐, '어떤' 오류들을 '언제' '어떻게' 교정해야 하느냐는 교육 이론마다 견해가 다르다.

1. 문법 오류에 대한 정확한 대처

학습자의 중간언어 발전과정에서 오류가 나타나는 것은 당연하다. 오류는 어떤 의미에서는 학생의 중간언어의 발전규율을 구체적으로 드러낸 것이다.

오류가 생기는 원인은 여러 가지이다. 모국어의 간섭일 수도 있고 교수법이나 인지에서의 원인일 수도 있다. 오류의 발생은 학습자가 의식적으로 어떤 문법 형식을 시도해본 결과로 볼 수 있다. 이것은 학습자가 어떤 문법 형식에 대해 의식적인 관심이 있음을 의미한다.

학습자가 처음 배울 때는 "我以前在北京工作"라고 말하다가 어느 정도 시간이 지나면 "我以前在北京工作了"라고 말할 수도 있습니다. 처음에 맞게 말했다가 나중에는 틀리게 말했다면, 학생의 언어 수준이 퇴보한 것일까요?

분명히 아니다. 학생의 수준이 높아진 것이다. 학생이 이 '了'라는 단어를 모를 경우에는 문장 안에 '了'를 사용하는 것이 불가능하다. 학생이 이 '了'라는 글자를 배웠고, '了'가 하나의 문법 성분으로 중요하다는 것을 의식했기 때문에 학생은 자신의 제한적인 지식이나 단편적인 가설에 근거해 유추하고 시도한 것이다. 바로 이런 '시도-오류-수정-재시도'의 과정에서 학생의 중간언어는 발전한다.

행위주의의 관점에서 보면 반드시 처음부터 오류는 피해야 한다. 일단 오류가 생기면 습관이 되지 않도록 즉각 교정해야 한다. 그러나 의사소통 기능을 중시하는 교수법에서는 대부분 의사소통의 유창성을 더욱 중시하여 오류에 관용적인 태도를 취하였다. 심지어 어떤 단계에 이르면 자연스럽게 없어지는 만큼 오류는 수정할 필요가 없다고까지 여겼다.

그러나 위의 두 가지 관점은 다 편파적인 면이 있다. 오류가 생기는데는 그 필연성이 있다고 하나 이는 결코 사람들의 오류를 그냥 내버려둬도 된다는 것을 의미하지는 않는다. 오류를 지나치게 지적하지 말고 구체적으로 분석하여 거기에 맞게 지도해야 한다.

2. 오류의 교정과 예방

오류의 교정은 필요하다. 그러나 유형별로 분류하여 시기에 주의하고 방식을 찾아야 한다.

모든 오류를 반드시 교정해야 합니까?

학생의 표현 연습, 특히 말하기 표현 연습은 일반적으로 오류를 범할 때마다 교정할 필요가 없다고 한다. 첫째, 오류의 심각한 정도를 봐야 한다. 오류의 심각한 정도란 해당 오류가 어느 정도로 의사소통의 순리적 진행에 영향을 주느냐를 말한다. 오류가 심각해 쌍방이 이해하는 데 영향을 끼치거나, 심지어 오해를 빚거나 의사소통을 계속 진행할 수 없는 상황이라면 반드시 교정을 해야 한다. 그 외의 오류는 반드시 교정할 필요는 없다. 둘째, 표현 연습의 목적—정확성이냐 유창성이냐—에 의해 결정된다. 정확성에 치중한다면 문법에 약간은 엄격함을 요구해야 하고, 유창성에 치중한다면 적당히 지도해도 무방하다. 셋째, 교정한 오류는 학생이 이해할 수 있어야 하고, 학생의 현재 수준과도 맞아야 한다.

오류를 어떻게 교정합니까?

오류 교정은 방식과 방법에 주의해야 하며, 학생의 자존심과 적극성을 해쳐서는 안 된다.

오류 교정 방식에는 명확한 교정과 암시적 교정이 있을 수 있다. 명확한 교정이란 바로 학생에게 어떤 표현 방식에 오류가 있고, 어떻게 말해서는 안 되고 어떻게 말해야 하는지를 명확하게 알려주는 것이다.

> ……
> 학생: 都我们要去。
> 교사: 不不，要说"我们都要去"。"都"是副词，
> 　　　要放在动词前面。
> (칠판에 都 ＋ V를 쓴다)

암시적 교정은 명확하게 학생의 오류를 교정해주는 것이 아니라 정확한 표현을 학생에게 다시 말하기 방식으로 재현해준다.

> ……
> 학생: 都我们要去。
> 교사: 我们都要去。
> 학생: 对，我们都要去。

학생이 다시 한번 말하게 하는 방식으로 학생 스스로 오류를 고치도록 암시한다.

> ……
> 학생: 都我们要去。
> 교사: 嗯?
> 학생: 呃，……我们都要去。

언제 교정해주는 것이 좋을까요?

오류 교정은 시기에 주의해야 한다. 그리고 학생들이 연속적으로 표현하는 데 영향을 주어서는 안 된다는 것이 기본 원칙이다. 암시적이거나 간단한 교정이면 오류가 있어도 표현의 연속성에 영향을 주지 않는다. 물론 이런 교정도 사용 빈도가 높아서는 안 된다. 말이 늘 남에게 끊기고 교정을 당한다면 기분을 상하게 할 수도 있다. 명확한 교정은 학생의 발언이 끝난 후의 강평 단계에서 진행한다. 그래야만 오류를 확실하게 설명해줄 수 있고, 반 전체 학생들에게도 도움이 된다.

누가 교정합니까?

대부분의 상황에서는 교사가 학생의 오류를 교정한다. 그러나 어떤 때는 학생들이 서로 상대방의 오류를 교정해주거나 학생 스스로 자기의 오류를 교정하는 방식을 취하기도 한다. 물론 이것은 학생이 관련된 문법 규칙에 대해 이미 어느 정도의 인식이 있다는 전제하에 이루어지는 것이다. 그렇지 않다면 학생이 스스로 교정하는 것은 불가능하다. 이 두 방식은 분명 교사의 감독 아래 진행해야 하며, 교사는 학생 스스로 오류를 교정할 능력이 있는지에 대한 정확한 판단이 있어야 한다.

사실 오류 교정에서 더 중요한 것은 학생의 오류를 예방하는 것이다. 오류 예방에는 다음 몇 가지가 있다.

첫째, 표현 연습 전에 충분한 준비 단계를 거치고 나서 교사는 여기에 맞는 도움을 주도록 한다. 학생이 (서면어든 구어든) 정식으로 표현을 할 때는 이미 꽤 숙련된 상태이다. 따라서 학생과 교사 모두 성취감을 느낀다. 만약 준비가 부족한데도 실전에 나가게 되면 표현에서 갖가지 오류가 나타나 일일이 다 수정할 수가 없고, 수정했다 해도 효과가 없어 학생과 교사 모두 좌절감을 느끼기 쉽다.

둘째, 설계된 표현 연습은 조작가능성이 있어야 한다. 연습의 난이도는 적당해야하지 지나치게 어려워서는 안 된다. 연습의 주제도 명확해야지 학생이 아무렇게나 말하도록 내버려 둬서는 안 된다. 연습 내용도 알차야 학생들이 할 말이 많다.

셋째, 학생들이 최대한 정확한 화법을 많이 접하도록 하고 오류 화법은 피해야 한다. 일부 교사들은 '뱀을 굴에서 유인해 내듯 하는' 방법*을 좋아하는데, 이는 적어도 초급 수준의 학생에게는 부적합하다.

(교사가 학생에게 본문을 읽게 한다. 본문에는 "家长没有教育好孩子"라는 표현이 있다. '好'의 앞뒤에 분명한 휴지가 없다)

교사: 是"教育好-孩子"还是"教育-好孩子"?

학생: ……

교사: 停顿在哪儿?

학생: ……啊?

교사: "好"是紧接在"孩子"前面还是"教育"后面?

학생: (잠시 침묵하고 나서) 在"孩子"前面。

교사: 错了。在"教育"后面。

---

* 역주: 암시나 유도 등의 방식으로 학생이 주도적으로 정확한 문장을 말하도록 하는 것.

사실, 몇 차례 침묵하는 걸로 봐서 학생은 교사의 질문에 어떻게 대답할지 전혀 몰라 결국 억지로 '在孩子前面'이라고 대답했음을 알 수 있다. 단지 난처함을 피하고자 추측해서 대답한 것이다. 교사의 반복된 추궁은 교사 자신의 '정확한 답안'을 끌어내기 위한 것이고, 학생의 오류는 교사의 강의 '도구'인 셈이다. 이는 꼭 필요한 행위가 아니다. 학생이 맨 처음 침묵할 때 교사는 즉시 정확한 답을 직접 가르쳐주어야 한다.

3. 오류 교정 연습

오류 교정은 대부분 교재의 문법 연습에서 흔히 사용하는 형식이다.

아래 문장에서 틀린 곳을 고치시오.

* 理发完以后他就回家了。
* 他一个人在校园里散步了半个小时。
* 她跳舞得很优美。

이 연습은 학생들이 문법 규칙에 대해 명확하고도 이성적인 인식을 갖게 하는 데 도움이 된다. 그러나 이 연습을 설계할 때는 반드시 다음 몇 가지에 주의해야 한다. 첫째, 이런 오류들이 진정 학생에게서 온 것인지 아니면 교사 스스로 인위적으로 만든 것인지를 알아야 한다. 둘째, 이런 오류들은 보편성을 지니고 있어야지 개별적이고 우연히 얻은 것이어서는 안 된다. 셋째, 정확한 형식에 대해 이미 충분한 설명과 훈련을 한 후에 진행해야 한다.

만약 사용이 적합하지 않을 경우 '오류 강화'나 '오류 유도'라는 역효과를 일으킬 수 있다. 교정 연습은 학생들이 문법 규칙에 대한 체계와 이성 인식을 갖게 하기 위한 것으로 중 · 고급 단계에 적용하는 것이 훨씬 유리하다. 초급 단계에서는 정확한 문법 형식이 아직 자리잡지 못했기 때문에 이 연습을 운용하는 것은 좀 더 신중해야 한다.

• 학생의 문법적 오류에 대해 관용적이어야 한다고 말하는 사람도 있습니다. 중국인조차도 오류를 범하는데, 외국인들에게 그렇게 엄격할 필요가 있을까요? 여러분은 이 관점이 일리가 있다고 봅니까?

제7절

교사 · 학생 · 교재 및 교육기술

문법 교육 방법의 선택은 교사 · 학생 · 교재 · 교육시설과도 관계가 있다. 먼저 어떤 방법으로 문법을 가르칠 것인가는 교사의 교육이념과 관련이 있고, 학생의 특징에 의해 결정되기도 한다. 다음으로, 교재에서 다루는 문법 항목은 필연적으로 문법 교육에 대한 저자의 독특한 이념이 반영될 수밖에 없고, 교사가 어떤 교재를 사용할 경우 문법 교육의 처리 방식과 관련해 이 교재의 영향을 필연적으로 받을 수밖에 없다. 그리고 현대 교육기술의 응용은 문법 교육의 새로운 방법 탐색에 더 넓은 공간을 제공하였다.

1. 학습자 조건과 교사의 전략

학생들마다 교육 방법을 달리 적용할 수 있다. 먼저 학습자의 나이, 교육수준, 학습목표는 교사가 적합한 교수법을 선택하는 데 영향을 끼치는 중요한 요소이다.

	낮음	문법 교육 정도	높음
연령	아동	청소년	성인
지식정도	비교적 낮음	중등	비교적 높음
학습목표	생활 의사소통	일반 업무에 필요	학문 목표

아동에 비해 성인은 문법의 체계적인 학습을 더욱 중시하며, 지식정도가 비교적 낮은 학습자에 비해 지식수준이 높은 학습자는 문법 규칙을 더욱 명확하게 학습하는 경향이 있다. 그리고 학습목표가 높을수록 학습 시한이 길어지고, 문법 학습에 대한 자의식도 강해진다.

《快乐汉语》제1권 제5과와《当代中文》제1권 제3과를 비교해보면 양자 간의 차이를 매우 쉽게 알 수 있다. 두 과는 모두 수사·양사에 초점을 둔 것이지만 내용의 양이나 주제 선택, 문법 교수 방식에서 완전히 다르다.《快乐汉语》는 11~16세 학생에 맞춘 것으로, 문법 교수는 매우 구체적이고도 전형적인 문장을 가지고 진행하고, 어떠한 문법 술어나 전문적인 문법 설명도 없다.《当代中文》은 대학생과 성인 학습자를 위한 것으로 간명한 문법 설명과 그에 상응하는 문법 연습이 들어 있다.

다음으로, 지식 정도와 학습 목표가 서로 비슷한 성인 학습자를 대상으로 한다 해도 학습자의 학습 스타일이 서로 다르기 때문에 문법 교육 방법의 적용에는 여전히 차이가 난다. 이런 차이는 학생이 속한 민족이나 국가의 문화적 특징과 관계가 있을 것이다.

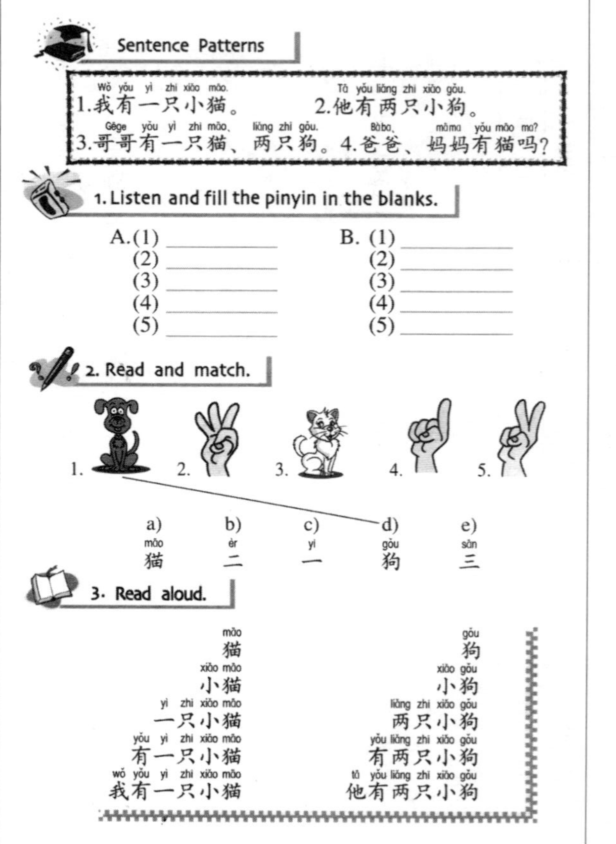

《快乐汉语》, 李晓琪 编著, 人民教育出版社, 2003년)

4. Listen and fill in the blanks.

1) 我有一只小____①____。
2) 他有___③___只小猫。
3) 爸爸有一只小______。
4) 姐姐有______只猫。
5) 弟弟有一只小______。
6) 妹妹有______只猫。

5. True or false.

1) 李小龙有三只狗。(✓)
2) 我有一只小猫。( )
3) 妈妈有三只狗。( )
4) 他有两只猫。( )
5) 哥哥、姐姐有六只狗。( )
6) 哥哥有一只猫，两只狗。( )

6. Answer the questions.

1) A:小红有猫吗？
   B:小红有一只猫。

2) A:Ann有狗吗？
   B:______。

3) A:李小龙有狗吗？
   B:______。

4) A:哥哥、姐姐有猫吗？
   B:______。

5) A:爸爸、妈妈有猫吗？有狗吗？
   B:______。

《快乐汉语》，李晓琪 编著，人民教育出版社，2003년）

当代中文
Contemporary Chinese

第三课

Dì-sān Kè　Nǐ Jiā Yǒu Jǐ kǒu Rén

第三课　你家有几口人

Lesson Three　How Many People Are There in Your Family

Nǐ jiā yǒu jǐ kǒu rén，

● 你家有几口人？
How many people are there in your family?

Nǐmen xuéxiào yǒu duōshao xuésheng

● 你们　学校　有多少　学生？
How many students are there in your university/school?

Wǒ xiǎng　dàgài yǒu sān wàn ge

● 我想，　大概有三万　个。
There are about 30 thousand, I think.

Lǎobǎn ràng wǒ qù　nàr　gōngzuò

● 老板　让我去那儿工作。
The boss wants me to go there to work．

课文 Kèwén　Text

(一)

Bai Xiaohong and Ding Hansheng have just met each other. By chance, both of them come from Guangdong Province of China.

Bái Xiǎohóng
白小红：你是什么地方[1]人？

Dīng Hànshēng　　Guǎngdōng
丁汉生：我是 广东 人,你呢？

Bái Xiǎohóng　　　Guǎngdōng
白小红：我也是 广东 人。

Dīng Hànshēng
丁汉生：你一个[2]人在这儿[3]?

《当代中文》，吴中伟 主编，　华语教育出版社，2003년)

Bái Xiǎohóng
白小红：一个人。你呢？

Dīng Hànshēng
丁汉生：我一家[4]人都在这儿。

Bái Xiǎohóng　　*Asking the number*
白小红：你家有[5]几[6]口[7]人？

Dīng Hànshēng
丁汉生：五口。我爸爸[8]、妈妈[9]，我和[10]我太太[11]，一个孩子[12]。

Bái Xiǎohóng
白小红：男孩儿还是女孩儿？

Dīng Hànshēng
丁汉生：女孩儿。

Bái Xiǎohóng　　*Asking the age*
白小红：孩子多大[13]？

Dīng Hànshēng
丁汉生：两[14]岁[15]。

Bái Xiǎohóng　　*supposition*
白小红：很可爱[16]吧[17]？

Dīng Hànshēng　　*agreeing*
丁汉生：是啊，很可爱。

(二)

Jack's company intends to send Jack to China, so he wants to learn Chinese at a university in his spare time.

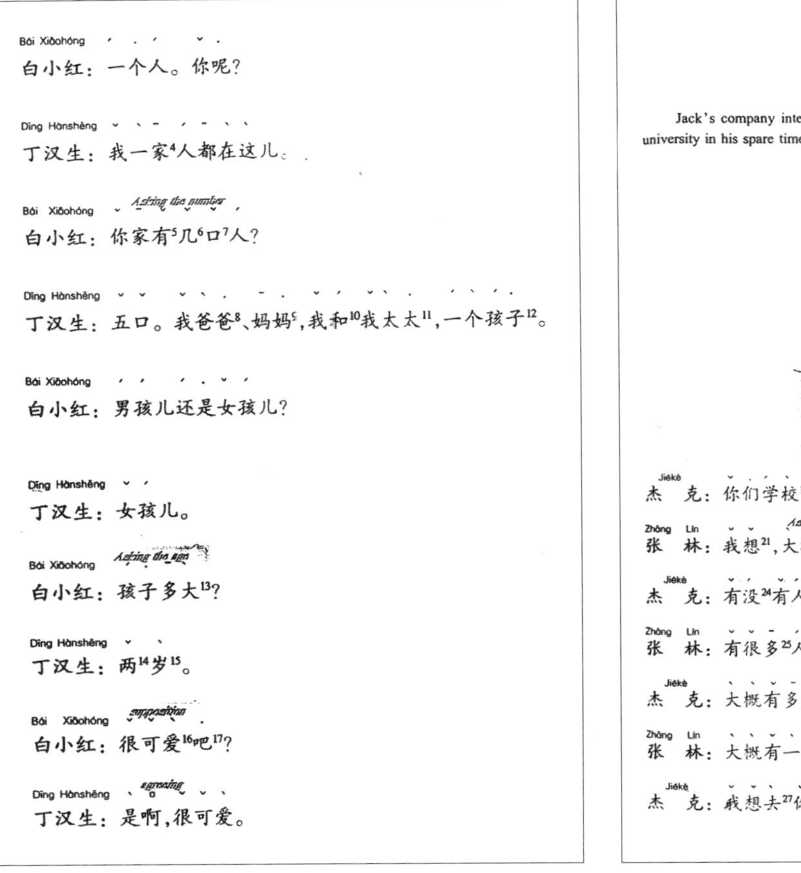

Jiékè
杰　克：你们学校[18]有多少[19]学生[20]？

Zhāng Lín　　*Asking the number*
张　林：我想[21]，大概[22]有三万[23]个。

Jiékè
杰　克：有没[24]有人学习汉语？

Zhāng Lín
张　林：有很多[25]人学习汉语。

Jiékè
杰　克：大概有多少人？

Zhāng Lín
张　林：大概有一千[26]个。

Jiékè
杰　克：我想去[27]你们学校学习汉语。

《当代中文》，吴中伟　主编，　华语教育出版社，2003년）

张　林：是吗？你为什么²⁸想学习汉语？

杰　克：我们在中国有一个分公司²⁹，老板³⁰让³¹我去那儿³²工作。

语 法 Yǔfǎ Grammar

Measure Words

A measure word should be inserted between a number and a noun. Different nouns are combined with different measure words. "个 gè" is the most widely used measure word.

$$\text{Num.} + \text{M.W.} + \text{N.}$$

e.g.

一个人 yí gè rén　　三百个学生 sān bǎi gè xuésheng

两个地方 liǎng gè dìfang　五个公司 wǔ gè gōngsī

六个大学 liù gè dàxué　　五口人 wǔ kǒu rén

练习

2. Fill in the blank with the words given:

个　口　岁

(1) 你有几_______中国朋友？

(2) 我家有三_______人。

(3) 我二十_______。

几　　多少

(4) 你们有_______个汉语老师？

(5) 加拿大有_______人？

两　　二

(6) 我们班有_______个汉语老师。

(7) 我们大学有十_______个汉语老师。

3. Make a sentence with the given words arranged in correct order:

(1) 你家　口　人　几　有

(2) 你　个　几　中国　朋友　有

(3) 你们　学校　学生　多少　有

(4) 想　我　工作　中国　去

(5) 老板　让　去　中国　我　工作

4. (1) Read the following numbers:

| 94 8597 | 66 1185 | 997 6100 | 960 0000 |
| 65 0087 | 106 8583 | 154 0681 | 13 0000 0000 |

(2) Write down the numbers you hear:

__________　__________　__________

__________　__________　__________

5. Translate the following sentences into Chinese:

(1) He has two Chinese friends.

(2) He has a lot of Chinese friends.

(3) He has no Chinese friends.

(4) There is no teacher of Chinese in their university.

(5) There are many students of Chinese in our school.

《当代中文》，吴中伟 主编，　华语教育出版社，2003년)

Hedge(2002)는 어떤 학습자는 학습 대상에 대한 총체적인 파악에 뛰어나고, 어떤 학습자는 세세한 부분을 분석하길 좋아한다고 하였다. 전자에 해당하는 학습자는 의사소통 과정에서 시행착오를 통해 문법 규칙을 점진적으로 체감하길 원하고, 후자에 해당하는 학습자는 명확한 문법 격식을 얻어 문법 규칙을 자각적으로 개괄하고 응용하기를 더 원한다.

만약 학습자의 학습 스타일과 교사의 교육 스타일이 일치하지 않는다면 학습자는 쉽게 좌절감을 느끼고 학습 진전도 더디게 된다. 그렇지만 한 학급의 학생들은 문화적 배경이 서로 다르고 학습 스타일도 다양하기 때문에 교사도 학생 개개인에 따라 교육을 달리할 수는 없다. 이런 상황에서 성인의 학급 교육에 대해서는 다음과 같이 제의한다.

첫째, 교사는 교육 대상자의 학습 스타일을 충분히 이해하여 개별적으로 질문하고 지도할 때 최대한 개별 맞춤식으로 해서 학생들이 장점을 발휘하도록 한다.

둘째, 교사는 되도록 가능한 한 여러 가지 교육 방식으로 종합법·연역법·유추법을 융합하여 교실 교육에 사용하고, 교육 스타일과 학습 스타일에 큰 차이가 나지 않도록 함으로써 학습 스타일이 다른 학습자들에게도 도움이 되도록 한다.

셋째, 교사는 문법 학습 방법에 대해 항상 학생과 소통을 해야 한다. 학생들이 자신의 학습 스타일의 특징을 의식하도록 만들어주고, 그 한계성도 의식하도록 해주어야 한다. 충동 성향의 학습자들에게는 그들이 의식적으로 문법 격식과 표현의 정확성에 관심을 갖도록 끌어주어야 한다. 숙고형인 학생들에게는 덮어놓고 규칙만을 탐구하도록 놔두지 말고, 교실 활동에 적극적으로 참여하도록 하고, 연습과 의사소통에서 문법 지식이 문법 능력으로 바뀌도록 해야 한다.

2. 교재의 특색과 교사의 선택

교재마다 문법 교육 방법에 큰 차이가 있다. 이러한 차이는 문법 교육에 대한 편집자의 이념 차이를 반영한다. 교사는 편집자의 의도와 교재의 전모에 대해 철저한 이해를 가지고서 가능한 한 교재의 설계 의도를 구현하여 이와 관련된 교육 방법을 선택해야 한다. 물론 필요에 따라서는 교육 내용을 알맞게 조정하고 첨삭함으로써 교실수업에서 교재를 최대한 운용할 수 있도록 해야 한다.

다음 세 권의 교재 내용을 비교해보자.

견본을 통해 구조와 기능의 관계 처리에서 세 권의 교재가 완전히 다르게 나타남을 알 수 있었다.

《开明初级汉语》는 의미기능을 요목으로 하고 있다. 제3단원의 '感谢'를 예로 들면 여기에는 따로 '문법' 항목이 없고 단지 '本课提要'에서 교육의 중점으로 삼은 '기능', '문법 요점', '기본 구조'를 표 형식으로 나열하고, '기능'과 '문법 요점'을 한두 개의 모범적인 문장에 적용했을 뿐이다. 편집자가 기능과 구조를 통일시키려 했음을 알 수 있다. 그러나 이 책의 '문법 구조'는 기본적으로 해석적인 것이 분명하다. 구조 분류의 확정과 문법 항목의 교육 순서는 모두 기능 항목의 표현에 종속되고, 문법 구조 교육의 체계성은 더 이상 존재하지 않게 된다.

《汉语会话301句》는 의미기능을 요목으로 한 것 같지만 《开明初级汉语》와 달리 문법 구조의 교육에서도 상대적으로 독립성을 갖추고 있다. 예를 들어 제24과의 기능 항목이 '遗憾'이지만 본문 앞쪽의 범례로 제시한 '문장'은 여러 유형으로 나타나고 있다. 어떤 문장은 기능 표현의 각도에서 선택된 문장도 있고, 통사 구조에서 착안하여 선택된 문장도 있다. 그 밖에 본문의 문법 항목은 동사 '让'을 사용한 겸어구와 '是不是'로 구성된

第 三 单 元
DISAN DANYUAN
UNIT 3
感 谢
GRATITUDE

本 课 提 要
UNIT FOCUS

功 能 FONCTION	语法要点 GRAMMAR POINTS	范 句 EXAMPLE SENTEN- CES	基 本 结 构 MAIN STRUC- TURES
表示感谢 Saying thank you	动词谓语句(3) The sentence with a verb as its pre- dicate (3) 兼语句(1) Pivotal sen- tences (1) 连动句 Sentences with verbal construc- tions in se- ries	谢谢您来看我。 欢迎你们再来。 我帮你拿这个 箱子。	动＋宾(主)＋ 谓 主‖动宾＋动 宾

表示和回答感谢时常说的话
Commonly Used Expressions of Thanks and Responses

表示感谢 Responding to Thanks	表示感谢 Responding to Thanks
1) 谢谢。	1) 謝謝。
2) 谢谢你。	2) 謝謝你。
3) 谢谢你的帮助。	3) 謝謝你的幫助。
4) 谢谢您来看我。	4) 謝謝您來看我。
5) 多谢、多谢。	5) 多謝、多謝。
6) 多谢您的提醒。	6) 多謝您的提醒。
7) 太感谢您了。	7) 太感謝您了。
8) 非常感谢你给我们的帮助。	8) 非常感謝你給我們的幫助。

回答感谢 Replying to Thanks	回答感谢 Replying to Thanks
1) 不谢。	1) 不謝。
2) 不用谢。	2) 不用謝。
3) 不客气。	3) 不客氣。
4) 不必客气。	4) 不必客氣。
5) 不用客气。	5) 不用客氣。
6) 你太客气了。	6) 你太客氣了。

BIǍOSHÌ HÉ HUÍDÁ GǍNXIÈ SHÍ CHÁNG SHUŌ
DE HUÀ

Biǎoshì Gǎnxiè
1) Xièxie.
2) Xièxie nǐ.

3) Xièxie nǐde bāngzhù.
4) Xièxie nín lái kàn wǒ.
5) Duōxiè, duōxiè.
6) Duōxiè nínde tíxǐng.
7) Tài gǎnxiè nín le.
8) Fēicháng gǎnxiè nǐ gěi wǒmen de bāngzhù.

Huídá Gǎnxiè
1) Bú xiè.
2) Búyòng xiè.
3) Bú kèqi.
4) Búbì kèqi.
5) Búyòng kèqi.
6) Nǐ tài kèqi le.

注 释
Notes
1. "不谢" 这里是 "不用谢" 的意思，用于回答别人的感谢。
"Bú xiè" here means "bú yòng xiè" (No need for
thanks).It is used for a reply to thanks.
2. "不客气" 这里是 "不用客气" 或 "不要客气" 的意思，用
于回答别人的感谢或好意。例如:
"多谢。"——"不客气"; "要我帮助你吗?" ——"不客
气，我自己可以"。
"Bú kèqi" here means "bú yòng kèqi"(Literally no
need for being polite.) It is used to answer other
people's thanks or kindness.e.g."Duōxiè."——"Bú
kèqi."("Many thanks."——"You are welcome.")

"Yào wǒ bāngzhù nǐ ma?" —— "Bú kèqi. Wǒ zìjǐ
kěyǐ.". (Would you like me to help? ——"No,
thanks.I can manage myself.")
3. "你（您）太客气了" 这句话用于回答别人的感谢时，含
有认为对方的感谢过重或根本不需要感谢的意思。
This sentence is used to answer somebody's
thanks,with the implication that his thanks are
too much or not necessary at all.

会 话 练 习
Conversation Practice

1. 两个人一组，用上面（一）(1)和（一）(2)中的话语做表示
感谢和回答感谢的会话练习。口头练习做完后，将其中的五段会
话内容写在下面:
In groups of two, practice conversation of thanks
and replies, making use of what you have learnt
in 1 (1) and (2) above. After the oral practice,
write down five pairs of the dialogue in the
following.
　　1) 甲:
　　　 乙:
　　2) 甲:
　　　 乙:
　　3) 甲:
　　　 乙:
　　4) 甲:
　　　 乙:
　　5) 甲:

（《开明初级汉语》，孙晖 主编，天津教育出版社，1989년）

乙：

2. 两个人一组，根据所给情景和有关话语，参照上面（一）(1)和（一）(2) 中的话语，完成下面的会话。口头练习做完后，将各段会话中的空白处填上。口头和书面练习都做完后，每组选择其中的一段会话在班上进行表演（最好不看书）。

In groups of two, complete the followng dialogue, based on the situation given and the expressions concerned, with reference to the phrases and expressions in 1 (1) and (2) above. Aftet the oral practice, fill in the missing parts in the following dialogue. Then, each group is supposed to decide on a part of the dialogue and act it out in class (better with books closed).

1) 〔甲把一封信交给乙（马克）〕

(A is handing B (Mark) a letter.)

甲：马克，这儿有你一封信。

乙：＿＿＿＿＿＿。

甲：＿＿＿＿＿＿。

2) 〔甲办完事把钢笔遗忘在服务台，服务员（乙）将甲招回〕

(After doing his business, A is going away, with his pen left behind on the counter while the assistant (B) is calling him back.)

乙：先生，您的钢笔。

甲：哦，＿＿＿＿＿＿。

乙：＿＿＿＿＿＿。

3) 〔甲拿着好几件行李正在找电梯，这时乙走过来〕

(Carrying several pieces of luggage, A is looking for the staircase. Meanwhile, B is coming over.)

甲：请问，电梯在哪儿？

乙：请跟我来。我帮你拿这个箱子。

甲：＿＿＿＿＿＿，＿＿＿＿＿＿。

〔乙一直帮助把东西拿到甲住的房间〕

（《开明初级汉语》，孙晖　主编，天津教育出版社，1989년）

24

真遗憾，我没见到他

IT IS REALLY A PITY THAT I HAVEN'T SEEN HIM

1 句子 Sentences

165 地上 怎么 乱七八糟 的？
Dìshang zěnme luàn qī bā zāo de?
Why does the floor look so messy?

166 是 不 是 你 出差 没关 窗户？
Shì bu shì nǐ chū chāi méi guān chuānghu?
Did you forget to close the windows before going on a business trip?

167 忘 关 窗户 了。
Wàng guān chuānghu le.
I forgot to close the window.

168 花瓶 也 摔碎 了。
Huāpíng yě shuāi suì le.
The vase is also broken.

169 太 可惜 了。
Tài kěxī le.
What a pity!

170 公司 有 急事，让 他 马上 回国。
Gōngsī yǒu jí shì, ràng tā mǎshàng huí guó.
Tell him to return from abroad immediately, because there is something urgent at the company.

171 他 让 我 告诉 你，多 跟 他 联系。
Tā ràng wǒ gàosu nǐ, duō gēn tā liánxì.
He asked me to tell you to get in close touch with him.

172 真 遗憾，我 没 见 到 他。
Zhēn yíhàn, wǒ méi jiàn dào tā.
It is really a pity that I haven't seen him.

2 会话 Conversation

尼娜 Nínà: 我 两 天 不 在，地上 怎么 乱七八糟 的？
Wǒ liǎng tiān bù zài, dìshang zěnme luàn qī bā zāo de?

丽英 Lìyīng: 是 不 是 你 出差 没 关 窗户？昨天 的 风 很 大。
Shì bu shì nǐ chū chāi méi guān chuānghu? Zuótiān de fēng hěn dà.

尼娜 Nínà: 哎呀，忘 关 了，真 糟糕！
Āiyā, wàng guān le, zhēn zāogāo!

丽英 Lìyīng: 以后 出 门 一定 要 关 好 窗户。
Yǐhòu chū mén yídìng yào guān hǎo chuānghu.

尼娜 Nínà: 你看，花瓶 也 摔碎 了。
Nǐ kàn, huāpíng yě shuāi suì le.

丽英 Lìyīng: 是 大卫 送 给 你 的 那个 吗？
Shì Dàwèi sòng gěi nǐ de nà ge ma?

尼娜 Nínà: 是，那 是 他 给 我 的 生日 礼物。
Shì, nà shi tā gěi wǒ de shēngri lǐwù.

丽英 Lìyīng: 太 可惜 了。
Tài kěxī le.

刘京 Liú Jīng: 昨天 李成日 回 国 了。
Zuótiān Lǐ Chéngrì huí guó le.

和子 Hézǐ: 我 怎么 不 知道？
Wǒ zěnme bù zhīdào?

刘京 Liú Jīng: 公司 有 急事，让 他 马上 回国。
Gōngsī yǒu jí shì, ràng tā mǎshàng huí guó.

和子 Hézǐ: 真 不 巧，我 还 有 事 找 他 呢。
Zhēn bù qiǎo, wǒ hái yǒu shì zhǎo tā ne.

刘京 Liú Jīng: 昨天 我 和 他 都 给 你 打 电话 了，你 不在。
Zuótiān wǒ hé tā dōu gěi nǐ dǎ diànhuà le, nǐ bú zài.

和子 Hézǐ: 我 在 张 老师 那儿。
Wǒ zài Zhāng lǎoshī nàr.

刘京 Liú Jīng: 他 让 我 告诉 你，多 跟 他 联系。
Tā ràng wǒ gàosu nǐ, duō gēn tā liánxì.

和子 Hézǐ: 真 遗憾，我 没 见 到 他。
Zhēn yíhàn, wǒ méi jiàn dào tā.

3 替换与扩展 Substitution and Extension

替换

1. 公司让他马上<u>回国</u>。

经理	出差
老师	翻译生词
玛丽	关窗户

2. 他让我告诉你，<u>多跟他联系</u>。

马上去开会	常给他写信
明天见面	他回国了
常给他发电子邮件	

扩展

1. 王 先生 去 上海 出 差了，是 不是？
Wáng xiānsheng qù Shànghǎi chū chāi le, shì bu shì?

2. 我 家 的 花儿 都 开 了，有 红 的、黄 的、白 的，漂亮 极 了。
Wǒ jiā de huār dōu kāi le, yǒu hóng de, huáng de, bái de, piàoliang jí le.

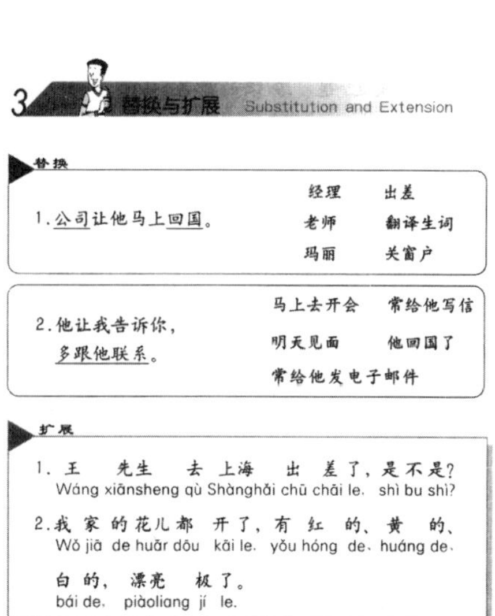

《汉语会话301句》下册， 康玉华、来思平 编著，

北京语言文化大学出版社， 2005년)

5 语 法 Grammar

1 用动词 "让" 的兼语句　The pivotal sentence with the verb "让"

跟用 "请" 的兼语句句式一样，动词 "让" 构成的兼语句也有要求别人做某事的意思。只是用 "请" 的兼语句用于比较客气的场合。例如：

Like a pivotal sentence with the verb "请", a pivotal sentence with the verb "让" also has the meaning of asking somebody to do something. The only difference is that the former is used in a more polite situation, e.g.

(1) 他让我带东西。
(2) 公司让他回国。
(3) 我让他给我照张相。
(4) 他让我告诉你，明天去他家。

2 "是不是" 构成的正反疑问句　The affirmative-negative question with "是不是"

对某一事实或情况已有估计，为了进一步证实，就用 "是不是" 构成的疑问句提问。"是不是" 可以在谓语前，也可在句首或句尾。例如：

The affirmative-negative question with "是不是" is used to confirm what the speaker already believes. "是不是" can be placed before the predicate or at the beginning of the sentence or at the end, e.g.

(1) 是不是你的照相机坏了？
(2) 李成日先生是不是回国了？
(3) 这个电影都看过了，是不是？

6 练 习 Exercises

❶ 熟读下列词组并选择造句 Read until fluent the following phrases and make sentences with some of them

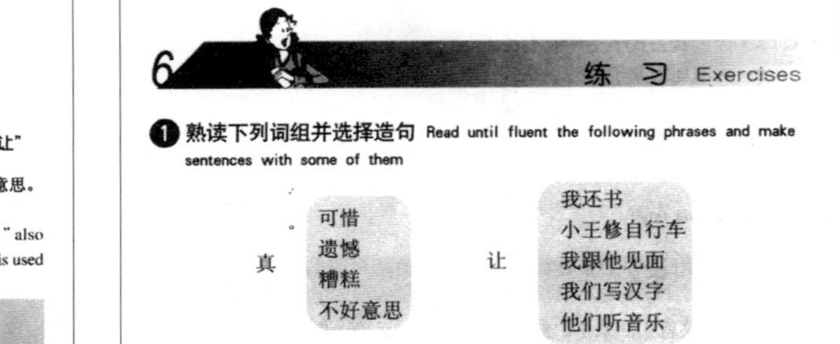

❷ 完成对话（用上表示遗憾的词语） Complete the conversations (using words expressing regret)

(1) A: 听说你的手机坏了。
　　B: 是啊，上个月刚买的。
　　A: ＿＿＿＿＿＿＿。

(2) A: 昨天晚上的杂技好极了，你怎么没去看？
　　B: 我有急事，＿＿＿＿＿＿＿＿。
　　A: 听说这个星期六还演呢。
　　B: 那我一定去看。

❸ 按照实际情况回答问题 Answer the questions according to actual circumstances

(1) 你汉语说得怎么样？
(2) 昨天的课你复习没复习？
(3) 今天你出门的时候，关好窗户了没有？
(4) 你有没有遗憾的事？

（《汉语会话301句》下册，　康玉华、来思平 编著，　北京语言文化大学出版社，2005년）

第十八课　张平请我看京剧
Lesson 18　Zhang Ping Invites Me
to See Beijing Opera

一、范句　Sentence Patterns

（一）请你告诉我。

Qǐng nǐ gàosu wǒ.

Please tell me.

张平请我看京剧。

Zhāng Píng qǐng wǒ kàn jīngjù.

Zhang Ping invites me to see a play of Beijing opera.

父亲让我马上回国。

Fùqin ràng wǒ mǎshàng huí guó.

My father asks me to return home immediately.

老师让学生写很多汉字。

Lǎoshī ràng xuésheng xiě hěn duō Hànzì.

The teacher asks his students to write many Chinese characters.

你叫中村先生去办公大楼。

Nǐ jiào Zhōngcūn xiānsheng qù bàngōng dàlóu.

You ask Mr. Zhong Cun to go to the office building.

李华叫我星期天去他家玩儿。

Lǐ Huá jiào wǒ xīngqītiān qù tā jiā wánr.

Li Hua asks me to go to his home on Sunday.

医生不让小黄马上工作。

Yīshēng bú ràng Xiǎo Huáng mǎshàng gōngzuò.

The doctor doesn't allow Xiao Wang to work immediately.

他没请小王来吃晚饭。

Tā méi qǐng Xiǎo Wáng lái chī wǎnfàn.

He doesn't ask Xiao Wang to come for dinner.

（二）人民剧场我也是第一次去。

Rénmín Jùchǎng wǒ yě shì dì-yī cì qù.

This is my first visit to the People's Theatre, too.

中国的京剧我爱看。

Zhōngguó de jīngjù wǒ ài kàn.

I like to see the Chinese Beijin opera.

那天晚上歌他没唱，舞他也没跳。

Nà tiān wǎnshang gē tā méi chàng, wǔ tā yě méi tiào.

That night, he neither sang nor danced.

我广东菜、四川菜都爱吃。

Wǒ Guǎngdōng cài、Sìchuān cài dōu ài chī.

I like Guang Dong and Sichuan dishes.

我针没打，药也没吃。

Wǒ zhēn méi dǎ, yào yě méi chī.

I didn't take any injection and medicine.

这孩子面包也不吃，牛奶也不喝。

Zhè háizi miànbāo yě bù chī, niúnǎi yě bù hē.

This child didn't have any bread and milk.

二、课文　Text

（一）对话　Dialogue

张平：大卫，你好！

Zhāng Píng: Dàwèi, nǐ hǎo!

大卫：张平，你好！你找我有什么事吗？

Dàwèi: Zhāng Píng, nǐ hǎo! Nǐ zhǎo wǒ yǒu shénme shì ma?

张平：我想请你看京剧。你有空儿吗？

Zhāng Píng: Wǒ xiǎng qǐng nǐ kàn jīngjù. Nǐ yǒu kòngr ma?

大卫：什么时候？

Dàwèi: Shénme shíhou?

张平：星期六晚上。

Zhāng Píng: Xīngqīliù wǎnshang.

大卫：让我想一下。对了，星期六晚上我有空儿。京剧在哪个剧场演出？

Dàwèi: Ràng wǒ xiǎng yí xià. Duìle, xīngqīliù wǎnshang wǒ yǒu kòngr. Jīngjù zài nǎ gè jùchǎng yǎnchū?

张平：人民剧场。

Zhāng Píng: Rénmín Jùchǎng.

大卫：去人民剧场坐什么车？

Dàwèi: Qù Rénmín Jùchǎng zuò shénme chē?

张平：人民剧场我也是第一次去。让我想一想，坐什么车去比较方便。

Zhāng Píng: Rénmín Jùchǎng wǒ yě shì dì-yī cì qù. Ràng wǒ xiǎng yi xiǎng, zuò shénme chē qù bǐjiào fāngbiàn.

大卫：坐公共汽车还是坐电车？

Dàwèi: Zuò gōnggòng qìchē háishi zuò diànchē?

张平：哦，对了，我们可以先坐127路公共汽车到长江路。

Zhāng Píng: Ò, duìle, wǒmen kěyǐ xiān zuò 127 lù gōnggòng qìchē dào Chángjiāng Lù.

大卫：还要换车？

Dàwèi: Hái yào huàn chē?

张平：是的。换39路电车到黄河路。人民剧场就在黄河路上。

Zhāng Píng: Shìde. Huàn 39 lù diànchē dào Huánghé Lù. Rénmín Jùchǎng jiù zài Huánghé Lù shang.

大卫：张平，请你告诉我，京剧中国人是不是都爱看？

Dàwèi: Zhāng Píng, qǐng nǐ gàosu wǒ, jīngjù Zhōngguó rén shì bu shì dōu ài kàn?

张平：那不一定。京剧有的中国人爱看，

《标准汉语教程(入门)》第二册，王国安　主编，上海教育出版社，1998년)

有的中国人不太爱看。

Zhāng Píng: Nà bù yídìng. Jīngjù yǒude Zhōngguó rén ài kàn, yǒude Zhōngguó rén bú tài ài kàn.

大卫: 那你呢?

Dàwèi: Nà nǐ ne?

张平: 我非常爱看京剧。京剧太好看了。

Zhāng Píng: Wǒ fēicháng ài kàn jīngjù. Jīngjù tài hǎokàn le.

（二）短文　Short passage

星期六晚上,张平请我看京剧,京剧在人民剧场演出。

人民剧场在黄河路上。我们先坐127路公共汽车到长江路,再换39路电车到黄河路。公共汽车和电车都非常拥挤。每个车站都有许多人上车、下车。

在黄河路下车以后,我们向前走五、六分钟。人民剧场就在马路对面。

演出开始以前,张平给我介绍节目的内容。演出结束以后,张平问我:京剧怎么样?我回答说:内容很有意思,表演也非常精彩。中国的京剧我很爱看。

五、语法　Grammar

（一）兼语句　Sentence of subject (n.) + predicate (v.) + object (n.) + complement (v.)

句子的谓语中有两个动词词组,这两个动词不共有一个主语,前一个动词的宾语是后一个动词的主语。这种句子叫兼语句。

In a sentence of this type, there are two verbs but they do not share the main subject. The object works as the logical subject of the second verb. e.g.

他请我看京剧。
请你告诉我。
让我想一想。
你叫玛丽来听电话。

兼语句只能在兼语后停顿,而且兼语后边可以插入其他成分。

The sentence of this type is usually divided into two parts. The first part consists of subject, predicate and object. The second part consists of complements. The first part can be followed by some other elements. e.g.

祝你们|学习进步。
他请我|吃晚饭。
张平让我们|星期天去他家玩儿。
中村先生叫你|马上去办公大楼。

在兼语句中,否定副词一般用在第一个动词前。

In the sentence of this type, the negative word is usually placed before the first verb. e.g.

母亲不让孩子喝酒。
我没请他来我家玩儿。

只有表示阻止意义的"别"、"不要"等可以用在第二个动词前。

"别","不要",which express the meaning of stop, can be placed before the second verb. e.g.

请同学们现在别走。
请你不要说话。

（二）前置宾语　Precedent object

为了强调对比或使句子结构紧凑一些,有时宾语也可以放在主语或动词谓语前边。这样的宾语叫前置宾语。

To put emphases on comparison and close sentence structure, the object can be put before the subject and the predicate, thus called precedent object. e.g.

京剧你喜欢看吗?
京剧我爱看,电影我也爱看。
汉英词典我没买,英汉词典我也没买。

这是前置宾语在主语前。

In the above sentences, the precedent object is put before the subject.

李子,你苹果喜欢吃吗?
大卫电影爱看,京剧也爱看。
他茶不喝,咖啡也不喝。

这是前置宾语在动词谓语前。

前置宾语不论在主语前还是动词谓语前,都是说话时的重音所在。

In the above sentences, the precedent object is put before the predicate.

No matter where it is put before the subject or the predicate, its pronunciation should be emphasized.

六、练习　Exercises

（一）选字填空　Fill in the blanks with proper words

1. 王老师非常喜欢看京____。
   A. 到　　　B. 别　　　C. 剧
2. 明天我要到银行去____钱。
   A. 换　　　B. 拥　　　C. 挤
3. 我家在郊区,买东西不太方____。
   A. 件　　　B. 便　　　C. 优
4. 爸爸妈妈都____我来中国学习汉语。
   A. 让　　　B. 说　　　C. 许
5. 下课以后,我给你们介____浦东开发区。
   A. 结　　　B. 绍　　　C. 练
6. 你们几点____去看电影?
   A. 中　　　B. 钟　　　C. 种

（二）选择合适的位置　Put the given word into the right place in the following sentences

1. 明天下午 A 我们 B 去参观浦东开发区 C。　（都）
2. A 我妹妹 B 工作 C。　（在学校）
3. 我们 A 坐汽车 B 去 C 参观。　（下午一点）
4. A 我 B 剧场外面 C 等你。　（在）
5. 我朋友 A 坐公共汽车 B 去 C 参观三资企业。　（不）
6. 王老师 A 叫你 B 下课以后 C 去他的办公室。　（就）

（《标准汉语教程（入门）》第二册, 王国安 主编, 上海教育出版社, 1998년)

정반의문문이다. 이 두 개의 문법 항목과 '遗憾'을 표시하는 기능은 결코 내재하는 필연적 연관성이 없다. 이는 편집자가 문법 항목을 선택할 때 서로 연관된 기능의 특정 표현 방식을 함께 고려하지 못했음을 설명하는 것이다. 이 양자는 거의 독립적이다. 또 다른 한편으론 기능 항목 배치의 제한을 받다보니 문법 항목의 배치 또한 뚜렷한 체계성이 없다는 것이다.

《标准汉语教程》은 확실히 요목을 문법 중심으로 잡아 문법 교육의 체계성을 매우 중시하고 있다. 제18과에는 '겸어문'과 '목적어 전치'라는 두 개의 문법 항목을 배치하고 있다. 문법 설명이 상세하고 전면적이고, 모범 문장은 완전히 이 두 개의 문법 항목에 맞추어 배치하고, 본문도 의식적으로 이 두 개의 언어 현상을 구현하는 데 초점을 두고 있다.

교재 세 권의 교육이념이 모두 다르면 실제 교육에서도 구별하여 사용해야 한다. 그래야만 교재의 특색을 발휘할 수 있다. 위 교재들의 특성을 설명하면 다음과 같다. 첫째, 교육에서 문법 교육의 비중이 각각 다르다. 《标准汉语教程》의 문법 교육 분량이 가장 많고,《开明初级汉语》가 가장 적으며,《汉语会话 301句》가 그 중간쯤 된다. 둘째, 문법 교육 방법에서 《标准汉语教程》에서는 연역법이나 종합법을 채택할 수 있고 문형법과 결합할 수도 있다.《开明初级汉语》와《汉语会话 301句》에는 문형법을 채택할 수 있으나,《开明初级汉语》의 문형 연습은 표현 기능을 목표로 하고 있고,《汉语会话 301句》의 문형 연습은 표현 기능을 목표로 한 부분도 있고 통사 형식을 목표로 한 부분도 있다는 점에서 차이가 있다.

교사는 편집자의 교육이념과 교재의 장점을 철저하게 이해해야만 교재를 진정으로 잘 운용할 수 있다. 물론 이것이 교재의 교수 배치를 적당히 조절할 수 없다는 것을 의미하지는 않는다.

《汉语会话301句》를 예로 들면, 위에서 언급했듯이 이 교재의 특징은 문형 훈련을 핵심으로 하면서도 기능 교육과 통사 교육도 병행했다. 연습

설계에서는 기능 항목에 맞춘 것도 있고, 통사 항목에 맞춘 것도 있다. 적당히 구분하면 효과가 더욱 좋을 것이다. 제24과의 연습은 다음과 같이 조정할 수 있다.

첫째, 연습 ①의 '让'에 관한 연습을 꺼내서 별도로 여기에다 "用'让'完成句子('让'을 사용하여 문장을 완성하시오)"와 같은 연습을 보충하여 문법 교육 부분과 연결하여 진행할 수 있다. 이것이 통사 항목에 맞춘 교육이다.

둘째, 연습 ①의 '真……'의 연습과 연습 ②를 조합하여 먼저 학생에게 연습 ①의 '真……'을 낭독하게 하고 그 후에 학생에게 '真……'을 사용해 연습 ②의 각 문장의 빈칸을 채우도록 한다. 이것이 기능 항목에 초점을 둔 연습이다.

3. 현대 교육기술 수단의 응용

정보기술의 발달로 사람들은 교육의 최적화를 실현하기 위해 현대 교육이론의 지도에서 이용 가능한 모든 기술 수단—교수 학습 자원에 대한 합리적인 개발과 이용, 교수 학습 과정에 대한 과학적 설계·관리·평가—을 운용할 수 있게 되었다.

언어교육에서 현대 교육기술을 운용한다는 것은 주로 멀티미디어 교육 프로그램 이용 및 인터넷 환경에서 하는 언어수업을 가리킨다. 이는 교실의 공간을 크게 넓혔고, 전통적 의미의 '교실'이라는 제한을 극복하였으며, 자기주도 학습의 가능성을 열었다. 또한 상황의 진실성을 크게 높였다. 직접적으로 이미지를 제공하고 보여주며 학습자에게 가장 효율적인 언어환경을 부여한다. 학습자에게 실제 언어환경 속에 있는 것 같은 느낌을 제공하여 담화의 의미와 맥락을 이해하는 데 도움을 주고, 학습자의 표현 욕구를 자극하는 데도 도움을 준다. 이 기술 수단은 시각·청각·감각이라는 기관들의 자극을 통해 학습자의 흥미를 높이고, 학습 내용에 대해 의미 있는 입력을 경험하게 할 수 있어 언어 학습의 효과를 향상시킨다.

문법 교육의 관점에서 보면, 현대 교육기술을 응용한 교육의 큰 장점은 비교적 수월하게 형상적이고 구체적이며 사실적인 언어환경을 결합시켜 문법 교육을 할 수 있다는 것이다. 앞에서 말한 것처럼 문법 교육은 격식과 언어 형식을 가르치는 것뿐만 아니라 언어환경, 의미론, 화용론과도 연관시켜 가르쳐야 한다. 그러나 전통적인 교육 조건에서는 언어환경을 결합시켜 가르친다 하더라도 '교실 안'이라는 한정적인 구역으로 제한받거나 정태적인 언어환경만을 보여준다. 교실 바깥의 언어환경이나 동태적 언어환경을 학생들에게 보여주기가 어렵다. 교사가 신체 언어나 그림을 이용한다 할지라도 그 효과는 제한적이다. 현대 교육기술은 바로 이러한 문제들을 해결해준다.

존재문의 수업은 현대 기술을 이용해 방, 교정, 지역 안에 존재하는 물체를 형상적으로 보여주는 동시에 그 사이의 공간적 관계를 보여준다. 이는 곧 학생들의 존재문 사용에 풍부한 내용을 제공하는 것이다.

방향보어의 교육은 현대기술을 이용해 사람 혹은 사물의 위치 이동 방식과 위치 이동 추세를 동태적으로 보여줄 수 있어 방향보어의 교육을 형상적으로 쉽게 이해할 수 있게 한다.

현대 기술을 이용하면 하나의 사건을 연속적으로 또 형상적으로 보여줄 수 있으며, 인물의 말투, 표정, 행위 등도 보여줄 수 있다. 이 모든 것은 텍스트 표현 연습에 도움이 되는 자료이다.

- 여러분의 경험에 비춰 볼 때 같은 국가에서 온 학생이 어떤 문법 교육 방법을 받아들이는 것이 항상 일치성을 나타냅니까? 예를 하나 들어보세요.

- 두 가지 교재를 선택하여 문법 교육 처리 면에서 유사점과 차이점을 비교해 보세요.

- 어떤 문법 항목의 교육을 위해 교육프로그램을 설계해보고, 전통적인 교육 방식과 비교해보세요.

마무리

이 장에서는 아래 몇 가지의 관계, 즉 문법 교육과 어휘 교육의 관계, 형식과 의미의 관계, 입력과 출력 및 상호작용의 관계, 집중과 분산의 관계, 정확성·유창성·복잡성의 관계, '맞음'과 '틀림'의 관계, 학생·교재·교사의 역할 관계 등의 논의에 역점을 두었다. 문법 교육 중 언급했던 '모순'은 당연히 상술한 몇 가지 측면에만 국한된 것은 아니지만, 이 장에서는 가장 중요한 몇 개의 모순만을 중점적으로 논의하였다.

문법 교육의 원칙·방법·기교를 논의한 후에 다시 냉정하게 문법 교육 중의 주요 모순들을 생각하고, 문법 교육 중의 여러 관계를 어떻게 논증하고 처리할 것인가를 생각해보자. 그러면 틀림없이 사고의 폭을 넓히고, 문법 교육에 대한 인식을 심화시키고, 문법 교육 중의 여러 문제와 모순에 대한 분석 능력과 이론적 수준을 향상시키는 데 도움이 될 것이다.

VI

3P
모형과
과제중심
교육

교육 이념이 더욱 새로워지고, 학습 규율과 교육 규율에 대한 탐색이 심화됨에 따라서 언어 교육의 모형도 부단히 새로워질 필요가 있다. 물론 새로움이란 언제나 원래의 기초를 바탕으로 해서 진행되기 마련이다. 그래서 현행의 교육 방법·교육모형·교육이론에 대해 끊임없는 반성과 총정리·개혁이 필요하다.

앞의 몇몇 장에서 문법 교육의 방법과 기교를 토론할 때 기본적으로 3P 모형의 구조 안에서 진행하였다. 3P 모형은 현재 가장 보편적인 교육 방법이 되었지만 일부 학자들의 비판을 받기도 했다. 또 다른 한편에선 과제중심 교육이 뜨거운 감자가 되고 있다. 과제중심 교육과 3P 모형은 명확하게 대립하는가? 양자의 관계는 어떠한가? 이 장에서는 독자들의 사고와 시야 확장에 도움이 되고자 몇 가지 간단한 분석을 시도해보려 한다.

제1절

3P 모형

1. 3P 모형이란?

3P 모형(혹은 PPP모형)이란 교실 교육을 세 단계로 나누어 차례로 진행하는 것이다. 이 세 단계는 presentation(제시) – practice(연습) – production(표현)이다.*

Jane Willis & Dave Willis(1996)는 상술한 세 단계를 다음과 같이 개괄하였다.

1) 제시

교사는 어떤 특정 언어 형식을 눈에 띄게 제시한다. 그 의미를 구현하기 위하여 이 형식은 어느 정도는 언어환경과 결합해야 한다. 교사의 엄격

---

* 역주: production의 의미를 국내 저 · 역서에서는 '생성', '발화', '산출' 등으로 표현하였으나, 중국어 저서에서는 '表达'로 표현하였다. 여기서는 중국어 번역 어휘대로 '표현'이란 단어를 사용하였다.

한 통제 아래 교사는 학생이 이 형식을 잘 활용할 수 있을 때까지 말하도록 도와주어야 한다.

2) 연습

교사는 시작할 때 조금 느슨하게 통제한다. 교사는 학생들에게 서로 질문을 하거나 그림을 이용하게 하여 관련된 언어 형식을 말할 수 있도록 이끌어준다.

3) 표현

학생이 이 형식을 말할 수 있다는 판단이 서면 교사는 표현 단계(혹은, 자유 단계)로 진입한다. 이 단계에서는 대부분 배역·토론·문제 해결 등의 활동 형식을 채택해야 한다. 그리고 이 활동의 대부분은 이 언어 형식을 사용해야 한다. 이 단계에서 중요한 것은 학생들이 더 이상 교사의 엄격한 통제하에 있지 않는다는 점이다. 이 단계의 초점은 언어 운용에 있다. 교사는 학생들이 일정한 언어환경에서 의미 협상을 할 수 있도록 격려해주어야 한다. 이 언어환경에서는 관련된 언어 형식을 사용해야 한다.

2. 3P 모형의 실질

세 개의 단계는 대체로 다음 과정을 반영한다.

> 형식 → 의미
>
> 기계적 훈련 → 의사소통중심 연습
>
> 교사의 통제하에 훈련 → 학생들 간의 자유로운 의미 교류

새로운 지식을 배우고 나서 교사가 먼저 설명한 다음 학생들에게 기계적 연습을 시키고, 학생이 기본적으로 해당 문법 항목을 파악해 어느 정도 능숙해지면 점차 의사소통중심 활동으로 넘어가는 것이다.

이런 과정도 바로 외국어로서의 중국어 교육계의 일부 교사들이 총괄한 것이다.

> '死' → '活'

소위 사('死')에서 활('活')로 간다는 것은 학생들이 실생활의 의사소통에 점진적으로 접근하도록 도와주는 것이다.

3P 모형은 순서 모형으로, 선 형식, 후 의미의 모형(Dekesyer 1998)을 말한다. 일부 학자들은 사람의 주의력에는 한계가 있어서 형식과 의미 두 측면을 동시에 주의하기가 어렵다고 보았으며, 진술성(descriptive) 지식에서 절차성(procedural) 지식으로 가고, 다시 자동화로 가는 과정에서 형식과 의미의 균형을 실현한다고 보았다. 이 심리인지는 3P 모형에 이론적 근거를 제공했다.

물론 상술한 과정을 기계적으로 단순하게 이해해서는 안 된다.

제시 단계에서 교사가 학생에게 보여주는 것은 결코 단순한 형식이 아니라 특정한 의미와 언어환경을 결합한 것이다. 보여줌과 동시에 교사가 '연습'을 엄격하게 통제하는 것은 연습에 대한 배치가 없어서가 아니라 실수를 하지 않기 위해서이다.

표현 단계에서는 학생들이 완전히 자유롭게 표현하도록 방치해서는 안 되고 표현에서 배운 언어 형식을 더 공고히 할 수 있도록 해야 한다. 배운 언어 형식을 운용할 가능성이 크기 때문에 그 활동 내용과 언어환경은 신경 써서 선택해야 한다.

외국어로서의 중국어 교육 실천에서도 기본적으로는 이 같은 교육모형이다. 그렇지만 실제로는 그렇게 간단하지 않다. 대다수 학교의 종합과목의 경우, 한 단원의 교육을 하나의 교육단위로 한다면 일반적으로 한 교육단위를 '단어-문법-본문-연습'(혹은 단어-본문-문법-연습)의 절차로 나눈다. 그 중 단어 교육 부분에서는 일반적으로 제시와 연습이라는 두 절차를 포함하고(부분적으로 나누어 말하고 연습해도 된다), 문법과 본문 교육 부분은 각각 제시와 연습 절차를 포함하지만, 표현 절차를 포함할 수도 있다. 마지막에는 학생들이 본문 뒤의 연습을 하도록 지도하는 것인데(일부분은 앞서 몇 부분에서 이미 한 것도 있다. 일부분은 과외 숙제로 해도 된다), 기계적인 단일 항목의 연습일 수도 있고 종합적인 표현 활동일 수도 있다.

① 단어 교육 : 단어 제시 - 단어 연습

② 문법 교육 : 문법 제시 - 문법 연습 - (표현 언어환경)

③ 본문 교육 : 본문 제시 - 본문 연습 - (표현 활용)

④ 연습 (1) : 단일 항목 연습

⑤ 연습 (2) : 종합 연습

총합적으로 보면, 대체로 '제시-연습-표현'의 모형이다. 그중에서 ①, ②, ③은 제시 단계이고, ④는 연습 단계이며, ⑤는 표현 단계이다. 각 부분 별로 보면, ②, ③은 그 자체로 '제시-연습-표현'이라는 세 단계를 포함할 수도 있다. 특히 문법 교육 부분이 가장 전형적이다.

3. 문법 교육 3P 모형의 실례

'把'자문의 교수안을 예로 들어 보면 다음과 같다.

(1) 제시

    ① 대화를 통해 '把'자문을 도출하거나("请把书打开", "请把门关上") 본문의 문장을 이용해 '把'자문을 도출한다.

    ② '把'자문의 격식과 그 의미를 설명한다.

    ③ 통제 연습: 학생에게 '把'자문을 받아쓰게 한다. / 교체 연습 / ……

    ④ '把'문을 사용할 때 주의힐 점을 강조한다.

(2) 연습

    ① 문장 완성 :

    我把桌子________。/ 他把我的自行车________。

    / ……

② 문장 구성 :

我把书借给他 + 没 / 他把作业做完了 + 已经

/ ……

③ 그림 보고 말하기 : ……

(연습 방식은 다양하게 할 수 있다.)

④ 표현

학생들에게 방을 어떻게 꾸밀 것인지 말해 보도록 한다. 이때 '把'
자문을 사용하도록 한다.

위의 '把'자문과 관련한 교육 방식은 이 책 앞부분 각 장에서 많이 언급하였다. 사실 이 책에서 소개하는 문법 교육 방식은 기본적으로 3P 모형의 구조 안에 있다. 해외 교사 자격시험이나 교사초빙 면접시험에서 한동안 문법 항목(어떤 보어나 '把'자문 등)의 교수를 시험의 핵심 내용으로 많이 사용했다. 그리고 상술한 설계를 이상적인 모형으로 간주하였다.

의사소통 원칙이 갈수록 인정을 받는 지금 시점에 사람들은 보편적으로 다음과 같이 인식하고 있다. 교육에서 '제시'만 하고 연습을 하지 않는다면 이 교사는 거의 불합격이다. '제시'뿐 아니라 연습 형식도 충분히 하는 교사라면 합격이다. 연습이 많은데다 설명까지 정확하고, 연습의 설계 형식이 다양하며 생동적이고, 기계적 연습에 의사소통 중심의 연습까지 한다면 우수한 교사라 할 수 있다.

3P 모형은 교사 양성의 모델이 되고 있다. 상술한 표준에 부합하고 모형화도 쉽고 조작가능성도 높으며, 교사 양성 교육에 적용하기도 쉽고, 쉬운 것부터 시작하는 학습 규율에도 맞기 때문이다.

- 3P 모형에 근거해 '被'자문을 가르치기 위한 교수안을 만들어보세요.

제2절
과제의 성질과 특징

1. '과제'란?

　최근에는 과제중심 교육이 점차 사람들의 주요 관심 대상이 되고 있다. 과제중심 교육을 소개하기 전에 먼저 무엇이 '과제'인지를 살펴보자. 학자들마다 '과제'에 대한 정의가 서로 다르다. Ellis(2003)는 과제를 이렇게 정의하였다.

　과제는 하나의 활동이다. 그것은 학습자가 어떤 목표에 도달하기 위해 언어를 사용하되 의미에 중점을 두고 사용하도록 한다. 이 과제의 선택은 교사와 학생에게 학습에 도움이 되는 정보를 제공해주기 위해서이다.

　개괄하면, 사람들은 대부분 아래의 몇 가지 측면에서 하나의 활동이 '과제'로 간주될 수 있는지 없는지를 판단한다.

　첫째, 언어적인 것인가 비언어적인 것인가? 가장 넓은 의미에서 말하자면, 과제는 바로 한 가지 일을 하는 것이다. 이 때문에 언어를 운용하는 활동이든 언어를 포함하지 않는 활동이든, 페인트칠을 하는 것에서 길을 묻는 것까지 모두 과제이다. 언어 교육의 각도에서 보면, 당연히 과제를 언어활동의 범위 안에 한정시켜야 할 것이다.

둘째, 교육활동인가 아니면 현실활동인가. 언어활동은 현실 세계의 활동 및 교실에서의 교육활동을 포함한다. 학자들 대부분은 과제를 교육활동의 범위 안에 제한시킨다.

셋째, 의미를 중심으로 할 것인가 아니면 형식을 중심으로 할 것인가. 교육활동은 (1) 의미 교류에 기반한 언어활동, (2) 언어 형식을 보여주는 것을 목표로 한 활동으로 나눌 수 있다. 어떤 학자는 두 가지를 다 과제로 보았으나 대부분의 학자들은 과제를 (1)로 제한해야 한다고 했다.

넷째, 상황 진실과 상호작용 진실. 의미를 중심으로 하는 교실 교육활동은 또 두 가지로 나눌 수 있다. (1) 어떤 활동들은 현실 세계의 활동(실생활)을 직접적으로 반영하고 모방하는 것이다. 이를테면 길을 묻거나 음식점에서 음식을 주문하는 것 등은 '상황 진실'이다. (2) 그러나 "교사가 말하면 학생들이 그것을 그림으로 표현하는 것"과 같은 활동들은 교실의 유희적 성질을 띠고 있다. 하지만 그 언어적 행위는 의미 있는 교류를 한다는 점에서 현실 세계의 활동과 비슷한 점이 있다. 이 때문에 '상호작용 진실'도 과제로 볼 수 있는 것이다.

넓은 의미로 보면, 과제는 바로 현실 세계의 언어 의사소통 활동이며, 이런 과제는 '목표과제(target task)'라고 부를 수 있다. 좁은 의미로 보면, 과제는 교육 과정에서의 현실 의사소통 활동의 재현으로, 학습자의 중간언어를 발전시키는 것을 목적으로 삼는다. 이를 '교육과제(pedagogical task)'라 할 수 있다. 이 책 아래의 논의에서는 '과제'라는 이 개념을 상술한 두 가지 측면의 활동으로 제한할 것이다. 비언어 수단의 활동은 과제가 아니라 '활동'일 뿐이다. 단순히 형식 훈련을 중시한 학습 활동은 과제가 아니라 '학습'일 뿐이다.

목표언어를 사용하여 목표언어의 어떤 형식적인 특징을 논의하는 교실의 상호작용성 활동, 그리고 현실의 의사소통 의미를 갖지는 않지만 의미 교류에 기반한 교실의 상호작용성 활동도 '과제'로 간주할 수도 있다. 엄격하게 보면 '준 과제'이다.

아래에서 하나의 과제를 완성해 보자.

윗글의 정의에 근거해 판단해 보세요. 아래 각 항의 활동 중 어느 것이 전형적인 과제이고, 어느 것이 준 과제이며, 어느 것이 일반적인 연습입니까?

(1) 다음 '把'자문을 '被'자문으로 고치세요.

他把照相机弄坏了。　→　照相机被他弄坏了。
他把我的自行车借走了。　→　我的自行车被他借走了。
你把我吓了一跳。　→　我被你吓了一跳。
他把花瓶打碎了。　→　花瓶被他打碎了。

(2) 두 명의 학생이 짝이 되어, 학생 갑은 오른쪽 그림을 보면서 가능한 한 정확하게 을에게 말해준다. 학생 을은 갑의 서술에 근거하여 그림을 그린다. 만약 잘 모르는 부분이 있으면 언제든지 갑에게 질문한다.

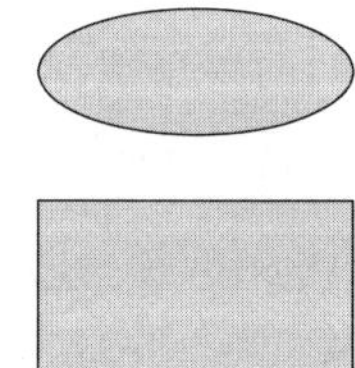

(3) 아래의 대화를 보고 '了'와 '的'의 용법상의 차이를 이야기해 보
    세요. (이야기할 때 중국어를 사용한다)

    A: 你知道吗? 他父母亲来了。

    B: 是吗?他父母亲来了? 是什么时候来的?

    A: 昨天。

    B: 怎么来的?

    A: 坐火车来的。

(4) 교실에서 선생님의 배치에 근거해 아래의 활동을 진행하세요.
    학생 갑은 학생 을을 자기 집으로 초대하는데, 학교에서 자기 집
    으로 가는 노선을 을에게 알려준다. 을은 들으면서 노선을 그리
    되 분명하지 못한 부분은 수시로 상대방에게 묻고 끝으로 다시
    상대방에게 확인한다.

위의 내용은 다음과 같이 분석할 수 있다.

항목 (1)은 연습*일 뿐 과제는 아니다.

항목 (2)는 상황의 진실성을 가지고 있지는 않지만 상호작용의 진실
성을 지닌 '준 과제'이다.

항목 (3)은 목표언어를 직접 운용하여 언어 형식을 토론한 '준 과제'
로, 토론에서 의미 있는 교류와 상호작용도 있다. 그러나 운용하는 것은 문
법언어 기능이다.

항목 (4)는 전형적인 가르치기 위한 과제이다.

---

*   역주: 문장 전환과 같은 단순한 교체 연습을 말한다.

2. 과제의 특징

목표과제와 교육과제라는 두 가지 과제의 특징을 살펴보자.

1) 목표과제

(1) 현실성

① 실생활에서 언어활동은 언제나 특정한 목적이 있다. 설사 한 담이라 할지라도 특정한 목적—인간관계 조절—을 지닌다.

② 언어활동은 언제나 특정한 상황—특정한 사회 문화적 배경과 그때 그곳의 언어환경 및 문맥—에서 전개된다.

③ 언어활동은 반드시 특정한 참여자를 언급하며, 참여자의 언행과 신분은 일치한다.

(2) 의사소통성

① 의미를 중심으로 하는 것으로, 사람들이 관심을 가지는 것은 의미의 교류이다. 형식이 의미의 이해에 영향을 주지만 않는다면 사람들은 대부분 어느 정도 형식을 무시할 것이다.

② 텍스트에 기반한 것으로, 앞뒤 의미가 연관되어 있다.

③ 대부분의 상황에서는 상호작용적이지만 일부는 상호작용이 아니다. 즉 신문에서 셋집 정보를 찾는 것과 같은 것은 단독 행위이다.

(3) 완전성

의사소통의 현실성은 그 의사소통의 완전성을 결정한다. 그러나 이 완전성은 상대적이기 때문에 하나의 과제는 가끔 여러 개의 '소과제(sub-task)'로 나눌 수 있다. '为去北京看朋友做准备'는 하나의 과제인데, 이 과제는 '查看火车时刻表', '买火车票', '发电子邮件请求接站' 등과 같은 소과제로 나눌 수 있다.

(4) 종합성

과제를 완성하는 과정에서 언급할 요소로는 언어, 인지, 문화가 있다. 언어라고 했을 때는 언어 능력뿐만 아니라 언어의 의사소통 전략도 포함한다. 대부분은 서로 다른 언어 기능의 유기적 결합이다. 인지적 측면에서는 선택, 분류, 추리, 종합 등 정보에 대한 처리 과정을 말한다. 문화적 측면에서 언어활동은 반드시 어느 정도 풍속 습관에 맞아야 하고 문화적 관념을 반영해야 한다.

2) 교수과제

교수과제는 목표과제에 대한 모방이다. 이 때문에 교수과제는 목표과제의 기본적인 특징을 지니고 있는 동시에 자체의 특징을 가지고 있다.

(1) 의사소통성
　① 의미를 중심으로 한다.
　② 텍스트에 기반한다.
　③ 대부분은 상호작용적이다.

(2) 모방성

교수과제는 목표과제에 대한 실생활의 모방이다. 이는 학습자 요구 분석(needs analysis)의 기반 위에 선택하고 설계한다.

(3) 교육성

① 조작가능성: 과제는 계획이 있는 것, 교사의 지도 아래 절차대로 진행하는 것, 명확한 목표가 있는 것이어야 한다.

② 목적성: 과제의 최종 목적은 학습자의 언어 의사소통 능력을 발전시키는 것이다.

③ 형식과 의미의 균형: 반드시 의미를 중심으로 하되 형식에도 적절히 관심을 갖고 형식과 의미의 균형을 유지함으로써 중간 언어를 발전시킨다.

3) 과제의 목표

과제 교수법의 목표(aim)와 어떤 구체적인 과제의 목표(혹은 '생산품(outcome)')는 반드시 구별해야 한다. 과제 교수법의 목표가 학습자의 언어 능력과 언어 의사소통 능력을 발전시키는 것은 분명하다. 그래서 과제의 가치는 그 과정에 있지 구체적인 목표에 있는 것은 아니다. 그러나 하나의 과제는 반드시 특정한 구체적 목표가 있어야 한다. 이 목표는 과제의 성질에 의해 결정되고 과제를 효율적으로 수행할 수 있도록 해준다.

> 다음 광고를 보고 여러분이 만족하는 아파트를 선택하십시오. 그리
> 고 중개업소에 전화를 걸어 구체적인 상황을 더 확실하게 이해하기
> 바랍니다.
> (광고 생략)
> Read the advertisments and choose an apartment that seems
> satisfactory to you; then call the rental agency to ask for more detailed
> information.

첫째, 이 과제는 아주 잘 설계된 과제이다. 설계라는 이 과제는 학생들의 의사소통 필요성에도 맞으며, 의미 중심적이고 상호작용적이다. 이 과제는 실생활을 반영한 것이므로, 과제를 잘 완성했는지에 대해 평가하기 위해서는 마지막에 결정을 내리는 데 도움이 되는 정보를 얼마나 이해했느냐 하는 점을 보아야 한다. (중개업소의 배역은 선생님이 맡을 수 있다. 마지막에는 실제로 중개업소로 전화를 해볼 수도 있다)

둘째, 과제의 실시는 교사의 통제 아래 절차에 따라 진행한다. 교사는 먼저 학생들이 준비할 수 있도록 도와주고, 학생들이 마주할 수 있는 어려움을 해결해주어야 한다. 과제의 완성 상황에 대해 강평하고 오류를 수정한다.

셋째, 집을 세 낼 것인지 말 것인지를 결정하기 위해서는 세를 내기로 한 아파트에 대한 전면적인 이해가 있어야 한다. 이것이 이 특정한 과제의 목적이다.

넷째, 이 과제에서 언급할 요소를 완성한다.

① 기능적인 측면:

광고를 보려면 읽기 이해 기능이 필요로 하고, 전화를 걸 때는 듣기 이해와 말하기 표현의 기능이 필요하다.

② 사회 문화적 요소:

중국에서 집을 세내는 일반적인 상황, 거주 도시의 일반 중국인들이 집에 갖춰야 할 시설, 현지의 평균임차료, 광고상의 가격에 협상할 여지가 있는지 없는지, 등과 같은 것이 있다.

③ 인지 과정:

광고상 서로 다른 유형의 아파트와 조건 및 가격에 대한 비교, 중개업소와 전화할 때 상대방 담화에 담긴 언어 외적인 의미에 대한 추측 등과 같은 것이 있다.

④ 의사소통 전략:

중개업소와 말하는 어투와 방식 등과 같은 것이 있다.

⑤ 운용에 필요한 단어/구와 구조 등:

학습자는 배운 구조와 단어/구 운용이 눈앞의 과제를 완성하기 위해서임을 명확하게 인식해야 한다. 학습자가 이 과제를 완성했을 때, 그들은 자연스럽게 자신들의 목표언어 체계를 발전시키게 된다.

- '과제'는 우리가 일반적으로 말하는 '연습'과 어떻게 구별됩니까?

- '과제'는 '의미', '기능'과 같습니까?

제3절
3P 모형과 과제중심 교육

1. 과제의 도움을 빌린 교육

앞에서 서술했듯이 연습은 기계적 연습, 반기계적 연습, 준의사소통성 연습과 의사소통성 연습으로 나눌 수 있다. 3P 모형의 세 단계는 사실 처음부터 끝까지 연습을 관통하고 있다. 단지 연습의 성질이 다를 뿐이다. 제시 단계는 교사의 설명과 결합된 기계적 성격의 연습이다. 연습 단계에서는 주로 반기계적 성격과 준의사소통성 연습을 진행하며, 표현 단계에서는 의사소통성 연습을 진행한다.

1990년대 후반은 '과제의 연대'로 불린다. '과제'의 개념에 전통적인 교육을 포함시킴에 따라 일부 교사들은 3P 모형의 제3단계인 '표현'에서 일부 과제를 의식적으로 설계하였다. 이것이 바로 '과제의 도움을 빌린 교육(task-supported)'이다. 다시 말해서 '과제의 도움을 빌린 교육'은 개량된 3P 교육 모형의 하나이다.

일부 중국어 교재들 가운데 이미 과제의 도움을 빌린 3P 모형의 교육 설계를 볼 수 있다. 马箭飞는《汉语口语速成》의 서문에서 다음과 같이 설명했다.

우리는 과제 교수법의 일부 경험들을 흡수하고, 매 과마다 학생들이 한 개항 혹은 몇 개 항의 의사소통 항목을 파악하고 응용할 수 있도록 하고, 의사소통에 사용해야 할 기본적인 담화와 규칙을 배우게 해서 최종적으로 순조롭게 의사소통 과제를 완성할 수 있도록 노력했다.

이 교재의 '입문편(상)'을 예로 보면, 본문마다 '단어·본문·주석·문법·종합연습'이라는 다섯 부분으로 나누고 있다. 눈길을 끄는 것은 이 책의 네 번째 부분인 '문법'이다. 전통적 교재처럼 문법 해설만 있는 것이 아니라 구조 형식 측면의 연습을 대량으로 포함하고 있다. 이 부분은 기본적으로 의사소통 연습들로, 대부분 '과제'의 특징을 지니고 있다. 예를 들면, 제10과 "现在几点"에서는 아래 부분을 포함한다.

一. 生词(생략)

二. 课文(생략)

三. 注释(생략)

四. 语法

(一) 钟点的读法

练习(생략)

(二) 年、月、日及星期表达法

练习

看图进行替换练习：

今天几月几号?

今天7月22号。

今天星期几?

今天星期三。

1998年
7月22日
星期三

1998年 7月19日 星期日	1998年 7月20日 星期一
大前天	前天
1998年 7月21日 星期二	1998年 7月23日 星期四
昨天	明天

五. 综合练习

1. 把你看到的这个通知告诉你的朋友。

通　知

太极拳学习班7月27日开始，8月14日结束。每星期一、三、五下午4:15 — 5：45。

7月27日上午8:00 — 11:30 在留学生办公室报名。

留学生办公室

1998年7月22日

(马箭飞　主编，《汉语口语速成》(上)，北京语言文化大学出版社，2000년)

위의 예에서 문법 부분의 연습은 기계적인 연습으로, 언어 표현 형식

에 치중하였다. 그러나 종합 연습 부분의 연습은 과제의 정의에 부합한다
는 것을 알 수 있다. 본문에서 이 과제는 문법 교육을 위한 것으로, 그에 상
응하는 문법 항목의 교육을 결합시켰다. 그러나 그것은 동시에 의미 있는
의사소통 활동이자 하나의 '과제'이다.

2. 과제기반 교육

과제에 기반한(task-based) 교수법은 과제를 전체 교수 설계의 기초로
삼아 전체 교실수업 활동은 시종일관 과제를 통해 전개하고, 유의적인 의
사소통 활동을 한다.

교실 교육의 내용을 가지고 보면, 전통적인 교육은 언어를 각 항목별
로 나누어 교수 단위로 삼지만 과제 교수법은 과제를 교수 단위로 삼는다.
물론 어떻게 과제를 설계하고, 어떻게 과제의 난이도를 확정하고, 어떻게
적당한 과제를 선택할 것인가는 더 깊이 연구해야 할 문제이다.

교실 교육의 실시에서 보면, 전통적인 교수법은 세 단계를 취하는데,
즉 위에서 서술한 3P 모형과 같다. 과제 교수법도 교수법을 세 단계로 나
누지만 세 단계의 내용은 3P 모형의 세 단계와 판이하게 다르다. 과제 교
수법의 세 단계는 아래와 같다.

① 과제 전:
교사는 학생의 과제 수행을 위한 준비를 철저히 해야 하며, 준
비하는 과정에서 학생의 언어 습득을 촉진시킨다. 예를 들어
먼저 학생에게 유사한 과제를 처리하도록 유사한 견본을 제공

하거나 학생에게 직접 명확한 의사소통 과제를 준다. 그러고
나서 학생이 준비하고 연습할 수 있도록 도와준다.

② 과제 중:

학습자는 가상의 의사소통 상황에서 어떤 의사소통 과제를 완
성한다.

③ 과제 후:

교사는 학습자가 과제를 완성하는 상황에 대해 강평을 한다.

아래의 예를 보자.

---

1. 한 단락의 녹음을 듣는다. 듣고 난 후 서식을 작성한다.

(학생과 교무실 선생님의 전화 녹음)

학생 : 老师，您好！听说学校要开一个太极拳班，是真
的吗？

교사 : 是真的。你想参加吗？

학생 : 我对太极拳很有兴趣。这个班每天都上课吗？

교사 : 不是。每星期的星期二、星期四下午，4点到5
点。

학생 : 我现在可以报名吗？

교사 : 星期三开始报名。

학생 : 学费多少?

교사 : 这是免费的。

서식을 작성한다.

太极拳班

上课时间	报名时间	学费

2. 학생 A는 오늘 학교에 오지 않았지만 태극권반에 관한 통지 내용을 알고 싶었다. 그래서 그는 학우 B에게 전화를 한다. 학생 A는 학우 B에게 관련된 문제를 묻고 서식을 작성한다.

   학생 B는 통지문을 보고 학생 A의 문제에 답한다.

通 知

太极拳学习班7月27日开始，8月14日结束。每星期一、三、五下午4:15 — 5：45。

7月27日上午8:00 — 11:30 在留学生办公室报名。

留学生办公室
1998年7月22日

太极拳学习班

太极拳学习班

开始时间	结束时间	上课时间	报名时间

3. 교사의 강평

3. 3P 모형과 과제중심 교육

과제중심 교육(과제에 기반한 교육)과 3P 모형을 자세히 비교해보면
둘 사이에 적어도 다음과 같은 구별이 있음을 알 수 있다.

① 교실 교육의 목표: 이는 어떤 언어 형식을 학습하느냐 아니면
특정한 과제를 완성하느냐이다. 3P 모형으로 언어 형식을 교육
할 때의 목적은 바로 이런 형식들을 학습하는 것이다. 과제중
심 교육의 준비 단계에는 언어 형식을 가르치는 과정이 유사한
것 같지만 이런 언어 형식들의 학습은 매우 구체적인 목표와
연계되어 있다. 전체 과정은 모두 과제를 완성하는 이 핵심을
둘러싸고 전개되며, 의미를 둘러싸고 전개된다.

② 교사의 역할: 지식의 전수자 아니면 과제를 완성하는 보조자
이다. 과제중심 교육의 준비 단계에서의 교사는 학생이 과제를
준비하는 것을 돕는 역할이지 지식을 전하는 역할이 아니다.
처음부터 끝까지 학생이 교실의 중심이다.

③ 실시 과정에서 보면, 앞에서 기술했듯이 3P법은 '제시연습표
현'이라는 세 단계로 나뉘지만, 과제의 도움을 빌린 것은 제3단
계에서만 일어난다. 과제중심 교육은 과제 전, 과제 중, 과제 후
라는 세 단계로 나뉘며 시종일관 과제를 가지고 진행한다.

종합해보면 3P 모형은 제시 · 연습 · 표현을 명확하게 구별하여 먼저
언어의 용법을 학습한 다음 언어의 사용을 진행한다. 과제에 기초한 과제

중심 교육은 명확한 목표가 있고 의미 있는 활동이며, 처음부터 끝까지 학생 중심이다. 과제 교수법은 어휘, 문법을 가르치지 않는 것이 아니라 오로지 학생이 과제를 완성하도록 한다. 입력에서 출력까지의 학습 과정을 따르기는 하지만 몇 가지 측면을 유기적으로 융합하고, 언어의 사용을 통해 언어의 용법을 학습한다는 점에서 차이가 있다.

과제의 도움을 빌린 3P 모형은 조작가능성이 강해서 형식상의 순서에 따른 진도를 고려하면서 언어 교육에서 의사소통 원칙을 함께 고려한 것이지만 여기에도 약간의 문제점은 있다.

3P법에 따르면 '제시' 단계에서는 주로 입력 문제를 해결하고 연습 단계를 통해 능숙하게 파악하는 단계에 도달하고, 마지막으로 표현 단계, 즉 출력에서 강화시켜 자동화를 실현한다. 입력과 출력 과정을 간단하게 분리·대립시켰다.

3P법은 이산의 형식 항목에 대한 안배와 교육을 지나치게 강조한다. 바로 언어를 발음·어휘·의미·기능 부분으로 분석하고, 부분마다 모두 크고 작은 단위를 구성한다. 이런 단위들은 사용 빈도·난이도 배열 순서에 따라(거의 직관에 의존한다) 이산의 방식으로 학습자에게 나타난다. 교육 과정이 중간언어의 발전 과정을 결정하기 때문에 교사가 뭘 가르치면 학생은 자연스럽게 그것을 배울 수 있다고 단순하게 생각했다. 하지만 이것은 언이 습득의 실제에 맞지 않다. 앞에서 언급했듯이 언이 습득에 관한 연구 성과에서도 잘 나타나 있다. 언어습득 과정은 결코 하나하나의 언어 항목(어휘·문법·의미기능)의 점진적 누적 과정이 아니며, 언어의 발전은 단일 방향이 아니다. 게다가 어떤 언어 항목에 대한 습득도 단번에 완성되는 것은 아니다. 대부분 톱니 모양이나 U자형으로 나타나며 심지어 일시적 후퇴 현상도 있다.

도대체 3P법과 과제중심 교수법을 어떻게 평가해야 하고, 과제라는 개념을 우리들 교육에 어떻게 끌어들여야 할지는 실천을 통해 탐색해야 한다.

- 여러분은 전통적인 3P 모형 안에서 '과제'의 도움을 빌릴 것입니까, 아니면 오로지 과제중심 교수법을 사용할 것입니까? 그 이유는?

마무리

　　과제중심 교수법은 현재 사람들이 보편적으로 관심을 갖는 화제이다. 그러나 외국어로서의 중국어 교육에서 과제 교수법의 이념을 어떻게 흡수할 것인가에 대해서는 아직도 많은 연구가 필요하다. 과제야 말로 구조·기능·문화가 서로 유기적으로 결합된 가장 적합한 교육 단위의 하나가 될 수 있다고 본다. 그러나 과제 틀 안의 구조·기능·문화가 결합된 문제를 어떻게 해결하느냐, 과제중심 교수법에서 언어입력 문제를 어떻게 해결하느냐는 아직도 연구해야 할 난제이다. 과제 교수법에 관한 자세한 논의는 여기서 하지 않겠다.

　　결론적으로 교수법을 개진하기 위해서는 학습 규율에 대한 깊이 있는 연구가 필요하다. 교수법에 대한 평가는 학습자의 실제 학습 효과에 달려있다. 어떠한 교수법이든 모두 그 자체로 장점과 단점이 있으며, 완벽한 교수법은 존재하지 않는다. 문법 교육 또한 이와 같다.

부록

방향보어

1. 본문

何聪：你早！

马丁：你早！

何聪：你是外国留学生吧？

马丁：对，我叫马丁，是美国留学生。你叫什么名字？

何聪：我叫何聪，在你们学校附近的一个机器厂工作。我每天
上、下班都要经过你们宿舍。

马丁：哦，怪不得我好像在哪儿见过你。

何聪：我看到你好多次了。你每天六点钟就起床了？

马丁：是的，我要跑出来锻炼身体。

何聪：就在这条马路上跑步？

马丁：对，打完太极拳以后，就在这条马路上跑步。

何聪：跑完步以后呢？

马丁：我就跑进浴室去洗澡。洗好澡，我跑下去吃早饭。

何聪：早饭吃中餐还是吃西餐？

马丁：吃西餐。一杯桔子汁、一瓶酸牛奶、两个鸡蛋、一个面
　　　包。

何聪：吃完早饭就去上课了?

马丁：不，我还要走上楼去喝咖啡。喝好咖啡，我才下楼去教
　　　室。

何聪：教室离宿舍远不远?

马丁：比较远。走过去差不多要二十分钟。

何聪：教室在几楼?

马丁：四楼。

何聪：教学楼有没有电梯?

马丁：没有电梯。我们每天都是走上去、走下来的。

何聪：这样也不错，可以锻炼身体。

马丁：对，现在我们一口气就可以走上去了。上上下下一点也
　　　不觉得累了。

何聪：你们几点钟上课?

马丁：八点钟上课。

何聪：大家都很准时吧?

马丁：一般都很准时。有的时候起床起得晚了点儿，或者忘
　　　了带作业，走到半路上又跑了回去。这样也常常会迟到
　　　的。

　　　……

《新汉语课本》第二册，复旦大学出版社,1990년)

2. 교수 절차

1) 문법 항목의 복습과 도입

(1) 문제 제시:

중국어에서 방향동사로는 어떤 것들이 있습니까?

학생의 대답을 유도하면서 아래의 표를 칠판에 쓴다.

	上	下	进	出	回	过	起
来	上来	下来	进来	出来	回来	过来	起来
去	上去	下去	进去	出去	回去	过去	

(2) 설명:

이런 동사는 다른 동사의 뒤에 두어 '방향보어'를 구성한다.

칠판에 아래의 내용을 쓴다.

V + 趋向补语

举例: 走上去/走下来/跑回去

2) 연습

(1) 듣고 빈칸을 채우세요.

한 마디를 듣고 난 후 문장 속의 빈칸을 채운다. (모든 문장을 완성
한 후 다시 한 번 전체를 듣는다)

[문제]

① 电梯坏了，我们只能走 ________ 。

② 走 ________ 饭店，我们一坐 ________ ，服务员就
   走 ________ ，给我们看菜单。

③ 我朋友从日本来看我，给我带 ________ 了一件礼物。

④ 昨天我去看朋友，给他带 ________ 了一件礼物。

⑤ 我在马路边看到一条没人要的小狗，快饿死了，我就把它
   带 ________ 家 ________ 了。

⑥ 他从包里拿 ________ 一张报纸给我们看，报纸上有他
   的照片。

[해답]

① 电梯坏了, 我们只能走上去。
② 走进饭店, 我们一坐下, 服务员就走过来, 给我们看菜单。
③ 我朋友从日本来看我, 给我带来了一件礼物。
④ 昨天我去看朋友, 给他带去了一件礼物。
⑤ 我在马路边看到一条没人要的小狗, 快饿死了, 我就把它带回家来了。
⑥ 他从包里拿出来一张报纸给我们看, 报纸上有他的照片。

(2) 구두 표현

몇 사람의 활동을 방영한 다음 학생들에게 본 장면에 근거해 빈칸
을 채우도록 한다.

[문제]

① 他走 ________ ，坐 ________ ，准备回答我的问题。
② 他试了几次，终于爬 ________ 了。

③ 他打开包，从包里拿 _________ 一本书 _________。

④ 他站 _________ ，走 _________ 教室 _________了。

[해답]

① 他走<u>进来</u>, 坐<u>下</u>, 准备回答我的问题。

② 他试了几次, 终于爬<u>上去</u>了。

③ 他打开包, 从包里拿<u>出</u>一本书<u>来</u>。

④ 他站<u>起来</u>, 走<u>出</u>教室<u>去</u>了。

3) 장소목적어의 위치 강조

(1) 설명

동사 뒤에 방향보어가 있고 또 목적어가 있을 경우 그들의 위치에
주의해야 합니다.

질문: 我们是说 "回去家" 还是 "回家去"？
(학생들은 '回家去'라고 대답한다)

好，那么，下面的意思应该怎么说?

칠판에 아래의 내용을 쓴다.

走出去 + 教室 → ?

带回来 + 家 → ?

학생들의 대답을 근거로 답을 칠판에 쓴다.

走出去 + 教室 → 走出教室去

带回来 + 家 → 带回家来

총괄: 만약 목적어가 장소를 표시할 경우 반드시 '上来'·'上去'·
'回来'·'回去' 등의 중간에 놓아야 한다.
칠판에 아래와 같이 쓴다.

地方

上	来
上	去
回	来
回	去
进	来
…	…

(2) 연습

들은 내용에 근거해 완전한 문장을 말해보세요.

根据听到的内容，说出完整的句子:
① 他把书放进去 + 包里
② 那个小孩爬上去了 + 树
③ 他明天就要飞回去 + 美国

④ 他走下来迎接我们 + 楼

① 他把书放进包里去。
② 那个小孩爬上树去了。
③ 他明天就要飞回美国去。
④ 他走下楼来迎接我们。

'把'자문

1. 본문

李华：田野，这几天你一定很忙吧？

田野：是啊，正忙着布置新房呢。

李华：新房布置好了没有？

田野：还没有呢。

李华：把新房布置得漂亮一些。

田野：怎么布置？

李华：新房面积有多大？

田野：卧室有十五平方米。

李华：那好办。你把写字台放在窗户下面，把桌子放在房间中间，桌子上再放一瓶花儿。

田野：床和沙发呢？

李华：把床放在门的左边，把沙发放在门的右边，再把衣柜放在门的旁边，把电视机放在沙发的对面。

田野：照片和画儿怎么挂？

李华：把结婚照片挂在左边墙上，把画儿挂在右边墙上。

田野：冰箱和洗衣机放在哪儿好?

李华：把冰箱放到厨房里去，把洗衣机放到卫生间去。房间打
扫过没有?

田野：没有。

李华：你要先把房间打扫干净，然后再把家具搬进去。明天我
休息，我来帮助你布置新房。

田野：那太谢谢你了。

李华：谢什么! 我一直把你看成是我最好的朋友。

田野：是吗?谢谢!

李华：看你，又谢了。

(《新汉语课本》第三册，复旦大学出版社, 1990년)

2. 교수 절차

1) 문법 항목 도입

(1)요구 제시

분문 속의 '把'자문을 찾아내세요.

학생의 대답에 근거해 칠판에 쓴다.

① 先把房间打扫干净。

② 然后再把家具搬进去。

③ 把新房布置得漂亮一些。

④ 把写字台放在窗户下面。

⑤ 把冰箱放到厨房里去。

학생들과 함께 칠판에 쓴 문장을 낭독한다.

문장을 간단하게 분석하고 칠판에 쓴다.

S - 把 - O - V ······

(2) '把'자문의 의미를 설명한다.

"把"字句表示通过某个动作、行为，让某个对象受到一种影响，发生一种变化，产生一种结果。

(3) 언어환경을 결부시켜 '把'자문의 의미를 설명한다.

교사는 학생들이 한 학우의 사전에 주목하도록 한다.

大家看，马丁有一本词典，在桌子上放着。

好，现在，请马丁把词典拿过来。

(마틴이 사전을 선생님께 전해준다)

(마틴에게) 请你把词典放在我的桌子上。

(마틴이 사전을 선생님 책상 위에 놓는다)

好，现在，请注意看。(사전을 가방 속에 넣으면서) 我做了什么？

학생들의 대답 : 你把词典放进包里。

교사 : 对。我把词典放进包里去了。

학생들이 방금 말한 세 문장을 기억하도록 한다.
교사가 칠판에 쓴다.

> 请你把词典拿过来。
>
> 请把词典放在桌子上。
>
> 我把词典放进包里去了。

학생들에게 위의 문장을 읽도록 한다.

총괄:

所以，如果这儿有一个东西，我们对这个东西做了什么动作，让这个东西发生了一点变化，这时候，我们就常常用"把"字句。

2) 구조적 특징을 설명하고 연습을 진행한다

'把'자문을 사용할 때는 아래의 몇 가지 점에 특히 주의해야 한다.

(1) '把'의 목적어는 확정된 것이어야 한다. "把房间打扫干净"，"把这个房间打扫干净"，"把那个房间打扫干净"으로 말할 수는 있어도 "把一个房间打扫干净"，"把两个房间打扫干净"라고 말할 수는 없다.

(2) '把'자문에서 동사 뒤에는 동작과 행위가 영향을 끼친 결과를 설
    명하기 위해 언제나 결과보어 · 방향보어 · 정태보어와 같은 다른
    성분이 있어야 한다. (칠판 위의 예문과 연계해서) 학생들에게 문
    장을 완성하도록 한다. (구두 연습에서는 듣고 대답하도록 한다)

　　① 请把书打 ______ 。
　　② 房间太脏了，我们把房间打扫 ______ 吧。
　　③ 昨天，我们忙了一天，把房间布置 ______ 。
　　④ 这张桌子没用，我们把它搬 ______ 吧。
　　⑤ 请你把词典递 ______ 。

　　① 请把书打开。
　　② 房间太脏了，我们把房间打扫一下吧。
　　③ 昨天，我们忙了一天，把房间布置得非常漂亮。
　　④ 这张桌子没用，我们把它搬出去吧。
　　⑤ 请你把词典递给我。

(3) '把'자문에서 시간사, 부정사, 조동사와 같은 단어는 '把'의 앞에
    두어야 한다.
    학생들에게 문장을 구성하게 한다. (구두 연습에서는 듣고 대답하
    도록 한다)

　　① 他把我的照相机借走了 + 昨天
　　② 他把画儿挂上去 + 没
　　③ 把写字台放在门旁边 + 别
　　④ 你把洗衣机放到卫生间去 + 应该

(4) 틀린 문장을 수정한다.
　　① * 我把一本词典买到了。
　　② * 他把房间没打扫干净。
　　③ * 我把他打。
　　④ * 我把饭吃得很满意。

3) 연습

① 학생들이 본문의 내용에 근거해서 다노(田野)가 어떻게 집안을 꾸미려고 하는지에 대해 설명하도록 한다.

② 학생 A가 오늘 이사를 하는데, 이삿짐센터가 이미 가구를 새로 살 집의 입구에 옮겼다고 가정한다. 학생 B는 짐꾼이다. A는 B가 이 가구들을 방안으로 들여놓을 때 사전에 계획한 곳에 둘 수 있도록 지시해야 한다.

③ 학생A는 삽도1과 삽도2를 보고 옮길 것을 지시한다.

④ 학생 B는 삽도2와 삽도3을 보고(삽도1을 봐서는 안 된다) A의 지시에 근거해 평면도에 가구를 두는 위치를 표시한다. 잘 모르는 부분은 수시로 A에게 물을 수 있다.

〈그림 1〉

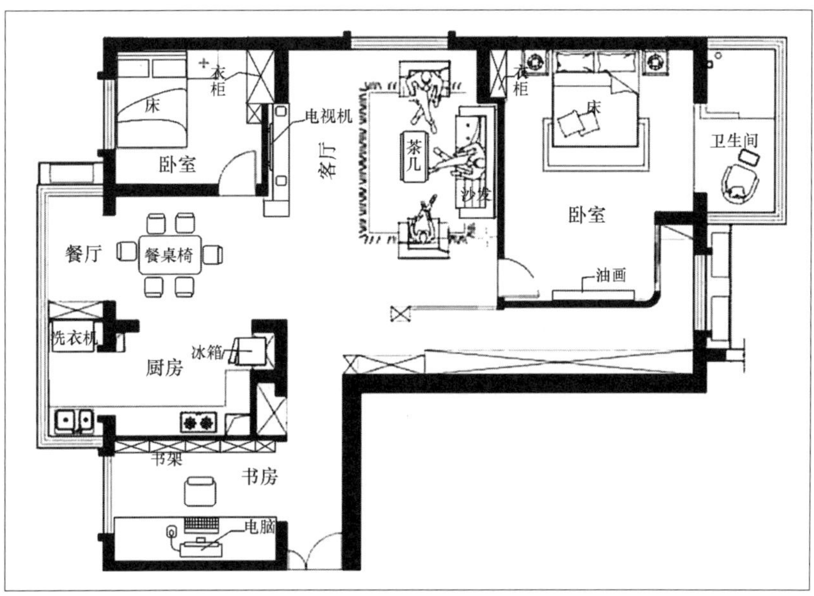
衣柜
床
卧室
电视机
客厅
茶几
衣柜
床
卧室
沙发
卫生间
餐厅
餐桌椅
油画
洗衣机
冰箱
厨房
书架
书房
电脑

〈그림 2〉

<그림 3>

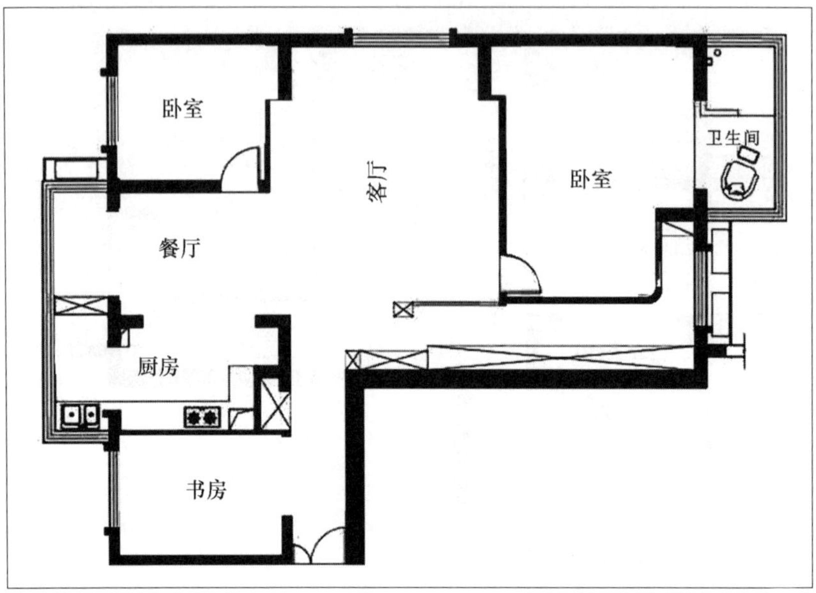

저자 후기

이 책은 주로 외국어로서의 중국어 교육에 종사하거나 이제 종사하기 시작한 중국어 교사들을 위한 것이며, 외국어로서의 중국어를 전공한 본과생이나 대학원생, 그리고 외국어로서의 중국어 교육에 종사하거나 이에 흥미가 있는 친구들도 참고로 할 수 있다. 이 책은 이론과 실제가 서로 결합되어 있고 어려운 내용을 쉽게 설명하고 있으며 간단하고 실용적이다.

이 책은 제2언어 문법 교육의 일반 이론과 중국어 교육문법의 기본 틀에 바탕을 두고 있고, 문법 교육의 원칙과 방법, 기교에 중점을 두고 있지만 선진적인 학술 문제의 분석과 검토도 더불어 언급하고 있다.

이 책의 발간에 맞추어 필자는 먼저 세계 각국에서 온 필자의 제자들에게 감사를 표하고 싶다. 외국어로서의 중국어 교육에 13년간 종사하면서 필자가 가장 많이 담당한 과목은 초급 중국어 읽기와 쓰기 과목이고, 문법 교육 역시 중요 교육 과목의 하나였다. 교육 과정에서 성공의 기쁨도 있었고 실패의 고통도 있었다. 기교를 부려 학생들을 가르치며 득의양양하기도 했고, 학생들에게 어려운 질문을 받아 난처하기도 했나. 때로는 학생들의 실력 향상으로 기뻐하기도 했고, 교육 효과가 좋지 않아 미안하기도 했다. 학생들은 필자로 하여금 끊임없이 문법 교육 이론을 되새기게 하고 문법 교육 방법을 개선하도록 만든 근본 원동력이다.

물론 동료들에게도 감사하고 있다. 본원에서 강의하는 대학원생이나 선생님은 물론이거니와 해외 동료들에게도 감사한다. 그들과 함께 작업하고 연구하는 가운데 많은 것을 얻었다. 노(老) 교사들의 풍부한 경험과 뛰어난 시범강의는 나에게 큰 도움이 되었다. 일찍이 해외의 친구들과 함께 작업을 한 적이 있는데, 그들의 독창적인 교육 방법은 나의 생각과 시야를 넓게 만들어 주었다. 필자는 또한 젊은 강사들의 수업을 들은 적이 있다. 수업에서 비록 미숙한 부분이 많이 있었지만 이들의 다양한 교수안 자료는 필자의 분석과 사고에 많은 도움이 되었다.

필자는 특별히 张建民 교수에게 감사하고자 한다. 이 책은 그의 제안과 기획 아래 만들어진 것이다. 원고를 완성한 후 선생님께서 꼼꼼히 읽어주셨고, 조판 설계와 디자인까지 해주었다. 만약 선생님의 제안·재촉·지지·도움이 없었다면 이 책은 지금 없었을 것이다. 또한 华东师范大学 출판사와 편집자에게 감사를 드린다.

마지막으로 필자의 논문을 지도한 范开泰 교수에게 특별히 감사드린다. 선생님은 외국어로서의 중국어 교육 이론에서 계몽적 역할을 하신 분이다. 이번에도 선생님께서 흔쾌히 서문을 써주시고 격려해주셨다. 선생님의 인정과 격려가 필자로 하여금 여기서 만족하지 않고 더 노력하도록 만들고 있다.

2006년 8월
复旦大学国际文化交流学院에서
吴中伟 씀

역자 후기

이 책《怎样教语法-语法教学理论与实践》은 7년 전에 중국 상해의 한 대형 서점에서 구입했다. 당시에는 이 책의 내용보다는 책 제목에 더 관심이 끌려 구입했다. 그러나 구입 후 자세히 읽어보지도 않았다. 막상 이 책을 번역하면서 '3P 모형'과 같은 이론적 설명 부분에서 번역 문제를 해결하기 위해 영어나 한국어 문법 교수법 관련 책을 꺼내 보았다. 특히 영어문법 교수 방법을 다룬《문법을 어떻게 가르칠 것인가》는 번역에서 많이 참고하였다. 번역에 참고한 이 책들은 중국어 문법 수업에 도움이 될까 싶어 수년 전에 구입해 놓고도 읽지 않고 연구실 책장에 묻혀 두었던 것이다. 그만큼 이론문법만이 '학문'이고 교육문법은 누구나 쉽게 알 수 있는 '가벼운 학문' 쯤으로 여겼다. 그러나 역자는 이 책을 번역하면서 그동안 직관이나 경험에 의존해 가르쳤던 문법 항목이 체계화되고 내재화되는 것을 느꼈다. 또한 번역 막바지인 5월 말쯤 책에 나오는 교수 방법을 '중국어 독해기초' 수업에 적용해보고 나서 학생들의 반응이 좋은 것을 보고 내심 놀랐다.

역자는 20여 년간 중국어 교육에 종사했지만 독해 수업에는 문법-번역식 교수법만을 고집했다. 학생들이 읽고 우리말로 해석하면, 해석에서 틀린 부분이나 복잡한 문장구조에 초점을 맞추어 우리말 해석과 문장분석을 해주고 가끔 본문을 '통암기'시키곤 했다. 문법 수업에서는 문법 항목별 난이도와 상관관계를 고려하지 않고 한 번에 하나의 문법 항목을 학생들에게 주입시키려다 나 자신에게 실망한 적도 있다. 수업에서 가르치기만 했을 뿐 저자가 강조한 '연습'이 없었다. 자기주도 학습의 의지가 부족한 요즘 학생들에게 강요식 교수법을 고수했던 것이다.

저자는 책에서 "언어 교육의 목적은 학생들의 언어 의사소통 능력을 향상시키는 것이다. 문법 교육은 수단일 뿐이지 목적이 아니다. 문법 능력 배양은 언어 의사소통 능력을 향상시키기 위함이다"라고 주장하면서, "언어 교육이 문법 교육이다. 문법 교육은 독해 과목이나 문법 과목에 국한해서는 안 된다. 듣기, 말하기, 작문 등의 수업에도 있을 수 있다. 각 과목의 특징에 맞추어 '명확한 문법 교육'이 아닌 '실생활 문답', '그림보고 말하기', '텍스트', '다시 말하기', '표현 모방' 등의 연습을 통해 문법을 가르쳐야 한다"고 했다. 그의 이러한 견해는 역자로 하여금 문법 교육에 대한 생각을 달리하게 만들었다.

이 책은 특히 초급중국어 수업을 하는 교사들에게 도움이 된다. 역자는 어학 관련 강의 중에서 초급중국어 수업을 가장 지루해하고 힘들어했다. 이 책을 번역하면서 생각해보니 다양한 교수 방법을 시도해보지 않았고, 복습에서도 '연습' 훈련 설계가 제대로 준비되지 않았던 것 같다.

어떤 초급 중국어 교재에는 이미 앞부분에서 '了', '是…的'나 '把'자 문 격식이 나오기도 한다. 교재 편찬 방식이 잘못된 것이지만, 저자는 이러한 경우에도 교수자가 문법 항목의 난이도를 조절하거나 아예 관련 문법 항목에 대한 설명을 배제할 수 있음을 알려주고 있다.

원서에서 가장 많이 등장하는 어휘는 '语法点'이다. 이것을 번역서에서는 '문법 항목'으로 번역하였다. 엄밀히 보면 '语法点'의 정확한 번역은 '문법 포인트'로 문법 항목의 하위 범주이다. 예를 들어 '把'자문이나 보어가 하나의 문법 항목이라면 '把'자문 안에도 여러 항의 문법 포인트가 있을 수 있고, 보어도 여러 항의 문법 포인트로 세분할 수 있다. 그렇지만 여기서는 문법 항목과 문법 포인트를 구분하지 않고 모두 국어학계에서 사용하는 용어대로 '문법 항목'으로 처리하여 번역하였다. 그리고 '教学'은 문맥에 따라 '교육', '교수/교수법', '가르치다' 등과 같이 다양하게 처리하여 번역하였다. 사실 '教学'도 엄밀히 논하자면 '教育'의 하위 범주에 속한다.

최근 국내에도 '중국어 교수법' 관련 저서와 번역서가 몇 권 출간되었다. 하지만 이 책들은 '발음 · 어휘 · 독해 · 읽기 · 말하기 · 작문 · 문자' 등을 두루 언급한 것으로, 문법 교수법만을 따로 깊이 있게 체계적으로 다룬 것은 아니다. 중국어 교육문법을 전문적으로 다룬 책으로는 박용진 교수가 번역한《현대중국어교육문법연구》(2012년)와《현대중국어교육어법연구》(2005년) 등이 있다. 하지만 이 책들은 교수법 교재의 형식을 갖춘 것은 아니고 주로 邓守信 교수의 강의와 논문을 소개한 교육문법 이론서의 성격이 강하다. 하지만 이 두 권의 책으로 인해 국내 학계에서도 교육문법 이론에 관심을 돌리게 되었다는 점에서 그 의미가 크다고 볼 수 있다.

출간 과정에서 많은 분들의 도움이 있었다. 번역 원고 마감일에 쫓기는 역자를 위해 1차번역 작업의 일부를 도와준 이상천 박사, 신미섭 박사, 박선진 선생에게 고마운 뜻을 전한다. 또한 번역에서 부딪치는 난해한 표현들을 쉽게 설명해준 북경어언대학의 苏英霞 교수에게도 감사드린다. 그리고 완성된 원고를 보지 않고도 출판을 흔쾌히 승낙해준 북코리아 이찬규 사장님과 편집에 교열까지 해준 선우애림 편집자에게도 감사를 드린다.

2014년 6월
역자 백수진

참고문헌

崔希亮 2002, 试论理论语法与教学语法的接口,《中国对外汉语教学学会第七次学术讨论会论文选》, 人民教育出版社。

崔永华·杨寄洲 1997,《对外汉语课堂教学技巧》, 北京语言文化大学出版社。

崔永华 1990, 关于对外汉语教学语法体系的思考,《语言学和语言教学》, 北京语言学院出版社。

邓守信 1999, The Acquisition of "了 le" in L2 Chinese,《世界汉语教学》第1期。

邓守信 2003, *Guidelines for Grammartical Description in L₂ Chinese*,《世界汉语教学》第1期。

丁言仁 2004, 第二语言习得研究与外语学习, 上海外语教育出版社。

范晓 1996,《三个平面的语法观》, 北京语言学院出版社。

郭鹏 2004, 复杂句型分散化和固定化的语感教学探索,《云南师范大学学报·对外汉语教学与研究》

国家汉办教学处 2003,《对外汉语教学语法探索》, 中国社会科学出版社。

金立鑫 1996, 关于疑问句中的"呢",《语言教学与研究》第4期。

竟成 1999, 我们究竟需要什么样的语法大纲,《世界汉语教学》第3期。

柯彼得 1990, 汉语作为外语教学的语法体系急需修改的要点,《第三届国际汉语教学讨论会论文选》, 北京语言学院出版社。

李泉 2003, 基于语体的对外汉语教学语法体系构建,《汉语学习》第3期, 见《对外汉语教学理论思考》, 教育科学出版社2005年。

李泉 2004, 对外汉语教学理论和实践的若干问题,《第七届国际汉语教学讨论会论文选》, 北京大学出版社

李晓琪 1995, 中介语与汉语虚词教学,《世界汉语教学》第4期。

刘颂浩 2005,《对外汉语教学研究》, 教育科学出版社。

刘英林·李明 1997,《语法等级大纲》的编制与定位,《语言教学与研究》第4期。

刘月华 等 2001,《实用现代汉语语法》, 商务印书馆。

卢福波 2004，对外汉语教学语法的内容确定，层级划分与项目排序问题，《第七届国际汉语教学讨论会论文选》，北京大学出版社。

鲁健骥 1999，《对外汉语教学思考集》，北京语言文化大学出版社。

陆俭明 2000，对外汉语教学中的语法教学，《语言教学与研究》第3期。

吕文华 1994，《对外汉语教学语法探索》，语文出版社。

吕文华 1999，《对外汉语教学语法体系研究》，北京语言文化大学出版社。

吕文华 2001，关于述补结构系统的思考，《世界汉语教学》第3期。

吕文华 2002，对外汉语教材语法项目排序的原则及策略，《世界汉语教学》第4期。

施家玮 1998，外国留学生22类现代汉语句式的习得顺序研究，《世界汉语教学》第4期。

王培光 1996，西方语法教学的新趋向，《语言教学与研究》第3期。

王钟华(主编)1999 《对外汉语教学初级阶段课程规范》，北京语言文化大学出版社。

吴勇毅 2002，汉语作为第二语言语法教学的"语法词汇化"问题，《暨南大学华文学院学报》第4期。

吴勇毅 2004，《对外汉语教学探索》，学林出版社。

徐子亮·吴仁甫 2005，《实用对外汉语教学法》，北京大学出版社。

杨德峰 2001，初级汉语教材语法点确定，编排中存在的问题，《世界汉语教学》第2期。

杨惠元 2003，强化词语教学，淡化句法教学，《语言教学与研究》第1期。

叶盼云·吴中伟 1999，《外国人学汉语难点释疑》，北京语言大学出版社。

张旺熹 2005，《对外汉语研究与评论》，教育科学出版社。

赵金铭 1994，教外国人汉语语法的一些原则问题，《语言教学与研究》第2期。

赵金铭 1996，对外汉语语法教学的三个阶段及其教学主旨，《世界汉语教学》第3期。

赵金铭 2002，对外汉语教学语法与语法教学，《语言文字应用》第2期。

赵淑华 2000，建立应用型资料库的设想，《对外汉语教学回眸与思考》，外语教学与研究出版社。

周小兵 2002， 汉语第二语言教学语法的特点，《中山大学学报》第6期。

Anderson, J. 1983, *The Architecture of Cognition*, Cambridge,MA:HarvardUniversityPress.

Brumfit,C.J. 1981, *Notional Syllabuses Rrevisited: a Response*. Applied Linguistics, Vol.2, No.1.

DeKesyer, Robert M. 1998, *Beyond focus on form: Cognitive perspectives on learning and practicing second language grammar*, in C. Doughty & J. Williams (Eds.), Focus on form in classroom second language acquisition. Cambridge:CambridgeUniversityPress.

Ellis, Rod 2003, *Task-based Language Learning and Teaching*, Oxford University Press.

Harley, B. & Swain, M. 1984, *The interlanguage of immersion and its implications for second language teaching*, in A. Davies, C. Criper & A.P.R. Howatt (Eds.), Interlanguage (pp. 291-311). Edinburgh: Edinburgh University Press.

Hedge,Tricia 2002, *Teaching and Lerning in the Language Classroom*, Oxford University Press 2000, 上海外语教育出版社2002

Nattinger, James R. & Jeanette S. DeCarrico 1992, *Lexical Phrases and Language Teaching* (词汇短语与语言教学), Oxford University Press 1992, 上海外语教育出版社 2000。

Willis, Jane & Dave Willis 1996, *Challenge and change in Language Teaching*, Macmillan Heinemann.

Krashen, S. 1985, *The Input Hypothesis: Issues and Implications*. London: Longman.

Krashen, S. 1981, *Second Language Acquisition and Second Language Learning*. Oxford: Pergamon.

Long, M. 1985, *Input and Second Language Acquisition Theory, in Input in Second Language Acquisition*, Gass, S and C. Madded (eds.), Rowley, Mass: Newbury House.

Long, M. H. 1991, *Focus on form: a design feature in language teaching methodology*, in K. de Bot, R. Ginsburg, and C. Kramsch(eds.): Foreign Language Research in Cross-cultural Perspective. Amsterdam:JohnBenjamin.

Loschky , L . & R. Bley-Vroman 1993, , *Grammar and tasked-based methodology* in Tasks and Language Learning: Integrating Theory and Practice, Cleveden: Mutiligual Matters, Crookes, G. & S.Gass(eds.),1993

Swain, M. 1985, *Communicative Competence: Some Roles of Comprehensible Input and Comprehensible Output in Second Language Learning*, in Gass S, Madden C. Ed. Input in Second Language Acquisition. Rowley,Mass.:NewburyHouse.

Widdowson 1978, *Teaching Language as Communication*, OxfordUniversityPress.

Wilkins, D.A. 1976, *Notional Syllabus*. Oxford:OUP

Willis, Jane & Dave Willis 1996 *Challenge and change in Language Teaching*, Macmillan Heinemann.